CAMBRIDGE

·剑桥大学国别史丛书·

·剑桥加拿大史·

A
CONCISE HISTORY
of
CANADA

（加）**玛格丽特·康拉德** 著
Margaret Conrad

王士宇 林星宇 译

学术支持：
北京外国语大学全球史研究院

新 星 出 版 社　NEW STAR PRESS

致　谢

我要向所有加拿大的历史学家表示感谢,无论是已经逝去的亦或是仍在辛勤耕耘的,没有他们的研究成果就不会有这本书的诞生。谨以本书致敬他们不懈的努力并表达微薄的谢意。我对阿尔文·芬克尔(Alvin Finkel)和詹姆斯·希勒(James Hiller)的感激之情难以言表,他们和我一起完成了关于加拿大和加拿大大西洋沿岸地区的历史教科书写作,他们的智慧和话语融入了每一个章节。一生之中能够拥有一位快乐的合作者已是幸事,拥有两位便是奇迹。另外一个奇迹发生在2007年的9月24日,那一天我收到了来自剑桥大学出版社资深特约编辑玛丽古德·阿克兰(Marigold Acland)的邮件。面对这样一个并不熟悉的发件人姓名,我差一点就把邮件当作不受欢迎的垃圾邮件删掉。她邀请我撰写剑桥大学国别史系列中的加拿大卷。这样的邀请促使我决定提早退休,以开始我的写作生涯。这是我至今做过的最正确的决定,能够和剑桥大学出版社一起工作是又一次愉快的合作。我要特别感谢贾尼斯·博尔斯特(Janis Bolster),她帮助我纠正了许多令人尴尬的错误和不流畅的文字表达。更重要的是,她对我有求必应。能够和这样一位经验丰富、慷慨大方的编辑一起工作是我莫大的荣幸。此外,还有几位同仁对我的挑剔表现出了极大的耐心,他们是完成对照表的戴安娜·威特

(Diana Witt)、绘制图表的乔·勒莫尼耶（Joe LeMonnier）以及为插图使用权奔走的乔伊·米詹（Joy Mizan）。我同样还要感谢那些不知名的严谨的书稿阅读者。

有朋友为证，我将用9万字完成一部加拿大历史比作写俳句诗。有时候编辑替换掉句子中的一个单词句意就会有天壤之别。就像变老一样，书写国家历史不是胆小之人可为之事。

包括马里恩·贝伊（Marion Beyea）、盖尔·埃贝尔（Gail Campbell）、格温德林·戴维斯（Gwendolyn Davies）、莱尔·迪克（Lyle Dick）、杰瑞·弗里森（Gerry Friesen）、唐·菲桑（ Don Fyson）、内奥米·格利菲斯（Naomi Griffiths）、格雷戈里·基利（Gregory Kealey）、琳达·基利（Linda Kealey）以及吉莉安·汤普森（Gillian Thompson）在内的历史学家们都耐心为我解答问题。此外，还有那些来自我的若干小圈子的朋友们，乔斯林·莱图尔诺（Jocelyn Letourneau）和"加拿大人和他们的过去"项目中的每一名参与者；彭尼·克拉克（Penney Clark）和其他THEN/HiER项目中的参与者；约翰·拉斯藤·绍尔（John Ralston Saul）和阿德里安娜·卡拉克森（Adrienne Clarkson）领衔的拉方丹－鲍德温（LaFontaine-Baldwin）论坛顾问委员会的同事们以及国家资本委员会顾问协会的同事们都为我提供了不遗余力的帮助。加拿大历史学会董事会主席夏洛特·格雷（Charlotte Gray）及其首席执行官德博拉·莫里森（Deborah Morrison）在有关加拿大历史的诸多话题上让我受益匪浅。我要特别感谢在21号码头的加拿大移民博物馆工作的研究员史蒂文·施温哈默（Steven Schwinghamer），他帮助我找到了本书中的最后一幅历史照片。最后，我要感谢我95岁高龄的母亲，她很好奇究竟是什么让我废寝忘食地辛勤工作。她可能不会读这本书，但她一定会因为我完成了这本书而感到开心。

2012年1月

目　录

导　言　一个谨慎的国家 / i

第一章　从远古时期说起 / 1
  北美北部地区的古代史 / 1
  与外来文化接触时期的原住民 / 5
  原住民的生活世界 / 8
  结　语 / 14

第二章　土著人和外来者（1000—1661年）/ 16
  欧洲接触期的背景 / 17
  扩张时期的欧洲 / 18
  发现另一个世界 / 20
  商业开发 / 22
  初步探寻 / 25
  阿卡迪亚 / 27
  纽芬兰岛 / 29
  加拿大 / 30

在大西洋地区定居 / 33

　　劳伦森协定 / 36

　　内陆麻烦 / 38

　　结　语 / 40

第三章　新法兰西（1661—1763年）/ 43

　　建立帝国的基础 / 43

　　殖民政权 / 47

　　封建领主制 / 49

　　殖民地经济 / 50

　　战争时期 / 52

　　巩固新法兰西 / 56

　　大西洋之边 / 58

　　加拿大社会 / 59

　　奥地利王位继承之战（1744—1748年）/ 62

　　并不太平的和平时期（1749—1755年）/ 63

　　阿卡迪亚大驱逐 / 65

　　七年战争（1756—1763年）/ 67

　　结　语 / 70

第四章　革命年代（1763—1821年）/ 74

　　做出判断 / 74

　　过渡期中的大西洋殖民地 / 78

　　美国独立战争 / 81

　　效忠者 / 84

　　战争和关于战争的谣言 / 88

　　1812年战争 / 91

西部地区的毛皮贸易竞争 / 94

　　梅蒂人 / 98

　　结　语 / 99

第五章　跨大西洋社群（1815—1849 年）/ 102

　　战后移民 / 102

　　商品经济 / 106

　　小世界 / 110

　　发展中的政治文化 / 115

　　加拿大叛乱 / 117

　　责任政府 / 122

　　主题变化 / 123

　　结　语 / 126

第六章　走向联邦（1849—1885 年）/ 129

　　运转中的责任政府 / 130

　　伺机而动 / 132

　　大转型 / 134

　　改革的热望 / 136

　　跨大陆国度的构想 / 138

　　走向联合 / 141

　　联邦之崎径（1864—1867 年）/ 143

　　相与为一 / 146

　　接管西北 / 148

　　扩充联邦 / 150

　　麦肯齐的插曲 / 151

　　麦克唐纳的"国家政策" / 153

驯化西北 / 154

结　语 / 156

第七章　取得进步（1885—1914年）/ 160

文化冲突 / 160

前途未卜的加拿大 / 163

劳里埃的自由主义 / 165

国家与移民 / 166

经济稳步发展 / 170

劳工之悲 / 173

改革年代 / 175

公共场合的妇女 / 178

加拿大的社会与文化 / 180

改革年代的原住民 / 184

劳里埃的挑战 / 185

博登政府（1911—1914年）/ 187

结　语 / 190

第八章　坚持不懈（1914—1945年）/ 192

坠入深渊 / 192

在前线 / 194

战争的屈辱 / 196

赢取和平 / 198

政治转型？/ 201

经济过山车 / 204

政治混战 / 205

贝内特的新政 / 209

社会过渡期 / 211

　　地平线上的阴云 / 215

　　加拿大之战 / 217

　　和平与繁荣 / 222

　　结　语 / 223

第九章　自由主义之胜（1945—1984年）/ 227

　　权利革命 / 227

　　冷战时期加拿大的自由主义 / 229

　　经济势如破竹 / 233

　　暴戾的托利党 / 234

　　加拿大的美国问题 / 238

　　成问题的魁北克 / 243

　　社会过渡期 / 245

　　"看我的" / 248

　　自食其果 / 251

　　发展岌岌可危 / 255

　　结　语 / 259

第十章　不平之时（1984—2011年）/ 262

　　市场福利国家 / 263

　　宪法难题 / 266

　　自由党回归 / 269

　　哈珀掌权 / 272

　　知识经济 / 274

　　在经济风向中摇摆 / 275

　　环境成灾 / 277

尚武之国 / 279
社会转型 / 281
赋权原住民 / 285
现处何方？/ 289
结　语 / 290

人名、地名、术语双语对照表 / 294

译后记 / 329

导言　一个谨慎的国家

何谓加拿大？它是世界上国土面积第二大的国家，是一个松散的结构体，似乎缺少很多民族国家所拥有的凝聚力。它疆域辽阔，很难驾驭。有些省本身就是独立的民族。由此，在历史长河中追溯加拿大的成立时间便成为一件可望而不可即的事情。1867年，最初的四个省组成联邦，而在此之后，北美洲北部的一些地区被劝服加入并不被人看好的成立国家的试验进程中。

许多学者都愿意将1759年詹姆斯·沃尔夫（James Wolfe）将军攻占魁北克这一事件作为理解加拿大这一国家的起点。1969年，加拿大正式宣布其官方语言为法语和英语。居住在大西洋沿岸和西部省份的人有着自己独特的历史叙事，所以他们很自然地将1759年视为历史关键点，对此，加拿大的第一民族（First People）和北部三个省份的居民意见一致。尽管如此，关于加拿大政治版图的一个较为流行的说法是除了魁北克之外，加拿大是由海外移民构建的。

"加拿大"一词本身就是一个模糊的概念。很显然，"加拿大"是对易洛魁语"乡村"一词的误读，最早在17世纪早期被法国殖民者用来命名其在圣劳伦斯河沿岸的殖民地。这片地区在1791年被英国议会扩大并细分为上加拿大（Upper Canada，安大略）和下加拿大（Lower Canada，魁北克）。1840年，两个地区合并为加拿大联合省（United Province of Canada）。随后，"加拿大"一词被用来指代一个更大的政体，19世纪下半叶，它"从这海到那海"不断发展成形。

说到加拿大，大部分历史学家倾向于从政治的角度将其历史分成几个时期：本地人与外来文化接触前（到1500年）；土著和外来人口期（1500—1661）；新法兰西时期（1661—1763）；英属北美时期（1763—1863）；联邦和民族建设期（1864—1945）以及现代加拿大时期（1945年至今）。学者们曾经尝试在历史阶段划分上推陈出新，但新的转折性事件都恰到好处地发生在当时的时间断层。例如，杰拉德·弗里森（Gerald Friesen）使用四种具有权威性的传播体系来构建其《公民与国家》（*Citizens and Nation*）中的叙述：口头传统、文本迁徙者、印刷资本主义以及屏幕资本主义。但是，传播的发展不可避免地与经济政治变迁交织在一起，难分因果。① 而从经济学的角度分析，从捕猎者时期到农业、工业以及后工业时期也呈现出了相似的时间脉络。虽然通过知识和科学创新 [例如达尔文（Darwin）的《物种起源》（*Origin of Species*）和口服避孕药] 不能完全窥见加拿大历史，但它们也是更广阔的社会环境变迁中的一部分，并与政治经济转型相随。在这本书中，仍然基本遵循传统的年代划分来安排章节，同时有一小部分微调，在一些人看来这反映出我对加拿大历史比较独特的理解。

没有一位加拿大的历史学家会忽视横跨整个北美大陆北部构建一个多民族国家所带来的巨大地理挑战。谈论加拿大历史就是谈论空间，广袤的空间；就是谈论天气，有酷暑也有严寒。但是直到20世纪的冬天，人们才知道这片土地能够养活多少人。因为历史上，加拿大的气候和地理条件一直被认为不适宜人类居住。绝大多数移民，无论是土著还是外来人口都选择到气候更加宜人的南部地区定居。

鉴于自然地理条件（阿巴拉契亚山脉、五大湖区、大草原和太平洋海岸山脉），南北向延展加拿大的政治疆域似乎是更明智的选择，但其他因素对历史建构的影响也不容小觑：北方森林、圣劳伦斯河—五大湖区的运输系统、渴望做毛皮生意的土著居民自东向西将欧洲人带入内陆……无论好坏，北美洲注定将孕育出三个横贯大陆的多民族国家——墨西哥、美国和加拿大，众多土著民族就生活在这三个国家之中。

地理和天气条件使得加拿大不适宜定居，治理起来更是困难重重。但是，这些因素都没有妨碍其富饶自然资源的开发。在遥远的过去，原住民季节性地收割大自然的赠予物，有时候捕猎甚至使一些物种濒临灭绝。来自欧洲和其他地区的移民更不能成为环境的守护者。到了20世纪末期，对自然资源的开发已经遇到瓶颈，但过去形成的开采习惯已经很难打破。

在和那些戴着廉价饰品的外国人的交易中，原住民并不落下风，他们有灵活的贸易头脑，并且知道如何最大限度地保证欧洲商品的供应，例如枪支、刀具、铁锅、毛毯以及白兰地。这些商品交易可以帮助他们更轻松地在冰天雪地中生存。然而，这些得天独厚的优势却在非军事袭击中消失殆尽，疾病的侵袭让免疫力低下的原住民无处遁逃。病毒肆虐大陆，甚至比欧洲入侵者来得更早。大陆人口急剧下降，社会凝聚力削弱。

原住民在加拿大历史发展中做出了巨大的贡献，约翰·罗尔斯顿·索尔（John Ralston Saul）甚至有这样的表述："我们是梅蒂（Métis）文明。"[②]梅蒂人起初是用来指那些毛皮商人和土著女人的后代，这个词所体现出的杂糅性日后进一步成为加拿大社会的显著特性。在欧洲人登上加拿大大陆的前250年，土著民族占据着绝大多数领土。随着欧洲定居者不断地流向城市，土著民族仍然占有大片领土。目前，将近40%的加拿大领土归属于土著，而原住民族已经成为加拿大政治版图中一股不可忽视的力量。

尽管最早将欧洲国家吸引到东海岸的是鳕鱼，但真正维持英、法两个殖民帝国发展的却是河狸皮贸易。当时这两个国家占据着现在加拿大版图的绝大多数地区。渔夫和毛皮商大多是男性旅居者，他们往往怀揣着一个梦想，即带着新世界的宝藏回到自己更加温暖的欧洲家园。18世纪的观察家是这样描写纽芬兰（Newfoundland）的，"遥远的征途没有女性加入"，定居者们很难扎根于此[③]。但实际上，确实有女性来到这里，因为人类生存需要性别化的劳动力分配，而这样的劳动力模式在工业革命改变生产过程之前一直作用于家庭经济之中。在殖民地社会中，女性主要负责准备食物，缝制衣服，照顾幼小、病患和老人。而对于那些以捕鱼业为生的社区，女性负责在海岸边把鱼晒干。

如我们今天所知，加拿大是欧洲和北美之间对抗的产物，亦是从1689年到1815年贯穿于整个漫长的18世纪的世界战争的产物。基于此，加拿大继承了启蒙运动、光荣革命、美国独立战争和法兰西革命的衣钵。发生在这个时期的那些战争和谈判设定了原住民、法国人和北美英国移民间的关系框架，而他们之间的关系既有延续性又不乏复杂性。尽管人们为挣脱过去的不法遗存做出过阶段性努力，但18世纪的那些协定和议会宣言仍是原住民争取正义时无法绕开的，法兰西政权的遗风也依然深植于魁北克和滨海诸省。重要的是，在美国独立战争后，英属北美殖民地囊括了绝大多数曾经被法国殖民的地区。与此同时，原来的13个英属殖民地都竭尽全力斩断与旧政权的裙带关系。

从1713年《乌得勒支条约》（Treaty of Utrecht）签署到1867年加拿大联邦成立，许多英美人为了逃避贫困、压迫和战争迁徙到英属北美地区。他们带来了现代资本主义、充满争议的基督教、活力十足的市民社会以及和阶级、性别、种族相关的等级制度。到了19世纪中叶，铁路的开通使得跨大陆国家的建成不再遥不可及。从纽芬兰到温哥华岛，移民社会有着很多相似之处，其中就包括政府管理制度和政党，而这些都受到英国议会制的影响。

时刻不忘美国公民所体验的自由的殖民地政治领袖们，成为政治改革的先锋，尝试在英国的统治下实现自治。经过上下加拿大叛乱（1837—1838）和各地不公的政治操纵后，英属北美人民实现了有限的议会民主，后者被称为"责任政府"，以和法国、美国的完全独立与共和制变体区分开来。事实上，谨慎的殖民者开发出了一套新词汇用来描述他们模棱两可的政治局势——"自治"而非"独立"；描述国家使用"自治领"而非"王国"；强调"循序渐进"而非"激烈变革"。

起义和责任政府推动着历史学家伊恩·麦凯（Ian McKay）笔下"自由原则计划"的进行①。和其他地区一样，加拿大对自由主义的各项准则进行了激烈辩论，其中包括个人积极性、民主责任、公民自由、法规、财产权、政教分离以及市场经济。但另一方面，这些准则为那些占据着国家政治舞台的改革家、自由党和保守党领袖们指明了方向。在20世纪，社会福音和实现社会平等的梦想激励着农民、女权主义者、知识分子以及劳动者去努力打造一个社会民主的良性循环。这样的社会民主本质上是自由的，和现今新民主党的理念不谋而合。

联邦制是实现国家统一的主要步骤，也是推动资本主义发展实现自由化的关键因素。美国南北战争、英国经济利益带来的压力，以及席卷西方世界的工业发展促使这三个被"精心统治"的殖民地——新斯科舍（New Scotia）、新不伦瑞克（New Brunswick）以及联合加拿大（包括魁北克和安大略）在1867年走到一起，成为大英帝国的第一自治领。1880年，"鲁珀特地区"[（Rupert's Land），即由哈得孙湾公司（Hudson's Bay Company）依据特许状而占有的广袤的领土]、西北部地区、北极地区以及英属哥伦比亚殖民地和爱德华王子岛（Prince Edward Island）进入渥太华（Ottawa）的管辖范围。而最后的抵抗者，纽芬兰岛和拉布拉多半岛也在1949年加入联邦。

这次由不足400万人主导的勇武建国之举受到了横贯大陆的美利坚合众国模式的启发，其既受惠于英国政府，同时得益于把各个部分联结起来的强大的通信网络。在国家政策方面，加拿大的首任总理，出生于苏格兰的约翰·A.麦克唐纳(John A. Macdonald)力主发展跨大陆铁路、鼓励西部农业开垦。在蒙特利尔（Montreal）和多伦多（Toronto）等新兴大城市主导的圣劳伦斯河—大湖区中心地带，他主张征收高额关税以推动工业发展。截至1914年，加拿大已成功建成三条横贯大陆的铁路线，一波来自欧洲、美国以及其他地区的新移民定居在"最后的大好西部"，开拓了加拿大广袤的森林和矿产，同时推动了国家城市工业化的进程。

在路易·里埃尔（Louis Riel）的领导下，大草原上的法裔梅蒂人和第一民族对入侵的加拿大人进行了两次抵抗（1870年和1885年），但均以失败告终。法裔梅蒂人在1885年起义后逐步被边缘化，而第一民族则在发展中的西部以及其他地方受制于印第安法案和寄宿制学校体系。

加拿大是一个超级大国的孩子，也是另一个超级大国的手足，以如此特殊的身份幸存所带来的挑战是理解今日加拿大的关键。在联邦时期，政治领袖们十分清楚地知道英国所扮演的各种角色：提供市场、军事保护以及消解"命定扩张论"下美国在北美大陆的霸主地位。帝国情结和本国利益决定了加拿大人会站在英国的一边，他们在20世纪两场血腥的世界大战中负责协助处境艰难的母国，直到回心转意的手足加入盟军作战。

伴随着政治上的谨慎变革，加拿大人追求独立的步伐并不急促。加拿大是1919年《凡尔赛条约》(Treaty of Versailles)的独立签署国，而1931年的《威斯敏斯特条例》(Statute of Westminster)确立了其在英联邦中的自治地位。第二次世界大战的胜利极大地增强了加拿大的民族自信，提高了生产力，加拿大政府开始颁发自己的护照。1965年，政府力排众议，发布了以红色枫叶为主体图案的国旗。回顾这段历史，几乎很难相信加拿大直到1982年才实现完全自治。根据宪法规定，加拿大人可以在不向英国政府汇报的前提下完成对宪法的修订。当然，英国君主在法律上仍然是加拿大的国家首领，而伊丽莎白女王（Queen Elizabeth）的头像也仍出现在加拿大货币的票面上。

尽管受制于宪法事务，加拿大人还是在二战结束后的三十年中成功地实现了自我改造。加拿大开始以一个拥有世界上最高生活标准的强大工业国的身份登上世界舞台，而它推行的政策也符合它的国际地位。联邦政府成功地打破了来自地方的权利保护，推行一系列全国性的社会改革计划，努力赋予绝大多数加拿大人足够多的个人安全感，这一点令世界上其他国家的公民艳羡不已。20世纪60年代，加拿大打开国门欢迎来自不同文化背景的移民，为他们提供基本工作，从而推动了加拿大的经济发展。1971年，加拿大正式推行多元文化主义计划。1982年，加拿大将《权利和自由宪章》（Charter of Rights and Freedoms）写入《宪法法案》（Constitution Act），完成了跨越一个世纪的个人和集体权利的博弈，而这样的博弈竟发生在一个如此复杂的国家。

在冷战时期，加拿大将自己定位为"中等强国"（middle power）。它积极地参与联合国以及北大西洋公约组织（North Atlantic Treaty Organization）的建立，支持用和平协商的方式而非军事途径解决纷争。首先，加拿大外交家们在资本主义和共产主义危险的竞争中成功地扮演着协调者的角色，在战后的许多年中，他们忙于追随英国和美国的步伐。1957年，加拿大总理莱斯特·皮尔逊（Lester Pearson）因提出针对苏伊士运河争端的和平解决方案而获得诺贝尔和平奖。自此，维护和平成为加拿大的军事外交策略，直到21世纪反恐战争打破了这精致的剧情。

许多怀疑论者一直认为加拿大在制定大多外交政策上都追随美国。的确，新罗马帝国式的渗透在加拿大的发展史上普遍存在，加拿大最著名的政治经济学家哈罗德·英尼斯（Harold Innis）在1948年指出，"加拿大从殖民地变成了国家，又从国家变成殖民地"⑤。因此，二战后的历届加拿大政府都把证明加拿大为独立国家而绝不仅是美国的虚弱追随者作为主要目标，但是美国仍然主导着全球化的趋势，这一点不容争辩。1988年，旧的国家保护主义遭到了来自新自由主义观念的挑战，并最终被与美国签署的全面自由贸易协定所取代。"9·11"恐怖袭击事件发生后，跨越大陆的国际合作更加紧密。无节制的贪婪、恐怖袭击、无处不在的互联网、气候变化，这些名词构成了21世纪全球发展的图景。在这样的大环境下，加拿大政治领袖们仍然谨慎地推行着自己的公共政策。或许玛格丽特·阿特伍德（Margaret Atwood）1972年的看法是正确的——"维持着，生存着"是普通加拿大公民所能做到的极限⑥，但很多加拿大人认为我们可以并应该做更多的事情。

土著和后来定居者、国家和地方、中心和边缘、法国人和英国人、天主教和新教、富人和穷人、白人和黑人、男人和女人之间的矛盾根深蒂固，这让一切试图将加拿大历史谱写成胜利之歌的努力大大受挫。在这个国家的历史上曾存在的不义之举卑劣得令人难以置信，但同时必须承认的是，加拿大是世界上最成功的国家之一，世界各地的人都能够在这里找到机遇，实现个人发展。任何关于加拿大的历史叙述都不能忽视这个国家的复杂性。如今，这个富裕并始终发展着的国家似乎又在经历着另一个转型期，它正以自己独特的方式展示给这个世界。

注释：

① Gerald Friesen, *Citizens and Nation: An Essay on History, Communication, and Canada* (Toronto: University of Toronto Press, 2000).

② John Ralston Saul, *A Fair Country: Telling Truths about Canada* (Toronto: Viking Canada, 2008), 3.
③ Gordon W. Handcock, *"Soe longe as there comes noe women": Origins of English Settlement in Newfoundland* (St. John's: Breakwater Press, 1989).
④ Ian McKay, "The Liberal Order Framework: A Prospectus for a Reconnaissance of Canadian History," *Canadian Historical Review* 81, 4 (December 2000): 617–645.
⑤ Harold Adams Innis, "Great Britain, the United States and Canada," *in Essays in Canadian Economic History* (Toronto: University of Toronto Press, 1956), 405.
⑥ Margaret Atwood, *Survival* (Toronto: Anansi, 1972), 33.

第一章 从远古时期说起

对于我们是谁以及我们如何来到这里的综合理解,帮助我们自我定义为生活在这个星球上的人类。值得关注的是对于这些事情理解的多样性以及如何在众多不同观点中达成一致。加拿大地理学家科尔·哈里斯(Cole Harris)认为,指引我们理解遥远过去的"生活世界"最重要的智慧是认识到那些本土化知识的存在,这些知识能让其掌握者在特定地域生活①。虽然大部分知识已经失传或者随着欧洲人在全球推行其制度和价值理念而被颠覆性改变,但现存的证据仍能帮助我们去想象远古的社会是如何运转的,以及为什么他们本土化的知识能够延存到今日。

北美北部地区的古代史

原住民族坚持认为他们的祖先在远古时代就定居在美洲大陆,而这一设想恰是正确的。尽管有时我们可以精确指出第一批欧洲移民中许多人的抵达日期，但人类最早何时出现在美洲已隐没在时间的迷雾中。

最近几年，一些考古学家在质疑声中提出，人类最早登陆美洲要追溯到3—5万年前，人们通过不同的路线跨越大西洋和太平洋来到美洲。最常见的解释是最早的美洲人来自亚洲，在冰河时代冰川席卷大陆之后，他们通过连接今天的西伯利亚（Siberia）和阿拉斯加（Alaska）的大陆桥来到美洲大陆。当然美洲大陆的民族完全可能有着不同的起源。有些跨越太平洋岛屿，有些通过冰岛和格陵兰岛来到北美的东海岸，也有些从地中海航行经过大西洋而来。虽然遗传学家已经开始将来自世界不同地区的DNA进行比对，试图解开原住民的起源之谜，但我们或许永远无法得到真相。②

关于13000年之前的考古记录相对清晰。随着最后的冰河时代的结束，那些被学者称为古印第安人的移民出现在亚洲。随着冰川融化，他们通过狩猎猛犸象、乳齿象、长角野牛快速地穿越大陆，逐步适应变化的气候和动植物物种。以打造石器技术为特征的古印第安文化逐步让位于太古文化，后者实现了石器的精密化。不管有着什么样的独特传统，这些早期移民的生存依赖捕鱼、狩猎和采集业。他们的社区具有高度流动性，由一些有关联的家庭组成，每个社区平均30—50人。这些人季节性地和其他相邻社区团体组合在一起开采特定资源（例如狩猎驯鹿），寻觅婚姻伴侣，参与贸易、外交、仪式和欢宴。

8000年前，随着气候条件的改善，北方森林开始替代冻土地带，动植物生长茂盛。人们学会了使用网和鱼梁捕鱼，更多地依赖海狸等小型动物，同时学会使用石头和灰泥碾碎坚果、浆果和植物根部。随着食物变得更加丰富，人们不再像早期那样为了寻找猎物而频繁迁徙。后来在墓地中发现的物品证明，伴随着居有定所，人们的物质文化更加丰富，同时社会的等级差异通过贡品的差别而显露无遗。

这并不是亚洲移民史的结尾。大约4000年前，图尼特人（Tuniit，古爱斯基摩人）或许为了寻找北美驯鹿和麝牛穿越白令海峡。他们逐步将狩猎技能应用于北极的自然环境，日渐以海豹、海象和小型鲸鱼为生。他们用鱼叉直接从海冰中捕获猎物，而不是在敞篷船上操作。图尼特人配备弓、石尖箭，身穿动物皮做成的精致衣服，居住在能够应对四季变迁的可移动的帐篷里，穿越北极，抵达拉布拉多和纽芬兰岛。和很多原住民族一样，他们被萨满教精神信仰指引着，脸上刺上图案。他们的文化后来被学者们称为"多赛特"，用来纪念名为开普·多赛特（Cape Dorset）的巴芬岛社区，后者的遗址在20世纪20年代首次被发现（图1.1）。多赛特人精于制造石器、骨器、象牙工具和神像，他们制造出了独一无二的皂石灯、烹饪器皿以及"鲸骨鞋"来保护人力雪橇上的滑行装置。

大约1000年前，图尼特人被生活在阿拉斯加的图勒人（Thule）征服，后者控制着白令海峡的铁器贸易。图勒人能够熟练地使用巨型套索鱼叉和木架蒙皮船捕捉北极露脊鲸，并且拥有狗拉雪橇，这些优势使他们变得争强好胜、喜好迁徙。很快，他们穿越北极地区进入格陵兰岛。图勒人其实就是如今因纽特人的祖先。因纽特人先前被称为爱斯基摩人，意为"吃生肉的人"，这个带有贬义色彩的词是由最早遇到他们的欧洲人发明的。

图勒人的成功可以归因于自然环境的变化。美洲大陆北部地区的气候暂时变暖，同时古斯堪的纳维亚人在1000年前进入格陵兰岛和北美地区。开阔水面使图尼特人不能再在海冰上狩猎，而图勒人能够比因纽特人更加成功地开发北极地区的资源。图勒人囤积了大量的包括驯鹿、海兽在内的食物。夏天，他们居住在方便捕捉海豹和鲸鱼的地方；到了漫长而寒冷的冬季，由50人或者更多人组成的群体居住在木制房子里，用草皮和雪做围护，通过烧鲸鱼或海豹油点陶灯的方法取暖。现在因纽特文化的形象符号便包括冰屋——由冰

图1.1 多赛特考古遗址发现的象牙面具。随着图尼特人逐步发展成多赛特文化,用象牙、鹿角、木头或者滑石制成的小雕刻成为其文化特征。图中的脸孔或许代表着在很多原住民文化中流行的刺身。(哈里·福斯特拍摄,加拿大文明博物馆,插图8:597-13698)

雪凝块搭建成的圆顶简易小屋,以及石头人(Inukshuk)——用来提供方向指引的石堆,后者也可以作为猎场、避难所和贮藏食物的地方的标记符号。

图尼特人和图勒人的生活经历告诉人们,原住民文化不是一成不变的。北美大陆的早期居住者不仅适应了由冰川融化而引发的剧烈自然环境变化,而且度过了许多地域性危机,例如由闪电或失误造成的大火、火山喷发、吞噬村庄的海平面上升、山体滑坡、破坏捕鱼的地震，以及因人口增加和社会结构复杂化而加剧的战争和地区冲突。他们还要面对阶段性的狩猎失败和资源紧缺。在欧洲人到来之前，大量的物种已经灭绝，而这样的物种灭绝便是从猛犸象和幼齿象开始的。有些物种灭绝是气候变化的结果，但也有一些是人们为了战胜饥荒过度捕猎造成的。③

技术革新也带来了重要的社会转型。以西部平原地区为例，标枪、弓箭、野牛跳崖和野牛围栏等工具的出现提高了人们的生活水平，同时也引来了邻近部落以掠夺食物为目的的入侵。新技术迅速地普及开来，而新的文化也随之流行起来。在3000多年前，与俄亥俄河谷（Ohio Valley）阿登纳坟冢形制类似的古坟出现在今加拿大东部地区。有可能这个地区被一些建造此类古坟的民族入侵占领，或者和那些被广泛交易的贵重石头、金属以及其他商品一样，造墓的文化习俗也已经传到了大陆的另一端。相对更难解释的是位于拉布拉多南海岸的三座古坟，它们的历史可以追溯到7000年前，是世界范围内相同规模和复杂程度的坟墓中年代最古老的。

考古学的发现印证着众多戏剧化的事件，口述史则记录着这些事件的发生对原住民产生的影响，虽然细节已难考证。随着欧洲人的到来，那些偏向性强却信息量丰富的书写文档逐步揭开了多元而适应性强的北美社会的面纱。

与外来文化接触时期的原住民

500年前，欧洲移民开始大量涌入美洲大陆时，美洲原住民的数量和欧洲原住民的数量相差无几。美洲大陆的主要城市和大西洋彼岸的城市规模相同。帝国建立、占领、循环破坏在那些人口相对密集的地方上演，那些地方今天变成了墨西哥以及中南美洲。最先登陆美洲的人们基本上都生活在相对简单的社会制度中，需要通过更多的社会合作才能生存下去。由于地形崎岖，气候寒冷，今天的加拿大成为早期移民先驱的定居选择之一。

生活在密西西比河谷和墨西哥文明的边缘，来自北极南部地区和落基山脉（the Rockies）东部地区的加拿大原住民拥有共同的中美洲信仰和技术条件。考古发现证明他们和庞大而复杂的贸易网络联结在一起，这样的网络有利于观念和行为的交流与普及。来自北部边境的产品，例如水牛皮和麋皮、羽毛、豪猪刺、红赭石、海象牙和桦皮舟被用来交换来自东南部地区的玉米和烟草、来自太平洋海岸和墨西哥湾的贝壳、来自苏必利尔湖的铜以及来自北美的贵石。欧洲探险家们发现利益之时，原住民们已经在大脑中勾勒出他们的旅行，甚至绘制出穿越险峻的落基山脉的路线。

1500 年，生活在现今加拿大版图上的许多人很可能都听过关于卡霍基亚城（Cahokia）的传说。这座传说之城坐落在密西西比河边，距离今天的圣路易斯不远。1000 年前，卡霍基亚城崛起，到 13 世纪中期拥有 2 万人，当然也有两倍于此的数字记载。它的社会结构高度分层，平民和奴隶作为社会基础，而一小部分特权统治者、宗教权威和勇士组成上层社会。卡霍基亚城以一个巨大的广场为中心，由市场、一圈用来做天文观测台的圆柱以及一些纪念性古坟组成，有些古坟和埃及金字塔一样大。尽管卡霍基亚的统治范围仅仅局限在密西西比河谷中部，但它的文化影响力却传播广泛，甚至在 15 世纪早期城破之后仍然存在。④

确定北美洲北部地区在与欧洲人接触甚至更早时期的人口数量非常困难，这就像量化历史上的发展成就一样。学者们最合理的猜测是 50 万—100 万，也许有 200 万。1500 年，人们在今天的加拿大版图上建设家园。尽管大多数人居住在小型的社区里，且联络松散，我们还是可以把人口规划为 12 个主要语言群体和超过 50 种文化类型。

原住民社会在与欧洲人接触时期发生了很大的变化，这里有两个极端。一个是居住在大陆北部延伸地带的倡导平等主义的因纽特人和阿萨巴斯卡人（Athapaskan）；另一个则是太平洋沿岸高度等级化的奴隶制社区和从五大湖区到圣劳伦斯低地的农业社会。1500 年，阿尔冈昆人（Algonquin peoples）占领了从大西洋到落基山脉的大部分林地，但不同的资源决定了不同的文化特征。广袤的加拿大地盾由古老的岩石群组成，覆盖了加拿大的大部分地区，虽不适宜农业生产，却促进了野生动植物的繁衍。梅花鹿、驯鹿以及水牛成群的西部平原地区吸引了大批狩猎人。在东部海岸地区，海洋生物、麋鹿和驯鹿使那里的生活变得富庶起来。

在太平洋地区，多山的地形孕育出多样的语言，在与欧洲人接触时期 12 种语言中的 6 种诞生于此。温暖的气候、高耸的雪松、鲑鱼等海洋资源使得太平洋沿岸的人们过着稳定而殷实的生活。他们居住在多达 1000 人的永久村庄里，享受着较高的生活水平，制造出北美最精致的艺术品，并将其鲜亮地呈现在他们脸上、面具上、房子上、图腾柱上、衣服上和储藏箱上。富足的物质文化成为世袭社会结构的基础，这一结构通过复杂的礼物赠予仪式得以实现，这样的仪式在 19 世纪被称为"夸富宴"（potlatch）。来自太平洋沿岸的人们积极地进行物质交换来巩固其社会地位。他们都是活跃的贸易家，用熏鱼、鱼干、鱼油、雪松箱以及其他产品，换取一些高价值物品，例如熊皮、黑曜石、来自内陆邻居的赭石以及来自阿拉斯加的铜和小铁铲。

在 1500 年前后，居住在五大湖区到圣劳伦斯低地之间的易洛魁人 [Iroquois，被称为浩德诺索尼（Haudenosaunee）或者"居住在长屋的人"] 开始种植玉米、大豆、南瓜和中美洲地区的主要农作物。他们还种植烟草，用来做药材或用在北美洲的一些仪式活动中。由于农业种植满足了易洛魁人80%的饮食需求，他们开始在非永久性居住的村庄里兴建大量的共有住宅，有些村庄可以容纳1.5万人之多。大约每10—12年，土壤便会枯竭，随后村庄也会迁徙。迁徙之后，易洛魁人会举行死者盛宴作为重要的纪念仪式。在离开故土之前，他们会将心爱之人的尸骨和珍贵的财产一起埋葬在共有坟墓中，用来纪念逝者的灵魂，同时试图让冥阳两界和睦相处。

原住民的生活世界

尽管在与外来文化接触前的这一时期，原住民社会被贴上了变化和多样性的标签，但原住民都相信人类是宇宙秩序中的一部分，在这个秩序中，所有的生命体、无生命体和想象出来的事物都会展现出自己的精神动力。通过这样的视角可以解释一切，即宗教和世俗没有区别。精神动力充满随意性，它可以从岩石或树变为熊或乌鸦，再变成人，而这个人便可以被叫作"熊女人"或者"乌鸦男人"。骗子出现在很多文化中，邪恶无处不在。在一个任何事物都有可能改变其形状和内在的宇宙中，人类不得不小心行事。

创世故事往往以那些有着巨大精神动力的虚构人物为核心。比如易洛魁人认为安坦恩提斯（Aataentsic）是人类的母亲，她从天空中的一个洞中掉下，落在一个岛上，而这个岛其实是一只背顶土堆的海龟。还有一些创世故事以洪水和迁徙为主题。不管选择什么样的叙事线索，原住民的信仰要求个体拥有自己的精神动力以及根据环境变化不断改变形状和头脑的能力。只有能够实现和不同层面的神灵交流，同时保证整体和谐，人们才能获得世俗的成功和快乐。和神灵的沟通可以通过很多种方式实现：复杂的仪式、舞蹈激发的梦境、服用药物、一段时间的禁食以及来自萨满教巫师的调解。在绝大多数原住社会中萨满教巫师都扮演着核心角色。他们擅长精神飞行术，可以根据需要飞到苍穹或阴间。在大部分文化中，护身符、羽毛、象牙、文身和人体绘画被当作抵御邪恶力量的护甲。不同文化禁忌虽有不同，但在所有社会中都被严格遵守。

幸存下来的艺术品告诉我们，原住民崇拜太阳、月亮、星辰、各种动物和鸟类。这些事物被认为拥有特殊的精神力量，可以保证仪式获得足够多的关注。在西部平原地区，一年一度的太阳舞逐步发展成为一项重要的仪式，在此期间年轻男子都要证明自己拥有非凡的能力。历史学家阿瑟·J.雷（Arthur J. Ray）这样描述在与欧洲人接触时期"展现勇敢"的景象：

> 男人们将自己捆绑在营地中央的柱子上，带着绳子的木杆钉在胸部肌肉中。他们围着柱子跳舞直到木杆松动。很多时候，舞者会用木杆和绳子将后背和水牛头或者马（通过贸易交换出现在平原地区，后来欧洲人将它正式引入美洲大陆）紧紧地绑在一起，拖着它们绕圈直到它们挣脱枷锁。⑤

鉴于原住民强大的精神信仰，绝大多数保留下来的与外来文化接触前原住民社会的证据并非来自活人纪念碑而是墓地，人们在墓地摆放珍贵物品用来陪伴逝去的灵魂。同样的精神寄托体现在欧洲人和中东部地区人们的身上，他们建造恢宏的教堂和寺庙并在那里祭拜造物主。在犹太－基督教（Judeo-Christian）和伊斯兰教中，人类是作为造物主计划中的上等物种存在的。这样的观点困扰着早期的美洲人，因为他们相信自己和自然界的其他物种是平等关系。当最早的欧洲旅行者问他们是谁的时候，原住民总是回答"我们是人"，从而把他们自己和地球上的其他物种区分开。

图 1.2 早春时节追逐水牛的印第安捕猎者。[彼得·林迪巴切尔(Peter Rindisbacher)摄]图画描绘了阿西尼泊因人在19世纪早期使用狗和弓箭猎杀水牛的场景。这是在欧洲火枪进入北美大陆之前被广泛使用的捕猎大型动物的方法之一,另一种方法是将动物赶到悬崖下。(图片由加拿大图书档案馆授权使用 / C－114467)

对于生活在21世纪的人们而言,理解原住民的世界观并非易事。例如,与外来文化接触前的猎人认为,自己能够成功找到并捕杀猎物并不是由于对周边环境的了解,狩猎技术也只是次要原因,因为技术源于对仪式的严格遵守。在他们看来,捕猎成功的原因在于猎人和猎物之间达成了协议——猎物选定一个猎人并主动现身等待被猎杀,而这个猎人一定懂得如何按照仪式设计来取悦死去动物的灵魂,如何让其复生并再次把它杀死(图1.2)。按照这样的世界观,动物数量的下降并不是缘于过度捕猎,而是因为猎人没有给予动物足够的尊重,从而导致动物躲避他们。⑥

不管原住民如何解读自己生活的世界,他们在接触外来文化时很好地适应了居住环境。在欧洲人登陆美洲之前,他们已经开发出了独特的运输方式(使用桦皮舟、独木舟、雪鞋和长雪橇),建造出实用的住房(冰屋、长屋、圆锥形帐篷和棚屋),制造出烹饪工具(以石头、骨头、桦树皮和黏土为材料)。此外,他们还发明了独特的裁缝工艺(用纤细的鸟骨做针,用肌腱做线,装饰技巧丰富),同时制造出实用的武器(标枪、弓箭和弹弓)。美洲大陆的人们还会计算太阳和星星的移动,懂得如何用植物入药。

虽然刻在桦树皮上的符号有时能将后人带入远古的回忆,但通常情况下知识还是依靠口耳相传传承下来。早期的欧洲观察家们都惊叹于原住民超强的记忆力。17世纪,法国毛皮商人尼古拉斯·德尼(Nicolas Denys)曾经在东海岸住了几十年。据他介绍,米克马克(Mi'kmaq)社区记忆守护者们能够背出家族宗谱,最早可以追溯到超过二十代人的远古时期,那时他们的祖先是一支"远古首领"。[7] 过去,学者们一直认为口述史并不可靠,因为历史会随着时间的流逝和讲述者的变化而变化。但是今天我们认识到,文字记载的历史同样会遭遇类似的尴尬。

原住民和现代人一样,他们也需要休闲娱乐。他们玩技巧和博弈游戏,能够极具想象力地使用木棒、石头和骨头。在所有群体的纪念仪式中,在鼓、笛子、口哨声和叫喊声的伴奏下跳舞成为最重要的活动。举个例子,克里族人(Cree)便会跳小鸡舞、水牛舞等。在西海岸地区,音乐会在领唱的指挥下贯穿整个夸富宴仪式。因纽特人因其音乐游戏而出名。游戏通常在两名女性之间展开,喉音唱法考验呼吸的力度和控制力,最终经常以一个表演者大笑起来或者精疲力竭而告终。[8]邻里间的战争在美洲大陆司空见惯,特别是在阿兹特克(Aztec)、玛雅(Mayan)和印加(Inca)帝国等地区具有更强的破坏力。在美洲大陆的北部边缘地带,大部分战争都只是偶然发生,也可能因复仇、争夺稀缺资源以及年轻勇士试图通过战争自证非凡能力而起。尽管暴力程度有限,军事失利仍然会给战败者带来灾难性的后果。拷问、奴役、杀死俘虏是常用的手段,而有些战败者甚至会被吃掉。年轻女性和孩子经常被吸纳进成功勇士的文化习俗中,但却很少获得平等的地位。在易洛魁群体中,"哀悼战争"是一个特殊的仪式,用来将俘虏转化为本族的成员,以替代战争中死去的同族,从而保证族群人数的稳定。

按照一些欧洲人的标准,北美洲地区的原住民对待性和生育的态度比较开放。他们并不耻于谈论性,口头达成一致便可解除婚姻。相比之下,欧洲的年轻人则要遵守严格的纪律并接受体罚。原住民中的孩子一般可以免受这种伤害自尊心的惩罚,但也有研究表明,在太平洋沿岸的族群中,奴隶的后代仍然会继承父辈的社会地位,有时候甚至会被用来祭祀。原住民对于同性恋也比欧洲人表现出更强的包容性。在很多美洲族群中,那些今天被称为男同性恋、女同性恋以及变性人的群体都会被归为第三性别,拥有男性和女性的双重精神。作为具有"双重精神"的个体,这些第三性别的人会因其更强的洞察力而受到尊敬,有时也会被赋予更重要的仪式责任。

在原住民族群中男性和女性的权利有着很大的差别。在大部分文化中,女性的权利得到承认,因为她们孕育生命,管理食品储备,同时制作取暖衣物以维持生存。男性通过狩猎和保护家园获得自己的地位。在绝大多数原住民族群中,男性和女性的工作分工独立。例如,男性负责狩猎,女性则将捕来的动物剥皮,制作食物、衣服以及搭建住处等。男性为雪鞋打好木制框架,女性则负责缝边。在太平洋沿岸地区,女性是雪松纤维的编织者,男性则独享在森林中砍伐树木的权利。欧洲男性认为男性在狩猎和采集社会中严重劳动过量,这样的判断来自其自身的阶级偏见。但毫无疑问,大多数原住民女性也都同样辛勤工作,处理大型动物、用兽皮制作衣服和住所,为过冬准备熏肉和鱼,并且每年随着季节变化将物质财产不断搬移。

青春期是男性和女性生命周期中很重要的时期。尽管没人要求女性像年轻男性一样去经历太阳舞的肉体考验,但她们仍需证明自己能够承受成年世界里的各种严苛考验。女性通常会通过和其他女性隔离的仪式来纪念第一次月经的到来，这样的隔离期一般持续一个月甚至更长时间。除了学习缝纫和其他技能，女性还要经受忍耐力的考验，例如在长时间没有水和新鲜肉类的条件下设法生存下去。⑨为了生存，坚韧被视为一种优点。在绝大多数原住民文化中，女性会用几年时间陪护孩子的成长，而这也是当时一种并不完美的控制人口的方式。原住民女性的生育周期为3—4年。

女性的二等社会地位在很多原住民族群中都可窥见一二。比如因纽特人和阿萨巴斯卡人会在饥荒时期杀害女婴，以减轻对稀缺资源的需求压力。在很多族群中，男性可以在不征求女性同意的情况下交换或者和他人分享妻子。一夫多妻制比比皆是。从与外来文化接触的早期开始，首领的女儿们便被作为贸易纽带嫁给欧洲商人。在和欧洲社会的联姻之中，新娘几乎不具有话语权。生活在太平洋沿岸的萨利希语族人（Salish）是族长制的坚决执行者，男性占有财产并且只由儿子继承。当那些沿袭着族长制法律和风俗的欧洲男性来到北美，他们便开始和当地的男性首领建立贸易关系，从而进一步巩固了他们的社会地位。

正如前面提到的，原住民社会的权力分配方式不尽相同，但在大部分文化中权力结构相对松散。男性通常充当首领和萨满巫师，其权威性已经得到了早期欧洲观察家们的认可。当然女性也可以担任相同的职位。在很多文化中，女性在创世故事中扮演着重要的角色，同时拥有相当大的政治和宗教权力。由于父权的建立并不容易，所以世袭权力也会传承给女性。这在易洛魁人中便有所体现。女性因其在农业生产中的核心地位而获得了更多的权力。虽然只有男性才能够进入村庄和部落委员会，但拥有强大权力的女总管也会参与到首领选举之中，并且在很多时候拥有决策权。值得一提的是，易洛魁人不仅具有母系社会的特征，还推行入赘制，即丈夫在婚后和妻子的家庭居住在一起。

易洛魁人的非典型之处还在于，他们在与欧洲人接触时就已建立了联邦。据口述史记载，联邦的建立缘于首领德卡那维达（Dekanawidah）和他的助手希阿瓦塔（Hiawatha）为了结束家族间不断升级的仇杀而付出的努力。五个易洛魁族群——莫霍克（Mohawk）、奥内达加（Onondaga）、奥奈达（Oneida）、塞内卡（Seneca）和卡尤加（Cayuga），经过和谈共同签署了宪法协定以抵制内战。在敌人林立的岁月，五族联盟受益于联盟举措，它在17世纪早期法国和其北美同盟试图在五大湖到圣劳伦斯湖地区建立统治权时发挥了作用。

结　语

经过几千年的变迁，原住民族在今天加拿大的这片土地上适应了变化的环境，创建起属于自己的生活世界并从此世代繁衍。他们中的大多数过着殷实的生活，享受着美好的休闲时光。技巧和博弈游戏，以复杂仪式为代表的精神生活以及高级的艺术化表达都成为休闲时光的重要组成部分。他们复杂的符号化世界和高度成熟的自我身份叙述赋予了其生活的意义和社会凝聚力。从16世纪开始，这样的社会凝聚力将面临挑战，那时，居住在北美东海岸的人们将开始和来自未知世界的人们相遇。

注释：

① Cole Harris, *The Reluctant Land : Society, Space, and Environment in Canada before Confederation* (Vancouver: University of British Columbia Press, 2008),

16-18.

② The research on origins, numbers, and cultural borrowing is summarized in Part 1 of Olive Patricia Dickason with David T. McNab , *Canada's First Nations: A History of Founding Peoples from Earliest Times* , 4th ed. (Don Mills, ON: Oxford University Press, 2008). See also James V. Wright, *A History of the Native People of Canada* (Ottawa: Canadian Museum of Civilization,1995), and Bruce Trigger and Wilcomb Washburn, eds., *Cambridge History of the Native Peoples of the Americas*, 3 vols. (Cambridge: Cambridge University Press, 1996).

③ Robert McGhee, *The Last Imaginary Place: A Human History of the Arctic World* (Chicago: University of Chicago Press, 2007), 38.

④ Robert McGhee, "Canada Y1K: The First Millennium," *The Beaver* (December 1999-January 2000): 9-17.

⑤ Arthur J. Ray, *I Have Lived Here Since the World Began: An Illustrated History of Canada's Native People* , rev. ed. (Toronto: Lester/Key Porter Books, 2005), 33.

⑥ McGhee, *The Last Imaginary Place* , 38-39.

⑦ Nicolas Denys, *The Description and National History of the Coasts of North America* , ed. William F. Ganong (Toronto: Champlain Society, 1908), 401.

⑧ Elaine Keillor , *Music in Canada: Capturing Landscape and Diversity* (Montreal:McGill-Queen's University Press, 2006), 42; Jean-Jacques Nattiez, "Inuit Vocal Games," in *Encyclopedia of Music in Canada*, 2nd ed. (Toronto: University of Toronto Press, 1992), 633-634.

⑨ For an oral account of a female coming-of-age ceremony, see Kitty Smith, "Becoming a Woman," in Julie Cruikshank, *Life Lived Like a Story* (Vancouver:University of British Columbia Press, 1992), 214-215.

第二章 土著人和外来者（1000—1661年）

1918年，摩拉维亚人（Moravian）的使命船"和谐号"（Harmony）抵达拉布拉多海岸。随之而来的是致命的流感病毒，奥卡克（Okak）的236名因纽特人80%患病死去，病毒很快席卷周边群落。一个观察家这样描述当时的场景："'和谐号'离开奥卡克之后，人们接连病倒……狗和尸体在玩耍。在斯路塔里克（Sillutalik），36人死亡，其中只有18人被埋。另外18人可见的遗骨只有一些光秃的头骨和散落在屋内的胫骨。"①

这一关于流感影响拉布拉多因纽特人的报告描述了在欧洲接触期的早期北美大陆人共有的经历。由于对外来者携带的病毒缺乏免疫力，本地人经常死于诸如天花、麻疹和流感等欧洲常见疾病。拉布拉多悲剧并不是20世纪发生在加拿大的唯一悲剧。根据因纽特文字记载和DNA证据，为了躲避图勒人的攻击，图尼特人的一个族群逃难至哈得孙湾的南安普顿岛（Southampton Island）。1902年，一艘苏格兰捕鲸船把疾病带入南安普顿岛，由此，在北美大陆北部生存了5000年之久的最后一批土著人患病死去。②

欧洲接触期的背景

来自欧洲的动物、植物、人、微生物以及知识的传播是过去500年里人类取得的最重要的进步。③虽然当下世界各地都遇到了"西方文明",但其产生的影响却和当年不可同日而语。欧洲人能够迫使美洲和大洋洲的土著人背井离乡;不过,放眼世界,中国、印度以及非洲人似乎对来自欧洲的冲击有着天然的免疫力,从而避免了重蹈北美人的覆辙。

对于疾病在欧洲人进入美洲大陆这一历史事件中所起的作用,学者们众说纷纭。但大家都一致认可一个事实,那就是疾病传播造成了灾难性的后果。科尔·哈里斯(Cole Harris)总结了几十年的研究成果,提出"在那些从未流行过天花的地方,天花造成的死亡率高达50%—70%,有时甚至更高"。他进一步解释道:"更多来自西半球的证据显示,在流行病进入一个地方100年后,剩余人口不超过疾病侵袭前的10%。"④在美洲大陆的很多地方,欧洲人奴役大量的本土居民,也进一步造成了人口的减少。而在北部地区,这种剥削式的劳动力开发无法大规模展开。和欧洲接触期的其他因素相比,不明细菌造成的死亡在北美土著族群的人口、精神信仰和医学知识等方面都更具破坏性。

在考量欧洲接触期早期时必须注意几点。首先,在1500年之后来到北美大陆的欧洲人有自己的本土化认知,且千差万别。绝大多数的早期移民是经过挑选组成的团队,其中包括男性探险者、商人和渔民,他们寻找陆地、淡水、性,当然还有鱼类、毛皮以及可以带回家的俘虏。利益驱使下的欧洲旅居者并不擅长给人留下较好的第一印象。其次,欧洲文化和北美文化之间存在共融性。⑤二者都推崇性别差异决定工作和权力关系,也都依赖富于想象力的精神世界,即便不能相互尊重,至少可以互相理解。16世纪,两个大陆都经历了战争,野蛮行径比比皆是。随着欧洲不断向海外扩张,其本土政治、宗教领袖开始通过宗教法庭推行恐怖统治,成千上万人因此蒙难。14世纪中叶,黑死病(原因仍有争议)造成欧洲至少1/3的人死去,腺鼠疫阶段性地侵袭着社区,一直持续到19世纪。庄稼歉收和军队掠夺往往给高压下的农民带来饥荒,生存异常艰难。同样的事情也发生在北美大陆。

欧洲人将生活的世界移植到北美不是一件容易的事情,这一事实不可忽视。15世纪90年代,在克里斯托弗·哥伦布(Christopher Columbus,意大利语为Christoforo Colombo)和约翰·卡伯特(John Cabot,意大利语为Zuan Caboto)航行之后,欧洲人陆续来到北美大陆,他们花费了超过一个世纪的时间才在北美大陆北部的东海岸建立起脆弱的根据地,而定居者社区的成形则需要更长的时间。在1661年前后,只有几千移民生活在今天加拿大的版图上,他们中几乎所有人都居住在大西洋沿岸和圣劳伦斯河地区。在其他地区,欧洲人来得比较晚。1818年,探险家约翰·罗斯(John Ross)遇到了一群因纽特人,那时的因纽特人对来自欧洲的访客一无所知。他们认为欧洲人一定是来自另一个世界的神灵,于是问道:"这些是什么生物?他们是来自太阳还是月亮?他们白天发光还是晚上发光?"⑥

扩张时期的欧洲

尽管英雄故事记录下了北欧人遥远的探险足迹,但直到1960年,北欧人在1000年前后定居的证据才在纽芬兰岛北部的安斯梅多遗址被发现。遗址几年之后就废弃了,或许是因为当地居民的反感,更可能是因为远离斯堪的纳维亚供给线。这次殖民化的尝试并没有带来任何长远的影响,但这对斯堪的纳维亚在这一时期的拓展很重要,也带来了其他外来探访的可能性,虽然这些探访没有被载入史册。

15世纪晚期来到北美大陆的欧洲人在斯堪的纳维亚行动之后的500年中经历了巨变。黑死病爆发之后,欧洲成为封建社会价值体系和制度体系转化的中心。到15世纪末期,欧洲社会就像是一只旋转的汽锅,里面容纳着政治野心、商业发展、宗教混乱、技术革新以及艺术创作。在那个时候,世界上的其他民族(特别是中国)虽然也有能力进行海外探险,但欧洲人始终走在最前端。在这个过程中,他们创建了一个世界,在那里,非洲、美洲、亚洲和欧洲借助交通更紧密地联系在一起,人口、商品和观念实现自由流通。

15世纪,占据商业和文化霸主地位的国家开始从地中海地区向大西洋沿岸的新兴国家转移。商业利益推动着世界格局重新洗牌。敌对的伊斯兰势力控制了中东,迫使欧洲人寻找新的贸易路线进入亚洲。技术革新使得这一选择成为可能。更详细的地图、更强大的船只以及更先进的导航设备延长了海上航行的时间。在经济利益的驱使下,雄心勃勃的航海家们将航海技术发展到极致。除此之外,欧洲扩张还缘于欧洲君主国之间的争斗。每一个君主国都想在瓜分"新世界"的时候多分一杯羹。

在文艺复兴的刺激下,海外探险成为文艺复兴刺激下欧洲文化苏醒的重要组成部分,人们重燃对古希腊和古罗马辉煌成就的向往。在众多文艺复兴时期思想家的影响下,欧洲人开始反思各个领域的知识,开始探寻物质世界和宗教信仰的本质。15世纪中期,约翰尼斯·古登堡(Johannes Gutenberg)发明印刷机使得新思想得以更快地传播,欧洲很快成为智识激荡的沃土。1517年,马丁·路德(Martin Luther)发起抗议,反对罗马教皇将基督教世界分裂成敌对的新教和罗马天主教两派。文艺复兴和宗教改革运动刺激着欧洲人去发现新的民族,开辟新的地方,征服一切可能遇到的事物。

发现另一个世界

最早有规划地在大西洋探险的是葡萄牙人。截至1487年,他们已经绕行到非洲的好望角,同时打开了一条通往印度的新航线。1492年,意大利航海家克里斯托弗·哥伦布,打着西班牙的旗帜航行到加勒比群岛。1494年,西班牙人和葡萄牙人在罗马教皇的授意下签署了《托尔德西里亚斯条约》(Treaty of Tordesillas),瓜分了这个新发现的非基督教世界,同时很快在亚洲、墨西哥和中南美洲找到了立足之地。那时,法国和英国在北美大陆已经没有了选择的余地。

1497年,来自威尼斯的约翰·卡伯特很快从一年前的失败中走出,准备第二次尝试穿越大西洋。他带着英国国王亨利七世(King Henry Ⅶ)的签字信,"可以航行到大洋东部、西部和北部沿岸的任何地方",且有权"征服、占领及占有任何(新发现的)城镇、城堡、城市和岛屿"[⑦]。卡伯特从布里斯托尔出发——那里是英国第二大港口和众多海外探险的资金来源地——来到"新发现的土地",可能是在博纳维斯塔角(Cape Bonavista)附近的纽芬兰岛上,在那里他竖起一个十字架以及英格兰和威尼斯的旗帜。他回来后告诉人们:"那里的水域到处都是鱼,不仅可以用网,还可以使用装着石头的竹篮捕鱼。"卡伯特没能从1498年第三次航行中归来,但他在世界历史上留下了深远的影响。在接下来的十年里,欧洲人开始定期远航到"新发现的土地"进行捕鱼。

16世纪20年代,由葡萄牙人、法国人、西班牙人以及英格兰人发起的有记载的探险,绘制出北大西洋东部沿海地区的地图,却没有找到宝藏和通往亚洲的航线,也没有开辟出能够生存的殖民地。捕鱼船的船长们似乎航行到了更远的地方。1534年,雅克·卡蒂埃(Jacques

Cartier）奉法国国王之命来到圣劳伦斯湾，在加斯佩半岛（Gaspé Peninsula）遇到了米克马克人，他们是欧洲接触时期的老朋友。

1535年，卡蒂埃开始了第二次航行，他溯圣劳伦斯河而上来到位于霍切拉嘎（Hochelago）的易洛魁人村庄，也就是今天的蒙特利尔。严冬迫使船队在斯塔达科纳（Stadacona，近今天的魁北克市）搭建帐篷。卡蒂埃手下有25名船员因坏血病死去，那是一种由于缺乏维生素C而引起的可怕痛疾。尽管如此，在霍切拉嘎之外找到财富的可能性驱使着卡蒂埃雄心勃勃地加入了当地贵族罗克德·罗贝瓦勒（Roque de Roberval）领导的新探险。后者于1541—1542年在距离斯塔达科纳不远的地方建立起了法国殖民地。卡蒂埃率领着领头航队，但光是冬天就让充满抵触情绪的开拓者难以承受，况且其中很多人是囚犯。1542年春天，卡蒂埃的很多随行人员因思乡心切，偷偷带着他们眼中的黄金和钻石撤离，但实际上他们带走的只是黄铁和石英。罗贝瓦勒带着更多的人于同年晚些时候抵达，却逃不过和卡蒂埃一样的命运。造成这一结果的原因有很多，除了气候条件，原住民的敌意也是重要因素之一。

外来人口遭到冷遇并不难理解。在卡蒂埃的第一次航行中，他将10米高的十字架立在加斯佩半岛的土地上，以法国国王的名义宣布领土所有权，同时逼迫易洛魁族首领唐纳科纳（Donnacona）让他的两个儿子陪同自己回到法国。1535—1536年，卡蒂埃无视唐纳科纳不允许他向斯塔达科纳上游进发的禁令，逆流而上，绑架首领，并将其与9名随从一起向好奇的法国看客示众。1541年，斯塔达科纳人向这些未来的殖民者发起攻击，杀死35人，向外界发出明确的信号：外来闯入者不受欢迎。

卡蒂埃的探险具有十分重要的历史意义，因为他们成功地描述了早期欧洲殖民者的精神状态，以及他们生存在离家万里之地可能遇到的各种问题。尽管后来法国在圣劳伦斯河地区建立殖民地似乎和卡蒂埃的探险并无太大关联，但后人仍认为卡蒂埃当年打下的基础不容忽视。他还给到过的地方起了法语名字。他误解了易洛魁语中指代斯塔达科纳周边领土的"村庄"一词，称之为"加拿大"。就这样，加拿大出现在了世界地图上。

商业开发

在接下来的几十年里，自身问题缠身的欧洲君主们放弃了在北美大陆北部地区建立殖民地的尝试，此时，私人企业却在北美大陆注入了欧洲元素。

鳕鱼作为廉价的蛋白质来源，对于罗马天主教徒尤其重要，因为他们一年中有153天需要素食。鳕鱼业创造出的价值和所需要的劳动力数量在北美超过所有其他经济活动。法国人是工业发展的领导者，他们发明出两种处理鳕鱼的方法。一种叫湿法（或称绿法），即把鱼放在船上，用很多盐腌或者浸泡在海水中；另一种叫干法，即把鱼切开，放少量盐腌然后放在海岸边晒干。虽然湿法更合法国人的口味，被晒干的鱼却在地中海周边相对温暖的国家更容易保存，那里有鳕鱼干的主要消费群体。从英国西南部港口出发的英国人只使用干法制鱼，他们忽略国内市场需求，用商品交换金块、水果、葡萄酒和其他地中海地区的物品。截至16世纪80年代，有超过400艘捕鱼船载着1万人驶离纽芬兰岛海岸地区，其他人则沿着大西洋一路南下驶入圣劳伦斯湾（图2.1）。

这时，捕鱼业中出现了两种副业。从16世纪30年代开始，巴斯克人（Basque）派出满怀雄心壮志的捕鲸队，以雷德湾（Red Bay）为中心在拉布拉多南海岸活动。在现代欧洲前期，鲸鱼油是优质的照明能源。捕鲸业在16世纪60年代达到高峰，每年有三十多艘巴斯

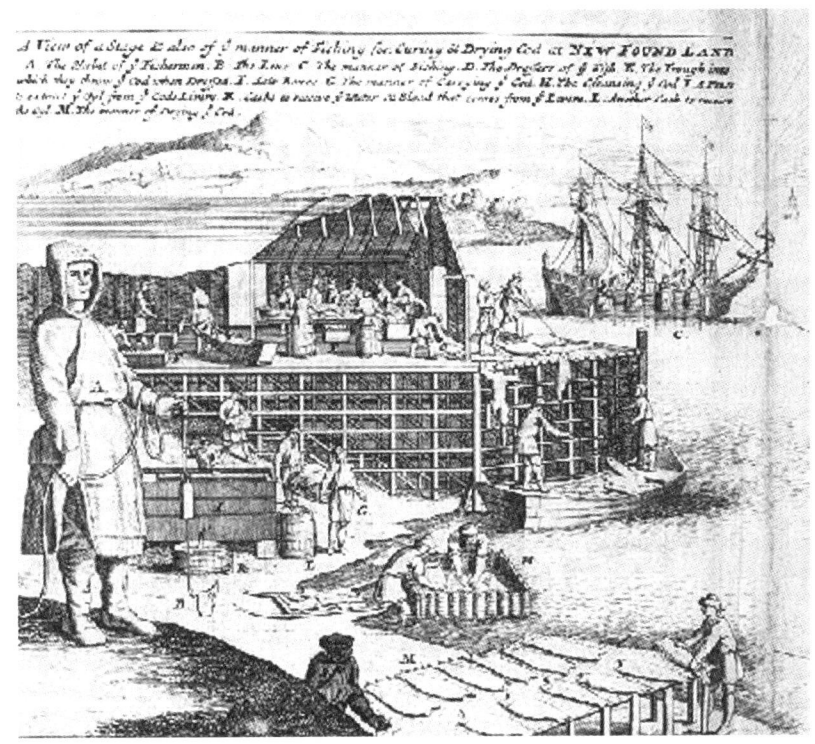

图2.1 纽芬兰的鳕鱼业。1772年的一个鳕鱼加工场，图中展现了巴斯克人储存鳕鱼的方法。选自 M. Duhamel du Monceau, *Traité générale des pêches*（巴黎：Saillant et Nyons，1772），图片由加拿大图书档案馆授权使用 / MIKAN no.2926914。

克船捕杀露脊鲸，船队会聘请当地擅长捕猎的伊努人（Innu）加入团队。在16世纪末，工业逐步衰落，这或许是受伊比利亚渔业衰退影响所致，但更有可能是鲸鱼数量减少造成的。一些学者认为，16世纪末出现的小冰河期使拉布拉多地区温度下降，导致该地区鲸鱼和以鲸鱼为食的动物消失。

在16世纪的历史进程中，法国商人和原住民进行毛皮贸易越来越受到欢迎。时尚产业的发展促进了毛皮市场的繁荣，特别是去掉了外部针毛的海狸皮，手感丝滑，颇受巴黎眼光犀利的帽商青睐。起初，渔民们兼做毛皮生意，但到了16世纪下半叶，一些法国商人开始专门准备船只，向居住在拉布拉多到今缅因地区沿线的原住民购买毛皮。为了找到更多更好的毛皮，商人们涌入圣劳伦斯河地区，使大西洋沿岸据点以西的地区也得到了开发。

想要找到西北航道的梦想激励着欧洲探险家们继续他们的征程，勇敢地驶向北极地区。他们中的大多数是英国人，其中最有野心的当属马丁·弗罗比舍（Martin Frobisher）。他得到了伊丽莎白女王一世的鼓励，也赢得了与俄国人做生意的英国商人的支持。1576—1578年，他先后三次远征，来到了被女王称为梅塔因科格尼塔（Meta Incognita）的地方。弗罗比舍将这片土地划归英国所有，并将俘虏带回伦敦展示。他认为自己找到了珍贵的矿藏，便开始畅想去寻找北部航道。但是接下来的寻矿之旅并不成功，他所到之地是在今天被称为巴芬岛的弗罗比舍湾。

在弗罗比舍的最后一次航行中，他不经意间驶入了一个以亨利·哈德孙（Henry Hudson）命名的海峡，在纽约汇入大西洋的河流也以此为名。1609年，哈德孙代表荷兰东印度公司到东部海岸地区探险，并于1614年在阿尔巴尼建起了一个商栈。1624年，哈德孙正式宣告成立新尼德兰省，首都为位于曼哈顿岛的新阿姆斯特丹。1610年，哈德孙在弗吉尼亚公司和英国东印度公司的资助下航行到哈德孙湾。在詹姆斯湾度过了一个冬天之后，反叛的船员们都不愿意再花上一年时间去寻找通往亚洲的艰难之路。他们将哈德孙、他未成年的儿子约翰和其他六名船员放在一艘小船上，任其漂流，他们自己则返回故土。

虽然欧洲人的出现短暂且富季节性，但他们对所遇到的原住民却产生了立竿见影的影响。疾病最终造成了很大的损失，虽然我们仍无法清晰了解原住民死亡的时间和人数，但他们的人口大幅减少。可以确定的是，对于欧洲接触时期的幸存者而言，毛皮贸易改变了早期的生存方式，对欧洲商品的需求与日俱增，这一需求从既有的原住民贸易网络迅速扩展到大陆中心地带。

原住民对外来者的反应不一。在拉布拉多地区，因纽特人一直对欧洲来访者心存敌意。这可能是他们长期面对入侵者的结果——那些入侵者费尽心思将俘虏的原住民带回欧洲展出，不过，这也可能只是文化差异造成的。因为因纽特人在其他原住族群心目中也是好斗的形象。据记载，生活在纽芬兰的贝奥图克人（Beothuk）起初对商业有一定的兴趣，但在和渔民们接触后很快便放弃了，因为后者总是对当地人偷窃岸上器具制造铁器颇为恼火。相比之下，欧洲人和东海岸其他原住民族群的关系更加友好。米克马克人热衷于经商，他们充分利用欧洲人的出现拓展自己的贸易版图。

在欧洲，大陆间的交流使得原住民族群的重心发生了转移。卡蒂埃航行之后，圣劳伦斯河地区的易洛魁人就不存在了。虽然易洛魁人消失的具体原因不详，但或许是因为疾病极大地削弱了易洛魁人，而擅长和欧洲人做毛皮生意的阿尔冈昆人乘虚而入，攻占了易洛魁人地区。这里还要提一下，小冰河时期的出现也在一定程度上破坏了农业人口的稳定性。

初步探寻

无论是从事渔业还是做毛皮生意都不需要永久定居。只要这些未来的殖民者在北美大陆过上一个冬天，他们想留下来的热情便会随之大减，然而欧洲人海外扩张的野心犹存。随着毛皮贸易的发展，趋利避害、渴望收益的统治者们开始允许私人公司在他们霸占的土地上垄断贸易，作为对建立殖民地的回报。商人是最大的获益者，只要他们保持对毛皮贸易和渔业的垄断，便能把所有利益收入囊中。受反宗教改革运动的影响，罗马天主教廷鼓励在新世界探险，以使原住民皈依基督教。欧洲法庭上的贵族们经常设想通过殖民地计划补偿失去的财富，增加声誉；而那些流浪汉、孤儿、囚犯、被救济者、被奴役者和契约工，参加到海外探险之中则是不得已而为之的事情，何谈雄心壮志。

许多早期的殖民尝试发生在北美大陆北部的海岸线，因为那里距离殖民者归属国更近。没有大都市的生活供给，地理上相互分离的殖民地在面对困境时不堪一击。原住民的敌意、敌人攻击、海盗偷袭以及食物和供给品的匮乏都让殖民地生活难以为继。即便是那些意志坚定的殖民公司也经常失去供给船，暴风雨、暗礁以及敌人的攻击迫使殖民者靠岸搁浅。以今天的标准判断，每一件事情都进展得十分缓慢。在理想状况下，从英格兰到纽芬兰岛要花上3—4个星期，到达芬迪湾（Bay of Fundy）也要花上同样长的时间。

法国最先在竞争中脱颖而出，在北美大陆北部地区建立殖民地。法国国王亨利四世曾经短暂结束了罗马天主教和新教之间的内战。1598年，他任命德拉罗什侯爵（Marquis de la Roche）担任加拿大、纽芬兰岛、拉布拉多和诺伦贝加（Norurnbega）的中将，继而掌管毛皮生意。德拉罗什在塞布尔岛（Sabie Island）建立了一个预备定居点，那里有比北美大部分地区更便利的海上交通，但面积仅比一个沙丘大不了多少。在40名定居者中，所有来自鲁昂（Rouen）的流浪汉和乞丐以及10个军人倒在了塞布尔岛，只有11个人活到了1603年殖民地废弃的时候。那一年，国王任命皮埃尔·德蒙（Pierre Du Gua, Sieur de Monts）担任阿卡迪亚（la Cadie）、加拿大和新法兰西（la Nouvelle France）其他区域的总督。作为10年毛皮贸易垄断的回报，皮埃尔·德蒙同意每年签署60份贸易信函，同时支持在当地人中开展传教活动。至此，法国人在所谓新法兰西的两个目标殖民地有了使命宣言和名称。

阿卡迪亚

德蒙十分看重自己的使命，1604 年，他为探险船队招募了 2 名罗马天主教教士，新教牧师、矿工、外科医生、药剂师各 1 名，以及石匠、木匠若干。在完成对芬迪湾的探险后，79 名殖民者在圣克罗伊 (St.Croix) 河口（今缅因和新不伦瑞克地区之间的边境地带）过冬。选择这一地区缘于其易守难攻的特点，海盗和当地居民的攻击不足为道，最致命的还是坏血病，它造成 35 人死亡。

春天来了，德蒙决定穿过芬迪湾进入安纳波利斯流域，那里有更温暖的冬天、更好的农业种植条件，还有在年长的蒙巴图 (Membertou) 领导下乐于助人的米克马克人。在圣克罗伊河生存下来的定居者中，只有 3 个人愿意在阿卡迪亚再待上一年。塞缪尔·德·尚普兰 (Samuel de Champlain) 就是其中之一，他已经成为殖民化的坚定拥护者。新的定居地被命名为皇家港 (Port-Royal)，新的一批定居者被运送来。不过他们的命运却如出一辙：45 人中，1/3 死于坏血病。

尽管命运多舛，殖民地还是幸存了下来。1606 年的春天，比安古尔·德·普特安古尔 (Jean de Biencourt de Poutrincourt et de Saint-just) 被任命为皇家港总督，他将一些熟练工人和贵族亲朋带到殖民地，其中包括他的儿子查理·德·比安古尔 (Charles De Biencourt)、来自巴黎的表弟路易·埃贝尔 (Louis Hébert，药剂师兼园艺家)、来自香槟地区的表弟德·拉图尔 (Claude de Saint-Étienne de La Tour) 和他的儿子查尔斯，以及曾将自己的探险经历写入著作《新法兰西史》(*Histoire de la Nouvelle France*, 1618) 的巴黎律师马克·勒斯卡尔博 (Marc Lescarbot)。这些法国贵族用新方法建设旧世界，取得了令人瞩目的成效。他们种植小麦，建造磨粉厂，饲养牲口，种水果和蔬菜。为了让更多的人冬天能够活下来，尚普兰发明了一种名为"轮流助兴"（l'Order de Bon Temps）的游戏，即大家按天轮流出节目或提供美味。1606年11月，在勒斯卡尔博的领导下，殖民者和熟悉复杂仪式的米克马克朋友一起表演戏剧《尼普顿》（*Le Théâtre de Neptune*），用来迎接普特安古尔、尚普兰和船员们——他们刚刚结束了在大西洋沿岸为期两个月的探险。这是文艺复兴时期人们的最好时光。

发生在皇家港的故事告诉人们，尽管殖民地的地理位置并不适宜开展毛皮贸易，欧洲人还是可以在北美大陆的北部地区生存下去的。1607年以后，德蒙和尚普兰将全部精力都放在了圣劳伦斯河流域。与此同时，普特安古尔致力于拓展皇家港。但是1613年，英属弗吉尼亚殖民地（建于1607年）总督派出的萨缪尔·阿加尔（Samuel Argall）船队占领了皇家港。只有比安古尔·德·普特安吉尔和他的表弟拉图尔以及其他一些人留下来继续和米克马克人、马里塞特人（Maliseet）做生意。1623年，比安古尔去世，殖民地由查尔斯·德·拉图尔(Charles de La Tour)接管，后者和当地酋长的女儿结了婚。在一位改革派神父的祝福下，这对夫妇共同孕育了三个女儿。她们三人都接受了洗礼，其中一人最后进入了巴黎圣宠谷修道院（the convent of Val-de Grâce）。

英国人并不在意法国人占据了多少殖民地，但他们也将目光投向阿卡迪亚。1621年，已经拥有苏格兰的英格兰詹姆斯一世（James I）授权同胞威廉·亚历山大（William Alexander）爵士占有新苏格兰，范围从圣克罗伊河到圣劳伦斯河流域。亚历山大第一次建立殖民地的尝试以失败告终，随即他开始通过售卖爵位（骑士和准男爵）和新苏格兰土地积累资本。亚历山大的计划并不受欢迎，但他很快启动了另外两个殖民计划：一个在布雷顿角（Cape Breton），由奥希尔特里(Ochiltree)领导；另一个在皇家港，由亚历山大的儿子亲自掌管。虽然这两项计划均告失败，但仍留下了一个名称和若干武器，能够为新斯科舍省所用。

纽芬兰岛

纽芬兰岛也吸引了英国殖民者的注意。1610年,伦敦和布里斯托尔公司登陆纽芬兰岛,在搭建殖民地的同时和贝奥图克人进行毛皮交易。布里斯托尔的杰出商人约翰·盖伊(John Guy)带领人马在位于今天康塞普申湾(Conception Bay)的丘比特湾(Cupid's Cove)地区建立基地。第一个冬天并不寒冷,39人的队伍里只有9人死去。1612年,16名女性抵达,预示着一个新世界社区即将诞生。

在阿卡迪亚,问题接踵而来。海盗彼得·伊斯顿(Peter Easton)不断进行军事骚扰,流浪渔民间摩擦频发,62名定居者中的8人在1612—1613年的严冬中得坏血病死去。不适于种植的土地和贝奥图克商人消极的态度迫使公司向其他潜在殖民者售卖土地合同,以弥补投资损失。威廉·沃恩(William Vaughan)便是这些潜在殖民者中的一个,这名威尔士律师将建立海外殖民地作为解决国内社会、经济问题的良方。虽然他的努力很快付之东流,不过他在1626年出版的著作《金羊毛》(*The Golden Fleece*)还是推动了北美房地产业的发展。

沃恩将一部分殖民地卖给乔治·卡尔弗特(George Calvert)爵士,后者1621年在阿瓦朗(Avalon)殖民地的费里兰(Ferryland)建立了一个定居地。由于资金充裕,费里兰很快成为最受人瞩目的社区,那里有石头房子、鹅卵石街道和围墙防御体系。1625年,卡尔弗特被授予巴尔的摩勋爵。作为罗马天主教的皈依者,他允许新教牧师和天主教神父同时为300名殖民者服务。像其他殖民者一样,巴尔的摩很快失去了耐心,并不断向国王查尔斯一世抱怨:"冬天实在太难熬了……寒冷无法容忍。"⑧ 1632年,卡尔弗特将他的全部精力集中在马里兰。

加拿大

在圣劳伦斯河流域建立殖民地最初是出于商业目的。在17世纪初，每年都有超过1000名阿尔冈昆人、因努人和马里塞特人抵达塔杜萨克（Tadoussac），当地的萨格奈河（Saguenay）向南流入圣劳伦斯河。此等规模的贸易还是有利可图的，在劳动力缺乏的南部地区，贸易比农业种植更受人欢迎。原住民很愿意进行毛皮交易，每个国家都希望垄断毛皮市场，从而以中间人的身份在与邻居们的贸易中获得利益。这样的竞争保证了毛皮产品供应，不需要再从欧洲输送劳动力。

德蒙和尚普兰一直关注毛皮生意。1608年，他们在斯塔达克纳旧址搭建新的基地，并命名为魁北克。魁北克位于圣劳伦斯河流域，有着天然的防御体系，能够在塔杜萨克很好地抵御入侵者。但是他们最终还是被气候征服。在1608—1609年的过冬队伍中，25人中只有9人逃过了坏血病。

如果不是尚普兰义无反顾的努力，魁北克很可能也会成为殖民地失败案例中的一个。尚普兰在巴黎的公关工作卓有成效，德蒙获得了独家开发贸易权，魁北克也有了喘息之机。虽然殖民地受累于风向不断变化的政治局势，魁北克还是成功地发展成能全年做毛皮生意的基地。直到1635年尚普兰去世，毛皮生意的垄断者来了又走，但尚普兰屹立不倒，从而赢得了"法兰西之父"的称号。

对于尚普兰的早年生活我们知之甚少，只知道他是一名虔诚的罗马天主教徒，一位熟练的航海家和制图师。他也是一个梦想家，梦想着和原住民一起建立帝国，努力去理解他们的生活方式。他派年轻人和法国在北美的盟友一起居住。第一个被派去的是艾蒂安·布鲁尔（Étienne Brûlé），他1610—1611年和阿尔冈昆人一起在渥太华河谷过冬。1628年，在蒙塔格奈人（Montagnais）的宴会上，尚普兰接受了三个年龄分别为11岁、12岁和15岁的女孩。为了巩固和当地人的关系，他给这三个女孩取名为信仰、希望和慈善。随后他又成为一个蒙塔格奈男孩的教父，并为男孩起名为博纳旺蒂尔（Bonaventure）。㉛尚普兰个人在殖民地投了一大笔钱。这笔钱中的一部分来自他继承的遗产，另一部分是他1610年迎娶12岁法国女孩时的嫁妆。1620年，他的妻子来到殖民地，但只待了4年便去了法国的女修道院。

尚普兰不得不对阿尔冈昆人和其同盟休伦人（Huron）保持友好，因为前者控制着被法国人称为加拿大的地区，后者生活在乔治亚湾（Georgian Bay）。1609年他加入了对五族联邦的战争，同时对黎塞留河（Richelieu River）流域进行开采。尚普兰的火器驱散了攻击者，但1615年，一次袭击五族联邦的军事行动失败。哈德孙河上的荷兰成为五族联邦的欧洲同盟，并为其提供武器。值得一提的是，如果五族联邦过于强大，他们很可能将毛皮生意的流向从大陆内部转向法国人憎恨的新教对手。

在尚普兰的要求下，罗马天主教传教士开始关注加拿大。改革派教士在1615年抵达，随即开始在居无定所的阿尔冈昆人中传教。但是他们发现休伦尼亚（Huronia）的农业村落更适合作为理想的传教基地。休伦尼亚坐落在南部农业部落和北部游猎民族的商业交叉带，它是内陆的重要支点，虽不知名却激发出探险家、商人和传教士们固有的想象力和贪欲。与此同时，休伦尼亚还吸引了1625年后陆续来到魁北克的耶稣会信徒将其作为行动基地。

在这个时候，魁北克仍然只是一个毛皮贸易的前哨基地，每年往来人口仅为100余人，其中长期居住者更是寥寥。路易十三时期的宰相卡迪纳尔·黎塞留（Cardinal Richelieu）对殖民地野心勃勃。1627

年,他又建立了一个商业公司——新法兰西公司(Compagnie de la Nouvelle France)。公司被授权在从佛罗里达到北极圈的范围内经营,同时获得了毛皮贸易的永久垄断权,还享有除渔业之外所有行业的15年垄断权。那些联合经营者大多是卓越的法国公民,他们需每年带来至少200名天主教殖民者,并资助传教活动。

新法兰西公司刚刚起步,英法战争便随之而来。在英国商人的资助和查尔斯一世的授权下,戴维·柯克(David Kirke)和他的四个兄弟奉命将法国人逐出加拿大。他们占领了塔杜萨克并捕获了100位投资者的补给船,船上载着400名前往加拿大的殖民者。1629年7月,在英国人的封锁下,魁北克宣布投降。此时,皇家港也在英格兰人和苏格兰人的控制之下,新法兰西命运难料,另有欧洲外交格局的决定性作用。1632年,根据《圣日耳曼条约》(Treaty of Saint-Germain-en-Laye),加拿大和阿卡迪亚回归法国。

此时,欧洲帝国主义开始在北美大陆成形。在争夺统治权的过程中,殖民地成为欧洲列强的重要棋子,不可避免地被卷入到国家战略之中。在纽芬兰岛之外的地方,欧洲人的定居需要得到北美大陆当地人的允许。但是因为随欧洲人而来的货物激起了他们的欲望,原住民对于新的外来人口已经没有大范围的排斥。罗马天主教徒也盯上了北美大陆,他们认定,用自己的价值观念和行为准则影响原住民是上帝赋予他们的使命。他们会将一些工作分配给当地人,同时向殖民地企业注入新的活力。

到这个时候,来自欧洲的生态遗产已在北美大陆建立起来。⑩在他们的种植栽培下,很多植物得以生长,野草生根发芽,其中蒲公英就是一个顽强的外来物种。此外,欧洲的疾病也随之而来。1612年,耶稣会士皮埃尔·比阿尔(Pierre Biard)写道,米克马克人"十分惊讶且时常抱怨,自从法国人来到这里和我们做生意,我们的人口就在不断地减少……随着交易的进行,一个又一个海岸因疾病而沦落"⑪。尽管教士们的话不能全信,但比阿尔的确没有理由对灾难夸夸其谈。

此时,帝国主义也进入实施阶段。尚普兰将绘制的新法兰西地图附在1632年的回忆录之中,这幅无与伦比的地图清晰地描述了一个今人能够轻松辨认的北美大陆东部地区,其中包括那些仍在使用的地标性法语名称。在回忆录中,尚普兰、勒斯卡尔博、比阿尔以及其他受过教育的探险家、传教士们使用通俗易懂的语言描绘北美大陆北部地区。环境或许令人生畏,但不至于不可捉摸,而且是可以驾驭的。到今天北美洲仍被想象为欧洲土地,这其中土地勘测员功不可没。

在大西洋地区定居

在签署了《圣日耳曼条约》之后,法国人很快在阿卡迪亚和加拿大重新立足,同时竭力追求渔业和毛皮贸易利益。英国人则在马萨诸塞和弗吉尼亚定居下来,密切关注着北美大陆的东北角。

截至17世纪30年代,英国西南部的渔民们已经在阿瓦朗半岛的"英国海岸"定居下来。定居主要是季节性的,而对海岸渔业的控制是这一行业取胜的关键。1634年,英国国会签发《西部宪章》(Western Charter),对宣示渔业基地所有权做出了规划,并授权首船船长到港口解决纷争。3年后,查尔斯一世授予戴维·柯克爵士和他的商业伙伴在纽芬兰岛进行贸易的特权,以及向法国和荷兰船只征税的权力。柯克以商人的身份出现在费里兰,发展横跨大西洋的利润丰厚的渔业和红酒业,并担任地方行政官。柯克的殖民地生涯在1651年结束,那一年议会在英国内战中获胜。身为保皇派的柯克被逮捕并在1654年死在了伦敦的监狱中。在接下来的日子里,柯克遗孀萨拉·柯克（Sara Kirke）和她的儿子们继续不遗余力地经营着费里兰的殖民地。⑫

英国西南部商人不再担心像柯克一样的企业家，反倒是那些独立经营的渔民成为他们的竞争对手。他们看到了捕鱼业的巨大潜力，每年都在英格兰开辟航道，租"房间"（海岸基地）做生意，最终以"种植者"的身份出现在英格兰海岸地区。1660年君主复辟后，一个来自西南部的游说团说服伦敦方面签署新的禁止独立经营的法令，但独立经营者的数量却持续上升，毕竟遥远的北美海岸不便于巡查。

在重建阿卡迪亚的过程中，黎塞留向伊萨克·德·拉兹内（Isaac de Razilly）求助。伊萨克是一名优秀的海军军官，新法兰西公司得以成立归功于他写的报告。1632年，他带着300名士兵、工匠和工人，外加几名嘉布遣教教士和一些定居者来到殖民地。黎塞留和中尉查尔斯·梅努·德·奥尔奈（Charles de Menou d'Aulnay）、尼古拉·德尼一起为建立新阿卡迪亚做好了基础工作，打造以捕鱼业、伐木业以及毛皮贸易为核心的经济体系。虽然最早一批定居者的来源似乎无从考证，但他们中的有些人却是建造堤坝的专家，或许来自波瓦图（Poitou）。堤坝农业很快成为勤奋的阿卡迪亚人的标志性特征，到1650年，50个家庭中的大多数定居在芬迪湾潮汐形成的沼泽地附近。⑬

17世纪上半叶，阿卡迪亚为宗教竞争提供了舞台。嘉布遣教、耶稣会和改革派努力地向米克马克人和马里塞特人传教。其中嘉布遣教尤其积极，他们在1632—1656年往阿卡迪亚派出了40名教士和20名庶务修士。虽然大部分教士只待上几年光景，但他们都实现了自己的目标：帮助米克马克人和马里塞特人从贸易和私人关系中获益的同时，逐步拥有和那些虔诚的基督徒一样的信仰⑭。（见图2.2）

1636年初，黎塞留离世。他的继任者奥尔奈（Charles de Menou d'Aulnay）卷入了和拉图尔的权力之争。这场牵扯权位以及波士顿和

图 2.2 墨水画中传教士们正在向米克马克人传授基督教,这些墨水画出现在克里斯蒂安·勒克莱克(Christien LeClercq)的《加斯佩半岛的新关系》(New Rélations of Gaspésìa)一书中,此书于 1691 年在巴黎出版。(图片由加拿大图书档案馆授权使用 /NL22323)

魁北克利益的争斗持续了很多年,直到 1650 年奥尔奈溺水而死才结束。那时,拉图尔失去了他的第二任妻子弗朗索瓦兹－玛丽·杰奎琳(Françoise-Marie Jaquelin)。1645 年,奥尔奈向圣约翰河(St. John River)河口的要塞发起攻击,杰奎琳在这场要塞保卫战中牺牲。为了巩固自己的利益,拉图尔和奥尔奈的遗孀让娜·莫丹(Jeanne Motin)结婚。然而阴谋并没有到此为止。1654 年,一支由罗伯特·塞奇维克(Robert Sedgwick)指挥、驻扎在马萨诸塞的英国军队洗劫了皇家港和阿卡迪亚的其他法国基地。拉图尔也被带到了伦敦的监狱。英国政府承诺只要他效忠英格兰并向波士顿和英国债主偿还所有债务,就可以将其官复原职。为了获得足够的资金，他将在阿卡迪亚的权益卖给托马斯·坦普尔（Thomas Temple）和威廉·克鲁那（William Crowne），后者对阿卡迪亚的控制一直持续到1667年。之后，根据《布雷达和约》（Treaty of Breda），殖民地归法国所有。

劳伦森协定

1633年，尚普兰和法国毛皮商人、要求独掌传教权的耶稣会士以及一些无畏的定居者来到魁北克。1627—1628年的灾难之后，新法兰西公司经营殖民地的热情大减，并逐步将对殖民地的监管权让渡给当地居民。1635年，为了发展毛皮贸易，重新在三河城（Trois-Rivieres）建立了一个新的基地。新法兰西公司和五族联邦间与日俱增的紧张关系威胁着毛皮贸易的发展。在尚普兰去世后，殖民地在接下来的30年里风雨飘摇。

在这个权力控制的真空期，传教活动方兴未艾。耶稣会士向当地居民传教，但他们的主要目标还是让原住民皈依罗马天主教。事不宜迟，他们在1634年突袭休伦村落，5年后开始在乔治亚湾南部的圣玛丽（Sainte-Marie）建造总部。圣玛丽在不到10年的时间内便拥有了18名教士和46名非神职助手。1638年，耶稣会士还在魁北克附近的锡耶里（Sillery）建立了保留地，收留原住民中的皈依者。这些皈依者在他们自己的社区里饱受排斥。

很难弄清休伦人是如何看待那些拼命使他们皈依的"黑袍人"的。耶稣会信徒在给上级的报告中写道，他们的传教对象惊叹于传教士能够预测月食，能够通过书写在纸上的符号传播思想，同时在死亡面前展现出坚忍的意志。基督教玫瑰经、十字架、勋章和指环都很受欢迎，但宗教皈依仍被认为是改善和法国商人关系的最好方法。不同的世界观将事情复杂化。让·德·布雷伯夫（Jean de Brébeuf）注定成为基督教最著名的殉道者，他在写给法国上级的信中是这样说的："离开高度文明的社区，你落入野蛮人的手中，他们不会在意你的哲学和神学信仰……根据他们的教义，如果你能够光着身子将一匹马的负载背上肩，你就会变得睿智，会被当作伟大的人，否则就不行。"⑮1636年，耶稣信徒会在魁北克地区建立学校来教育原住民男孩，但原住民少有问津，大部分光顾者是定居者的后代。

欧洲性别规范认为女性宗教教团有责任照顾原住民和殖民地社区里的女人和小孩。1639年，乌尔苏拉会（Ursulines）修女教团和圣奥古斯丁看护修女（Hospitalières de Saint-Augustin）抵达魁北克。教团首领——道成肉身的玛丽（Marie de l'Incarnation）是一名优秀的管理者。但无论她如何努力也无法让招进学校的原住民女孩遵守同门纪律。罗马天主教男权至上的核心教旨也缺少足够的吸引力。尽管如此，仍有一些原住民女性苦行修道，承受鞭打、穿刚毛衬衣、在暴风雪中赤身站立。这些都是殖民地虔诚的罗马天主教徒所践行的。凯特利·德加圭塔（Kateri Tekakwitha）是较早的皈依者，一直致力于激励来自世界各地的人们来蒙特利尔附近的圣地卡纳威克（Kahnawake）朝圣。她1680年去世，后被尊称为"莫霍克人的百合花"。

虽然1642年建立的玛丽村（Ville-Marie，现蒙特利尔）因毛皮贸易久负盛名，但它实为传教热情的产物。它的资助者是一个反对法国世俗主义的秘密组织，名为圣礼秘密协会（Compagnie du Saint-Sacrement）。玛丽村最初是严格按照宗教教义管理的乌托邦社会。为承担这一任务而成立的蒙特利尔圣母会（Société Notre-Dame de Montréal），招入青年军官保罗·德·乔姆迪·德·梅松纳夫（Paul de Chomedey de Maisonneuve）统领远征军、让娜·曼斯（Jeanne

Mance）担任殖民地的护士和财务主管。在接近五族联盟领地边境的时候，定居者们遇到危险，随即发现自己在冒险离开玛丽村边境的时候已经身陷伏击。很快他们听到了已经在休伦尼亚战场上传开的悲剧传说。

内陆麻烦

随着魁北克重建，五大湖区下游的毛皮贸易区变得非常不稳定。17世纪30年代，原住民社区天花和麻疹肆虐，特别是休伦族人遭到重创，人口数量减少了2/3。耶稣会信徒不仅带来了疾病，还划分社区，使得疾病进一步扩散。传教士的敌对者很多是女性，她们谴责耶稣会士故意向她们施巫术。1646年，休伦族人口减少到8000人，其中有500人成为基督教皈依者，他们在对外战争中越来越倾向于袖手旁观。⑯ 要不是贸易的需求，耶稣会信徒们早就被严阵以待的休伦人赶出社区了。

被驱逐恐怕是最好的命运了。17世纪40年代早期，五族联盟加强了攻击，将每年都到来的毛皮交易船队从内陆驱逐到圣劳伦斯河流域，据说为了填补因疾病死去的人口，在敌人社区捕获很多俘虏。⑰ 1648年秋天，五族联盟向休伦部落发起了全面攻击，几名耶稣会信徒受尽痛苦并最终殉道，休伦族被彻底摧毁。几百名休伦人俘虏被吸纳进五族联盟，但大部分逃到了乔治亚湾的岛上，其中的绝大多数没能熬过1649—1650年的冬天。这个在历史上有过荣耀商业史的民族余部或者迁到锡耶里，或者向西部移民。休伦族的几大同盟——佩图（Petun）、纽特劳（Neutral，意为"中立"）、伊利（Erie）和尼皮辛（Nipissing）人也被充满优越感的五族联盟瓦解。

尽管五族联盟成功摧毁了休伦族，增加了人口数量，但他们却无法垄断毛皮贸易。拿着法国人提供的武器，奥吉布瓦（Ojibwa）和渥太华、尼皮辛组成联盟一边向五族联盟在前休伦族地区的统治权发起挑战，一边和北部、西部的原住民族群建立贸易往来。法国人则继续将年轻人送往原住民区居住。这批年轻人作为第一批传奇旅居者逐步掌控了船队，将毛皮从内陆地区运出。由于五族联盟仍然惦记着取代休伦人的中间者地位，这些旅居者总是处于危险之中。1660年，17名法国人组成的小分队在亚当·多拉尔·德索莫（Adam Dollard des Ormeaux）的领导下，和原住民联盟一起在渥太华河区搭建的临时要塞，遭到几百名主要由奥内达加人、莫霍克人和奥奈达人（Oneida）组成的联邦勇士围攻。所有法国人都在这场战役中死去，他们的联盟也伤亡惨重。

同年，雄心勃勃的毛皮商人皮埃尔－埃斯佩里·哈迪森（Pierre-Esprit Radisson）和梅达·舒阿尔·格罗瑟伊尔（Médard Chouart, Sieur des Groseilliers）结束了在苏必利尔湖北部的探险。他们计划将毛皮通过哈德孙湾运向欧洲。法国官员谴责这对商人的非法贸易。然而，不屈不挠的哈迪森和格罗瑟伊尔把他们的想法带到了伦敦，得到了一批商人的支持。他们承诺资助探险队探索商业前景。1669年，这支探险队在詹姆斯湾熬过了冬天，带回一批高质量的毛皮。基于已经取得的成绩，英国投资者们开始向查尔斯二世申请毛皮贸易垄断权，范围是被流入哈德孙湾的河流覆盖的广大地区。为了纪念国王表弟、哈德孙湾公司的首任管理者鲁珀特王子（Prince Rupert），这片土地被命名为"鲁珀特地区"。

结　语

　　我们已经为下一章新法兰西的故事勾勒出线条。1664 年，英国人从荷兰人手中夺走了新尼德兰，在哈德孙河和哈德孙湾地区建立起基地，从而将法国人限制在圣劳伦斯河流域的狭长地带。在那里，英国殖民地的人口数量在 1660 年已经达到 7 万，相比之下分布在加拿大和阿卡迪亚的定居者仅有区区 4000 人。耶稣会士散播的恐怖故事让有意来加拿大发展的法国人望而却步。1635 年，法国从西班牙人那里夺走瓜德罗普岛（Guadeloupe）和马提尼克岛（Martinique），闯荡加勒比似乎成了法国人更明智的选择。尽管法国政府在 1637 年任命了一个拥有最高军事和内政指挥权的长官，并在 1647 年成立国会以协助他进行统治，但加拿大的行政体系仍然弱不禁风。殖民地想要生存下去，则需要更多来自法国的帮助。

注释：

① Helge Kleivan, *The Eskimos of Northeast Labrador: A History of Eskimo-White Relations, 1771–1955* (Oslo: Norsk Polarinstitutt, 1966), 181, cited in Margaret R. Conrad and James K. Hiller, *Atlantic Canada: A History* (Don Mills, ON: Oxford University Press, 2010), 180.

② Robert McGhee, *The Last Imaginary Place: A Human History of the Arctic World* (Chicago: University of Chicago Press, 2007), 54–55.

③ Alfred J. Crosby, *Ecological Imperialism: The Biological Expansion of Europe, 900–1900* (Cambridge: Cambridge University Press, 1986); Jared Diamond, *Guns, Germs, and Steel: The Fates of Human Societies* (New York: Norton, 1998).

④ Cole Harris, *The Reluctant Land: Society, Space, and Environment in Canada before Confederation* (Vancouver: University of British Columbia Press, 2008), 46-47.

⑤ Rony Blum, *Ghost Brothers: Adoption of a French Tribe by Beavered Native America: A Transdisciplinary Longitudinal Multilevel Integrated Analysis* (Montreal: McGill-Queen's University Press, 2005).

⑥ Cited in Arthur J. Ray, *I Have Lived Here Since the World Began: An Illustrated History of Canada's Native People* , rev. ed. (Toronto: Lester/Key Porter Books,2005), 38.

⑦ "First Letters Patent granted by Henry VII to John Cabot, 5 March 1496," in *The Precursors of Jacques Cartier, 1497-1534* , ed. H. B. Biggar (Ottawa: Government Printing Bureau, 1911), 8-10 (cited in http://www.bris.ac.uk/Depts/History/Maritime/Sources/1496cabotpatent.htm). See also Peter Pope, *The Many Landfalls of John Cabot* (Toronto: University of Toronto Press, 1997).

⑧ George Calvert to King Charles I, 19 August 1629, in Gillian Cell, *Newfoundland Discovered: English Attempts at Colonization, 1610-1630* (London: Hakluyt Society, 1982), 295-296.

⑨ David Hackett Fischer, *Champlain's Dream* (New York: Alfred A. Knopf, 2008),401-402, 515; Morris Bishop, *Champlain: The Life of Fortitude* (Toronto:McClelland and Stewart, 1963), 264.

⑩ Ramsay Cook, "1492 and All That: Making a Garden out of a Wilderness," in *Consuming Canada: Readings in Environmental History*, ed. Chad Gaffi eld and Pam Gaffi eld (Toronto: Copp Clark, 1995), 62-80.

⑪ Elizabeth Jones, *Gentlemen and Jesuits: Quests for Glory and Adventure in the Early Days of New France* (Toronto: University of Toronto Press, 1986), 92-93.

⑫ Peter E. Pope, *Fish into Wine: The Newfoundland Plantation in the Seventeenth Century* (Chapel Hill: University of North Carolina Press, 2004).

⑬ Sally Ross and Alphonse Deveau, *The Acadians of Nova Scotia, Past and Present* (Halifax: Nimbus, 1992), 16-21.

⑭ Luca Codignola, "Competing Networks: The Roman Catholic Clergy in French North America, 1610-1658," *Canadian Historical Review* 80, 4 (December1999): 539-584.

⑮ S. R. Mealing, ed., *The Jesuit Relations and Allied Documents* (Toronto: McClelland and Stewart, 1963), 50.

⑯ Numbers relating to the Huron are difficult to fix. For the most recent estimates, see Gary Warrick, *A Population History of the Huron-Petun, A.D. 500–1650* (Cambridge: Cambridge University Press, 2008).

⑰ J. A. Brando, *"Your fyre shall Burn no more": Iroquois Policy toward New France and Its Native Allies to 1701* (Lincoln: Nebraska University Press, 1997).

第三章　新法兰西（1661—1763年）

1661—1763年，法国在北美大陆建立起一个强大的帝国，之后这个帝国的绝大部分落到了英国人的手中。路易十四（Louis XIV）为新法兰西的发展打下基础，也播下了衰落的种子。为了扩大统治范围，法国先后占领了纽芬兰岛、阿卡迪亚、加拿大、路易斯安那和西印度群岛。除此之外，原住民同盟占据的北美广袤内陆地区以及设防的贸易基地网也进入了法国人的管辖范围。新法兰西意味着很多，但最重要的是，它是在殖民地管辖权争夺中以小搏大的经典案例。①

建立帝国的基础

1661年，路易十四掌权法国，这对法国和它的殖民地，乃至整个欧洲和世界都是一个重要的历史事件。通过建立官僚体制、法律制度、军事力量，以及摆出一些象征姿态来维系君主权力，对抗贵族、教皇和其他国家，有着太阳王之称的路易十四成为欧洲事务中一股最

图 3.1 海厄森斯·里戈（Hyacinthe Rigaud）笔下的路易十四。（http://en.chateauversailles.fr/history）

强大的力量。截至 1715 年，他对欧洲的长期统治引发了一系列影响世界的战争并最终导致新法兰西的衰落（图 3.1）。

路易十四早期成功背后的最大功臣是让-巴普蒂斯特·科尔伯特（Jean-Baptiste Colbert）。1665年他被任命为财政大臣，4年后又被任命为海事和商务大臣。为了获得更多的君主荣耀，科尔伯特推行国家财政改革、推动经济自给的同时，通过强大的海军建立起殖民帝国。重商主义是那个时代占据统治地位的经济思维法则，殖民地的价值仅仅在于可以为实现帝国预算结余目标提供原材料和市场。17世纪，法国在欧洲的对手逐渐多了起来，科尔伯特的继任者们在审视殖民地的时候不仅要考虑其对帝国的经济贡献，还要看它们在领土扩张中的作用。

经营海外殖民地是路易十四权力扩张过程中的重中之重，而新法兰西则是万众瞩目的焦点。1662年，开始在纽芬兰岛东南沿岸的普莱桑斯（Plaisance）建立殖民地的第一个计划。普莱桑斯的地理位置很适合作为法国渔船的基地，同时兼具观察英国海岸线和保护圣劳伦斯湾通道的功能。作为海外殖民的样板，普莱桑斯成为官员、士兵、罗马天主教徒的家园，到17世纪80年代，普莱桑斯沿岸已经吸引了400多人定居。

由于1667年之前一直受到法英关系的牵绊，阿卡迪亚在路易十四时期的第一个十年并没有受到多少青睐。1670年，行政长官和军队最终在阿卡迪亚重建皇室权威。1686年，皇家港的人口达到600人，成为法国人的首选定居地，其他人则散布在皇家港富足的海岸线上。17世纪70年代，生活在皇家港的年轻家庭开始顺着芬迪湾沿河而上，定居在希格内克托（Chignecto）和米纳斯盆地（Minas basins）。在那里，堤坝农业、捕鱼业、毛皮贸易和与新英格兰间的违法贸易让人们生存下来。想在如此分散的定居版图上进行官僚统治，即使是最坚定的管理者恐怕也只能徒叹奈何。

路易十四的主要注意力都放在了加拿大，只有彻底清除来自易洛魁联邦的威胁，这个地方才可能有更大的发展。在处理好西印度群岛的事务之后，特拉西侯爵（Marquis de Tracy）亚历山大·德·普维拉

(Alexandre de Prouville)和1200名士兵（大部分来自卡里尼昂军团）在1665年到达殖民地。1666年冬天，在和莫霍克人的战役中，欧洲军队的伤亡数字超过对手。然而这次军事力量的展示足以将易洛魁人限制在海湾地区，令其不敢轻举妄动，同时也帮助传教士进入一些族群。

在帝国发展的日程表上，当务之急便是增加殖民地的人口。1663—1673年，将近2000名移民抵达加拿大，其中770人是单身女性，她们被送到殖民地以缓解性别比例的失衡。这些女性中有1/3来自国家资助成立的收留贫困人口的机构——巴黎综合医院。她们如果与殖民者结婚，将会获得国家赠予的50里弗尔（livre）嫁妆，如果嫁给军官则嫁妆更多。在这样的奖励制度刺激下，大部分"国王的女儿"（filles du roi）在殖民地很快找到了丈夫，要知道那里单身汉和欧洲女性的人口比例是6∶1。② 随着更多女性的到来，军人和契约仆人开始犹豫是否要回到遥远的法国，因为那里的机遇还不如殖民地。

定居者的数量显著增加。③ 在1760年英国占领加拿大之前的很长一段时间，只有1.4万移民定居到加拿大，其中1万人结婚组建家庭。虽然移民数量较少，殖民地人口却从1700年的1.5万人增加到1760年的7万人。造成殖民地人口剧增的主要原因包括较低的死亡率、更高的营养水平、更多的土地以及较少的流行病。当然女性的早婚也是一个不能忽视的原因。在18世纪的法国，女性的平均结婚年龄是25岁，而在加拿大是22岁，在阿卡迪亚地区甚至更低。已婚女性在殖民地平均每两年生一个孩子。④

来到加拿大的殖民者并不能代表法国社会。在选择定居加拿大的人群中，男性是女性的4倍，城市人口是农村人口的4倍。几乎所有的移民都是年轻的单身者。虽然法国各地都有移民到来，但他们中的大多数都来自巴黎以及拉罗谢尔、鲁昂、圣马洛（St. Malo）和迪耶普（Dieppe）地区，这些都是航行到新法兰西的重要港口。大多数定居者是法国公民，也有525人来自欧洲大陆的其他地区，还有650名英国人，他们几乎都是突袭英国殖民地和船只行动中的俘虏。除此之外，加拿大还成为900名非裔原住民奴隶的家园，同时收留了1755年被驱逐的1800名阿卡迪亚难民。截至18世纪50年代，有大约4000名原住民生活在魁北克和蒙特利尔附近的保留地，他们大多来自伊努、渥太华、休伦、阿贝内基、莫霍克和奥奈达。

殖民政权

1663年，新法兰西公司的章程被废止，加拿大变成了一个英国直辖殖民地。皇室政府把加拿大当作法国的一个省来管理。首席行政长官是驻扎在魁北克的总督。作为军人和旧贵族的一员，他控制着殖民地的军事力量，同时负责调和与原住民之间的矛盾。蒙特利尔和三河城的地方长官需要向他汇报，皇家港和普莱桑斯的长官亦然。从1683年开始，法国海军陆续到来，到了18世纪初，首席行政长官有了可靠的军事力量——28个连，共2000余人。[5] 有了这些部队，抗击外来攻击和镇压内部暴动便不再那么困难。1669年，国王下令，要求殖民地16—60岁的健全男性都必须参军，但这样的政策从未在法国本土实行，因为在那里武装平民百姓简直是不可理喻的。

和法国一样，加拿大的管理者是首席行政长官，负责管理财政、经济发展、司法和民政。管理者通常都是新贵族，奉国王之命努力提高管理效率，同时集中控制偏远省份。到18世纪，管理者得到了来自主要地区的代表以及皇家公证员、道路检测员和税收官员等小官员的帮助。

总督和管理者都加入到主权参事会之中，这是仿照法国省议会模式建立的特定机构。其主要功能相当于比初级法院高一级的上诉法院，依照皇家法规颁布殖民地管理法规，同时签署相当于殖民地宪法框架的皇家法令。1703年，主权参事会更名为最高参事会，提示着它所应该扮演的从属者角色。那时，参事会由12名参事、罗马天主教主教和1名受过法律训练的司法官组成。殖民地法律是按照《巴黎习惯法》（Custom of Paris）建立的，这是法国巴黎地区的法律准则。虽然殖民地改革使得法庭比在法国更具亲民性，但是司法公正的实现不是没有代价的，也没有那么高的效率，社会精英阶层总有一定的特权。法国的刑法不乏诸如砍头、火刑和车裂一类的酷刑。

路易十四把自己当作君权神授下的统治者，坚持对法国本土和殖民地罗马天主教的控制。为了与教权抗衡，国王任命所有的宗教领袖。新教徒被赶出了加拿大和阿卡迪亚，而在1685年《南特赦令》（Edict of Nantes）被废止后，这一政策也开始在法国实行。《南特赦令》曾给予新教徒的有限宽恕也不复存在。作为国家的重要管理工具，教会经营学校、医院和慈善机构；通过宣扬服从和屈服维持社会秩序，通过传教巩固原住民联盟。新宗教群体在殖民地落脚受到阻碍，那些直接隶属于罗马的宗教团体尤甚。但是科尔伯特成为改革派的特例。1670年，改革派重回加拿大以制衡耶稣会的势力。耶稣会因政治阴谋而臭名昭著，且在任命圣方济·拉瓦尔－蒙蒂尼（François de Laval-Montigny）为新法兰西主教的事情上推波助澜。然而事实证明这一选择在巴黎充满争议。

在1659年抵达加拿大之后，拉瓦尔主教开始开辟教区。1663年，他在魁北克成立神学院培训教士。拉瓦尔的神学院迎合了当地年轻男子的需求，但到1760年，将近一半的神父仍是来自法国的移民。相比之下，足有20%来自精英家庭的女孩进入修道院，这也从一个侧面体现出公共领域并没有给女性足够多的机遇，而父母总是希望把家产传给儿子。

教区制度的发展十分缓慢，而世俗政权极力削弱主教在参事会的势力。拉瓦尔要求人们将土地收成的 1/13 作为税收上缴的建议，遭到教区居民的反对，最终人们只需上缴谷物产量（而非全部农业产出）的 1/26。罗马天主教会尽管在路易十四时代失去了政治权力，但仍然在殖民地社会产生了深远的影响。教士在那些人生重要阶段的庄严仪式上担任主持，并且向绝大多数殖民者提供唯一的正式教育。

封建领主制

封建领主制是法国最典型的土地所有制，也是加拿大农业社会赖以生存的社会结构。封建领主制规定，所有土地都归皇家所有，皇家将土地分给教会和贵族。封建领主（多为男性）需要在他自己的领地上建造家园，同时在农民（被称为纳税者）的帮助下发展家园，世代相传。后者被称为世袭佃农，这是一个起源于农民向封建领主缴纳土地年费即租费的称谓。在新法兰西，所租的地方被称为住所（*habitations*），居住在住所上的人被称为居住者（*habitants*）。封建领主制规定，领主有权要求他的租户在他的领地上工作一定的天数，在他的磨坊磨小麦卖钱，同时在土地易手的时候支付相应的费用。通过这些方式，封建领主的农民劳动力财富得以积累，这也成为历史悠久的封建传统的一部分。

到 1760 年，加拿大有 185 名封建领主。除了宗教社区诞生的 1/4 封建领主，很少有封建领主成为成功的移民代理。他们就这样等待着人口增长朝着有利的方向发展。与欧洲封建制度下典型的三圃农作制不同的是，封建主领地是又长又窄的梯形，沿圣劳伦斯河和其他河流沿岸分布。这样的土地规划方式使农民能够住在自己的田地附近，拥有更便利的交通，但同时也增加了战争中的农村土地防守难度，村庄（以及地区服务）发展缓慢。

封建领主制反映出欧洲典型的等级制度。但无论是封建领主还是农民都无法取得与法国大都市同等的地位，而法国国内的农民彼时也正经历着巨变。在殖民地，绝大部分封建领主由国王任命，而非世袭。和大多数欧洲封建国家一样，他们没有任何军事领导权。新法兰西封建领主的收入很多来自商业贸易、兵役和政府拨款，而非佃户租金。商业行为对殖民地社会结构有着至关重要的作用，1685年颁布的法令使得殖民地贵族可以参加商业活动，而在法国本土的贵族却没有这样的特权。在加拿大，超过一半的封建领主放弃了他们的农村领地转而在城市定居，因为那里有他们想要得到的利益。[6]

殖民地农民的命运也不同。在北美荒野开辟出农场是一件极其困难的事情。在三代人的不懈努力下，生计得以基本维持。生活在北美农业边缘地带的居住者们经历着生长期短所带来的歉收，还要和黑穗病、锈病、干旱和害虫做斗争。当然他们也很庆幸，因为殖民地很少遇到饥荒，要知道法国很多地方的农民都饱受饥荒困扰。战时，国家会征用农民的农作物和劳力，但比起法国国内，殖民地居住者不需要缴纳那么多的税金，同时表现出对权力更强的顺从性。这样的顺从性在北美大陆较低等级的人口中十分普遍，因为那里土地广袤但劳动力稀缺。[7]

殖民地经济

科尔伯特相信毛皮贸易不利于殖民地的稳定发展，在他眼中，加拿大是圣劳伦斯河流域一个紧密联结在一起的殖民地，多样化的经济维持着它的发展。毛皮贸易由一个国有公司掌控，而定居者们则专注于发展农业、捕鱼业和其他基础产业。行政长官让·塔隆（Jean Talon）于1665年抵达加拿大，他不遗余力地推行科尔伯特的政策，鼓励种植大麻和亚麻，分配进口家畜，建立啤酒厂和造船厂。他指导居住者将殖民地富足的木材资源转化为枪管、木桶、钾碱、肥皂和焦油，同时制订计划开采三河城附近的铁资源和布雷顿角的煤炭资源。

虽然付出了很多努力，但殖民地经济仍显得缺少活力。一些学者认为，贸易限制是阻碍殖民地经济发展的原因，但这样的原因经常被忽视。事实上，冬季的加拿大与外界隔离，且只能制造出较少的独特商品。纵观其历史，殖民地的主要经济生命线要靠政府投资和毛皮贸易维持。

1666 年，来自易洛魁人的威胁减少，毛皮又一次开始流通到蒙特利尔。追求财富的梦想和激烈的竞争局面驱使年轻男性不惧艰险进入五大湖区附近的"上游地方"（pays d'en haut）寻找新的贸易伙伴。接踵而来的是执着的传教士，他们希望新的灵魂皈依基督教。与此同时，对新世界的好奇心激励着西部扩张的进行。1671 年，塔隆派出两支探险队去寻找通往太平洋的路线。第二年，他委托毛皮商人路易·乔利厄（Louis Jolliet）继承酥尔比斯会教士的衣钵去寻找传说中汇入墨西哥湾的河流。那些酥尔比斯会教士 1663 年成为蒙特利尔的封建领主。

1672 年，塔隆回到法国。总督路易斯·博拉德·芳提那克（Louis de Buade Comte de Frontenac）获得推行领土扩张的领导权。他是一个有着雄心壮志的指挥官，在卡塔拉奎［Cataraqui，今天的金斯顿（Kingston），安大略省］建立起贸易栈并为他的朋友勒内－罗伯特·卡维利耶·德·拉萨尔（René-Robert, Covelier de la Salle）赢得了密西西比河流域的贸易权。拉萨尔最终于 1682 年到达墨西哥湾，但他暴躁的脾气和充满侵略性的贸易手段激起了原住民和欧洲毛皮商人的愤怒。1687 年，拉萨尔被手下谋杀。

因为毛皮贸易陷入短暂的混乱，易洛魁人再次成为新法兰西的威胁。他们中的一些人和纽约奥尔巴尼（Albany）的商人联系紧密。法国人立即采取攻势，派出两支军队镇压曾攻击法国基地的塞内卡族，继而在1686年将一小队人马驻扎在哈德孙湾,在那里法国人成功占领了湾区公司四个基地中的三个。1689年8月,1500名莫霍克人来到蒙特利尔外围的拉欣(Lachine),烧毁56户人家并将俘虏杀害。更多针对蒙特利尔地区的袭击接连而来。1692年,14岁的玛德琳·德·韦谢(Madeleine de Verchères)击退来袭的莫霍克人。法国人如法炮制,将被俘的勇士运送到法国做地中海舰队的奴隶,同时为他们的原住民同盟提供战利品和从敌人那里俘虏的囚犯。

除了承受继续西进的压力,毛皮贸易还带来两个困扰法国政府的社会问题:一是酒精被用作交换物,二是许多做生意的年轻男性蔑视法律。于是,科尔伯特颁布法规限制向原住民同盟售卖酒精,同时对无执照毛皮商人加以限制。但是科尔伯特的努力收效甚微。毛皮贸易区成为一个危险的自行其是的地方,历史学家理查德·怀特(Richard White)将其描述成"中间地带"。在那里,原住民和欧洲人的生活世界交织在一起,关于贸易、性、暴力、精神信仰的讨论文无定法,结论更是无法预测。⑧

战争时期

1685年,路易十四取消宗教赦令,接近20万胡格诺派教徒逃到其他国家,这一系列事件更坚定了新教国家奋起反抗法国压迫的。1688—1689年光荣革命,荷兰的奥兰治亲王威廉(William of Orange)和他的妻子玛丽(Mary)共同统治英国,这严重挫抑了路易十四将法国边界扩张进荷兰的雄心。威廉将英国带入防御性的奥格斯堡联盟,而战争也随之开始。

北美大陆很快被卷入欧洲战乱。芳提那克很快对新英格兰和纽约发起攻击,以打击其和易洛魁人的联盟。这一策略达到了暂时破坏阿尔巴尼商人生意的目的，同时也给新法兰西带来了直接冲击。1690年春天，新英格兰人派出威廉·菲普斯（William Phips）洗劫皇家港，然后溯圣劳伦斯河而上到达魁北克。严寒和天花的不期而至令菲普斯的军队无功而返，但英国殖民地发起海上进攻的能力仍让法国殖民地不寒而栗。

1690年，英国私掠船队在纽芬兰岛占领普莱桑斯，后者继而又被费里兰居民洗劫。1696年，法国人在经历了几次失败之后，终于在圣马洛私掠船队的帮助下占领费里兰。1696—1697年的秋冬，普莱桑斯总督雅克-佛朗索瓦·蒙贝尔顿·德·布扬（Jacques-François Momberton de Brouillon）和出生在加拿大的海军舰长皮埃尔·莱莫恩·伊贝维尔（Pierre Le Moyne d'Iberville）带领一支由加拿大人、阿卡迪亚人和原住民组成的同盟军，在法国军队的协助下，摧毁了英国在阿瓦朗半岛的大部分渔业基地。当地种植业贵族遭受殴打，包括大卫和萨拉·柯克的三个儿子在内的所有贵族都在这场战役中死去。伊贝维尔接下来带领船队来到哈德孙湾，成功地占领约克堡（Fort York）。1697年，《里斯维克和约》（Treaty of Ryswick）为战争画上句号，法国在北美大陆的领土毫发无损。然而这仅仅是漫长战事的第一轮而已（图3.2）。

持续了近百年的原住民和北美大陆欧洲定居者之间的战争促使各方都有意寻求和平。1701年7月，从阿卡迪亚到密西西比河流域的1300名原住民代表集结在蒙特利尔附近，讨论实现内部和平的可能性，并和法国人重新结盟。《蒙特利尔协定》（Montreal agreement）以及在奥尔巴尼英国人和易洛魁人之间的协商减少了毛皮贸易区的暴力事件，状况至少暂时得以缓解。

正当北美大陆诸方厘清关系的时候，法国又卷入另一场战争。这一次，路易十四打算让其孙子获得西班牙的王位，从而将欧洲两大帝国团结起来。而作为法国永远的敌人，英国人和荷兰人则下定决心挫

图 3.2　1697 年纽芬兰战役中，一个法裔加拿大民兵穿着雪鞋加入战斗。加拿大人及其原住民同盟军在冬天"打了就跑"的战役中通常能够击败英国军队，雪鞋成为必不可少的军事战备。选自克劳德 - 查尔斯（Bacqueville de La Potherie）《北美大陆的历史》（*Histoire de l'Amérique septentrionale*，巴黎 1722 年）。（图片由加拿大图书档案馆授权使用 / C－113193）

一挫路易十四的锐气。于是,北美大陆再次成为军事战略中不可分割的一部分。1698年,法国政府先发制人,派伊贝维尔来到密西西比河河口,宣布占领该地区(后来被称为路易斯安那)。他的弟弟让·巴布提斯·莱莫恩·比安维尔(John Baptiste Le Moyne de Bienville)在1701年被任命为总督。同年,法国人将其西部基地从麦基诺岛(Michilimackinac)迁至底特律(Detroit),目的是保持对易洛魁人的威胁同时压制英国人。

1702年,英法战争刚刚打响,总督沃德勒伊(Phillippe de Rigaud, Marquis de Vaudreuil)指挥加拿大民兵和原住民同盟军不断骚扰在新英格兰边境内的社区。很快,大量囚犯涌入加拿大,仅在1704年迪尔菲尔德(Deerfield)袭击中就有超过100名人质被捕。在纽芬兰,战后重建的英国渔业社区又一次成为血腥袭击的目标。新英格兰人开始反击。他们向阿卡迪亚外围的居民区发起攻击,带走人质,但没有实现任何战略目标。最后,在1710年秋天,弗朗西斯·尼克尔森(Francis Nicholson)将军带领由1500名殖民地士兵和易洛魁人同盟组成的军队,在英国水兵和掷弹兵的帮助下进攻皇家港。258名守军支撑了仅仅一个星期便宣布投降。1711年,霍文顿·沃克(Hovenden Walker)率领英国军队向魁北克发起进攻,但圣劳伦斯河下游危险的浅滩却阻断了他们的去路。

欧洲人的考量决定着1713年乌得勒支和平协商的条款。为了保证波旁王朝能够继续留在西班牙的王位上,路易十四同意将哈德孙湾、阿卡迪亚和纽芬兰岛让给英国(指1707年英格兰和苏格兰王国形成的政治联盟),同时承认英国对易洛魁联盟(后扩张至塔斯卡罗拉)的统治权。法国保留对圣约翰岛(Île Saint-Jean)和布雷顿角岛[后更名为皇家岛(ÎLe Royale)]的占有权,以保护圣劳伦斯湾的入口,并获得了在纽芬兰岛北部沿岸的捕鱼权。从博纳维斯塔角到里奇角(Pointe Riche)的这部分地区被称为协议海岸(Treaty Shore)。

巩固新法兰西

1715年，路易十四去世，年仅5岁的路易十五登基。1715—1723年，奥尔良公爵菲利普（Philippe）成为年少国王的摄政大臣。他将法国带入长达30年的和平期，在此期间，法国进一步巩固了其北美帝国。

在皇家岛建立路易斯堡要塞是这一时期最具野心的行动。路易斯堡以去世国王的名字为名，旨在保护圣劳伦斯河到法国大陆帝国的入口，并为利润诱人的捕鱼业提供北美基地。1719年，法国人花费大量资金建起一个防御性的城镇——路易斯堡，建成之后的头20年花去了法国国家预算的10%—20%。虽然后来路易斯堡曾两次失守，且在保护圣劳伦斯河的过程中并没有起到很大作用，但它很快成为主要的贸易集散地，其进出港船只数量在北美大陆仅次于波士顿、纽约和费城。到18世纪40年代，路易斯堡已拥有将近3000的城市人口，其中包括行政人员、渔民、商人、士兵、契约仆人以及黑奴。

法国此时也将注意力转移到路易斯安那。为鼓励对殖民地企业进行投资，苏格兰金融家约翰·劳（John Law）在路易斯安那实施菲利普的灾难性计划。1720年，"密西西比泡沫"破灭，投资者们作鸟兽散。路易斯安那虽然生存了下来，但这仅仅是因为法国政府不想让它消亡。6000名非洲奴隶被运来完成极其辛苦的工作，他们制作丝绸、靛青，种植烟草、棉花和大米。这些产物最终成为殖民地的主要出口品。1717年，伊利诺伊（Illinois）在行政上正式划归给路易斯安那。和狐狸王国（因英国人喜好捕猎狐狸而得此名）间时断时续的战争阻碍了地区发展，但到18世纪中叶，这里的人口已经超过3000。以奴隶为主要劳动力的地区不断运送小麦、面粉、玉米、牛和猪到路易斯安那以及法属西印度群岛。

为了打败哈德孙湾公司，法国人开始了更远的征程。他们沿着苏必利尔湖北岸上行进入大草原。1732—1742 年，皮埃尔·戈尔捷·德瓦雷纳·德拉韦朗德里（Pierre Gautier de Varennes, Sieur de la Vérendrye）一路向西，在苏必利尔湖和西部高原之间的地区建立了一系列贸易据点，希望找到那个通向太平洋的港湾——"西部海洋"。德拉韦朗德里事实上从未抵达太平洋，但他的一个儿子却真真切切地看到了落基山脉。面对来自蒙特利尔商人的激烈竞争，哈德孙湾公司的成员不得不进入内陆地区，劝说居住在那里的原住民将毛皮带到哈德孙湾的贸易据点。1754 年，安东尼·亨迪（Anthony Henday）航行到了今天的艾伯塔（Alberta）。

作为战略需求，毛皮贸易和昂贵的基础设施——巩固的据点、军事要塞，以及行政人员由国王提供经济补助。芳提那克堡、尼亚加拉（Niagara）堡和底特律堡仍被作为国王的据点，在那里商品以较低的价格售卖，与英国人展开竞争。再往西，据点通常被租给私人企业家，他们中的大部分是海军军官。[⑨]在法国，所有工业都得到发展，以满足不断增加的原住民同盟的需求，这些原住民怀着极大的热情加入这场 18 世纪的消费革命之中。

对毛皮贸易急功近利的追求不可避免地对动物数量产生了负面影响。18 世纪的过度诱捕造成海狸的供应量下降。商人们将目光投向其他毛皮动物，例如水貂和貂鼠。这场荒野大屠杀在 1728 年为法国人带来了超过 25 万张动物皮，这一数字截至 20 世纪 50 年代上升到 40 万。[⑩]由于毛皮供应量总是超过法国时尚业的需求，剩下的毛皮或者被走私给英国人或者在发霉的仓库中腐烂。

大西洋之边

和北美大陆相似，大西洋沿岸地区也并非平和稳定之地。1713年的《乌得勒支条约》并没有解决任何问题。在波士顿和魁北克殖民官员的煽动下，英国和法国的权力之争扩展到阿卡迪亚和新斯科舍地区。英国人在皇家港建立管理机构，并将港口重新命名为皇家安纳波利斯（Annapolis Royal）。当地英国人的数量还不如仍和法国人保持着联系的原住民和阿卡迪亚人多。

法国人的行为恶化了地区内的各民族关系。法国凡事和英国势不两立：它开始在殖民地边界问题上讨价还价，坚持认为只有新斯科舍半岛的一部分在《乌得勒支协定》的范围内；在路易斯堡基地，法国加强了和米克马克人与马里塞特人的联盟，同时鼓励阿卡迪亚人加入英属新斯科舍地区筹备中的民兵组织。依照《乌得勒支协定》，罗马天主教徒可以向原住民和阿卡迪亚人传教，同时以政治代表的身份削弱英国人的统治。

法国人的持续存在符合原住民的利益追求。在经历了和法国人一个多世纪的合作之后，原住民对与英国人建立联盟几乎没有兴趣，因为他们的宗教和语言完全是陌生的。随着英裔美国人侵占他们的领土，阿贝内基人、佩诺布斯科特人（Penobscot）以及帕萨马科迪人（Passamaquoddy）加入了马里塞特人和米克马克人组成的较松散的军事联盟，这一联盟称为瓦巴纳基（Wabunaki，黎明之地）联盟。1715年夏天，米克马克水兵在塞布尔角擒获马萨诸塞捕鱼船，同时宣布"土地是我们的，我们可以随时按照自己的意愿宣战或保持和平"⑪。新斯科舍总督理查德·菲利普斯（Richard Philipps）想方设法得到了马里塞特人的友好承诺，但米克马克人仍然充满敌意，并于1720年将新英格兰渔民赶出坎索（Canso）。两年后，米克马克人又擒获新斯科舍36艘贸易船。

新英格兰人很快采取报复行动——在新英格兰和新斯科舍边境地区发起"印第安战争"。1724年夏天，一支由米克马克人和马里塞特人组成的军队袭击了皇家安纳波利斯，烧毁部分城镇，杀死几名英国士兵。1725年12月，《波士顿协定》签署，并于次年6月在皇家安纳波利斯正式生效。这一协定终于结束了敌对状态，带来了和平。协定指出，协定签署方必须承认英国的主权，但是"禁止任何个人骚扰，禁止狩猎、捕鱼、射杀、种植以及其他任何合法情况下的骚扰"。由于正式的协定出自英方，且文字的含义有可能在翻译中丢失，协定的有效性并不被看好。

绝大部分阿卡迪亚人更愿意生活在法国天主教的统治之下，但他们又不愿意以牺牲安全感的方式去挑战新政权。由于阿卡迪亚地区的主权曾在数个帝国之间多次易手，阿卡迪亚人很自然地认为《乌得勒支协定》也是暂时性的。他们中的很多人放弃了在一年之内搬到法属领土的权利，但是也反复拒绝了英国人提出的联盟宣誓要求，还要求免于参加对法国人及其原住民联盟的战争。阿卡迪亚人的中立立场维持了30年。在那段时间里，家庭生活水平提高，人口迅速增长。北大西洋贸易的扩张（大部分集中在皇家岛地区）为阿卡迪亚人提供了前所未有的非法机会以增加个人财富，提高生活水平。[12]

加拿大社会

30年的和平时光也让圣劳伦斯河沿岸的定居者社区受益匪浅。随着人口的增加和大西洋交通的改善，欧洲社会的价值理念更加深植于加拿大。军官、行政人员以及拥有贵族特权的教会官员小心翼翼地保护着等级制。尽管18世纪向上层社会流动的通道变窄,雄心勃勃的工匠、商人和定居者们还是渴望过上贵族生活。截至1760年,殖民地将近50%的封建领主出身于平民,他们希望能在海军中为自己的儿子谋个职位,虽然这样的事情并不经常发生。虽然加拿大人说法语,采用法国社会的结构,但出生在殖民地的公民开始越来越多地主宰着这个地区,他们称自己为法裔加拿大人。

在18世纪中期,魁北克和蒙特利尔的人口已分别达到5000和4000。一大批工匠负责生产和提供服务,同时培训其他人获得各自领域的技能。国王禁止在加拿大成立行业协会,所以国家负责管理银行家、商贩、助产士、公证员和外科医生,而教堂则有权监管公立教师和私人教师的行为。大部分用来装饰家庭房间和公共大楼的材料来自法国,而当地工匠则给那些能够买得起的家庭制作还愿物品(ex-voto)、贵族画像、雕刻松木家具以及精致的银盘。

启蒙运动已经开始改变欧洲社会,而殖民地也受到了影响。斯堪的纳维亚科学家、大学教授彼得·卡尔姆在1749—1750年间造访了英国和法国殖民地。他总结道:"加拿大人比起我见过的世界其他地方的人更文明。"时任总督罗兰-米歇尔·巴林·德·拉·加里森涅尔(Roland-Michel, Barrin de la Galissonière)一直主张的执政之道是"以自然历史服务于政治目标"[13]。大多数时候,殖民者依赖于来自自己祖国的知识启发。他们既没有自己的报纸也不会引进出版社。除了一些游记和为特殊场合创作的散文诗格式的剧目,加拿大人在真正意义的文学领域少有作为。

遥远的法国则是另一番景象。市民们参与到被教会禁止的活动中,例如赌博、嫖娼以及拥有情妇。在蒙特利尔,收养弃儿则成为格里斯修女团体(Soeurs Grises,英语称Grey Nuns)面临的最大问题。这个由玛丽-玛格丽特·杜维勒(Marie-Marguerite d'Youville)成立的宗教团体在1753年得到国王的正式认可。当时加拿大弃儿的死亡率高达80%（和欧洲其他地方相似），体现出前工业社会家庭中生命的脆弱。不仅婴儿死亡率高，年轻人的早逝也是不争的事实。据伊万·德斯洛奇（Yvon Desloges）估算，魁北克镇上每3个孩子中就有2个在15岁前死去[14]。

那些在加拿大做奴隶的原住民和非洲人的寿命也不长。非洲奴隶更多地出现在路易斯堡、路易斯安那、伊利诺伊和法属西印度群岛，而在加拿大，本地俘虏占据了被奴役人口总数的一半以上。纵观法兰西帝国的各个历史时期，管理黑奴一直遵循《黑人法典》（Code Noir），奴隶主必须为黑奴提供住所、食物和体面的衣服，但大多数黑奴仍摆脱不了悲剧命运。而黑奴反抗剥削的事例也基本都以失败告终。有一个例外是玛丽－约瑟夫·安吉利克（Marie-Joseph Angélique），她在1734年4月因放火烧毁奴隶主的房屋而被起诉，后在被严刑逼供后被处以绞刑。[15]

加拿大经济在18世纪中期开始进入成熟期。有超过50家锯木厂每天忙于制造方形木材以满足本地需求。18世纪30年代，冶铁业开始在圣劳伦斯河沿岸地区兴起，为殖民地提供用来制造炉子、锅、壶、斧头和其他工具的锻铁。在皇家的资助下，加拿大人建造了能够承载150—200吨重量的船只，将面粉、木制品和炉子运到路易斯堡和西印度群岛。此外，他们还在距离魁北克不远的圣查尔斯河边的几家皇家造船厂为法国海军打造了几艘战舰。截至18世纪30年代，最成功的商人非弗朗索瓦·阿维（François Havy）和让·勒弗维尔（Jean Lefebvre）莫属，他们来自鲁昂地区的杜加尔（Dugard）公司。除了在魁北克和蒙特利尔零售商品，这两位还资助探险队在拉布拉多海岸航行，同时将小麦出口到路易斯堡。

政府支持下的贸易以及和军工制造有关的开销成为产生腐败的温床，行政长官弗朗索瓦·比戈（François Bigot）更是将其手段发挥到了极致。18世纪50年代，他帮助一群波尔多商人和加拿大合作者垄断了利润丰厚的供求贸易。22名无赖通过非法贸易聚敛财富。在七年战争结束之后,汇票贬值,这帮商人的财富蒸发,包括比戈在内的几个罪魁祸首面临着回到法国之后的起诉。

奥地利王位继承之战(1744—1748年)

由于哈布斯堡王朝缺少男性继承人,奥地利王位继承之战在欧洲爆发,军费开销也随之剧增。英国和荷兰支持玛利亚·特蕾莎(Maria Theresa)继任,而法国和普鲁士则反对其掌权。1744年,在这一消息抵达皇家安纳波利斯和波士顿的3个月前,路易斯堡总督杜戈斯尼勒(Le Prévost Duquesnel)已经得到了战争正式打响的消息。于是,他立即命令私掠船长们掠夺新英格兰船只,同时派出一支部队占领坎索,继而准备向皇家安纳波利斯发起进攻。

事态的发展提醒新英格兰人马上派遣军队占领路易斯堡。1745年春天,由威廉·佩珀雷尔(Willian Pepperell)率领的一支4300人的志愿武装在彼得·沃伦(Peter Warren)派出的西印度群岛一支中队的帮助下,经过7个星期的鏖战后成功削弱了敌方强大的军事要塞。1746年,法国再次集结54艘战船,带着7000士兵,在唐维尔(d'Anville)公爵的带领下意欲重新收复其价值连城的军事基地。但是暴风雨、疾病和坏运气让这支远征军无功而返。

法国和其北美大陆殖民地之间的联系要看英国舰队的脸色。此时,法国殖民者只好去实施自己的战时策略。魁北克的管理者们通过袭击纽约和马萨诸塞来保护自己的边界,并增加对原住民同盟的贸易量及资助力度。冬天,在他们的东部边境,路易·库龙·德·维利尔(Louis Coulon de Villiers)上尉率领300名民兵对皇家安纳波利斯发起进攻。途中,他们得知新英格兰500名民兵在阿卡迪亚格朗普雷

(Grand Pré)遭到伏击。根据对阿卡迪亚人的一贯判断，他们发起这次突袭实属意外。他们杀死包括阿瑟·诺布尔（Arthur Noble）上校在内的70名新英格兰人，迫使剩余部队全部投降。

交战双方同意和平协商，暂时避免了进一步的武装报复行动。1748年，按照《亚琛和约》（Treaty of Aix-la-Chapelle），法国放弃其在荷兰和印度的占领权以换回路易斯堡。新英格兰人为英国明显缺乏安全意识感到惊慌，他们反复强调保护其东北边境的重要性。

并不太平的和平时期（1749—1755年）

这一次，伦敦方面听从了建议。1749年春天，爱德华·康沃利斯（Edward Cornwallis）率领由2500名士兵、定居者和工人组成的远征军，在新斯科舍省南岸建立起哈利法克斯（Halifax）。这是自1713年以来，英国人第一次尝试在法国人割让出的土地上推行殖民化。哈利法克斯的建立是英国殖民地政策在北美大陆上的重要转折点（图3.3）。

1749—1751年，康沃利斯担任新斯科舍总督。他是一个有决断力的管理者。当米克马克人拒绝承认1726年协约的时候，他承诺士兵每拿下一个敌人将获得10畿尼的奖励。接下来，米克马克人在法国传教士皮埃尔－安托万－西蒙·麦拉尔（Pierre-Antoine-Simon Maillard）和让－路易·勒鲁特尔（Jean-Louis Le Loutre）的帮助下正式向英国人宣战，理由是后者未经允许占领他们的土地并意图消灭他们。很快，英国人在哈利法克斯的郊区遭到攻击。1752年，康沃利斯的继任者佩里格林·霍普森（Peregrine Hopson）成功劝说部分米克马克人签署了和平与友谊协约，但对时局影响甚微。与此同时，法国人于1750年在希格内克托地峡建立起博塞茹尔堡（Beauséjour）。康沃利斯也不甘示弱，马上对法国人大胆的占地行为做出回应。他派查尔斯·劳伦斯（Charles

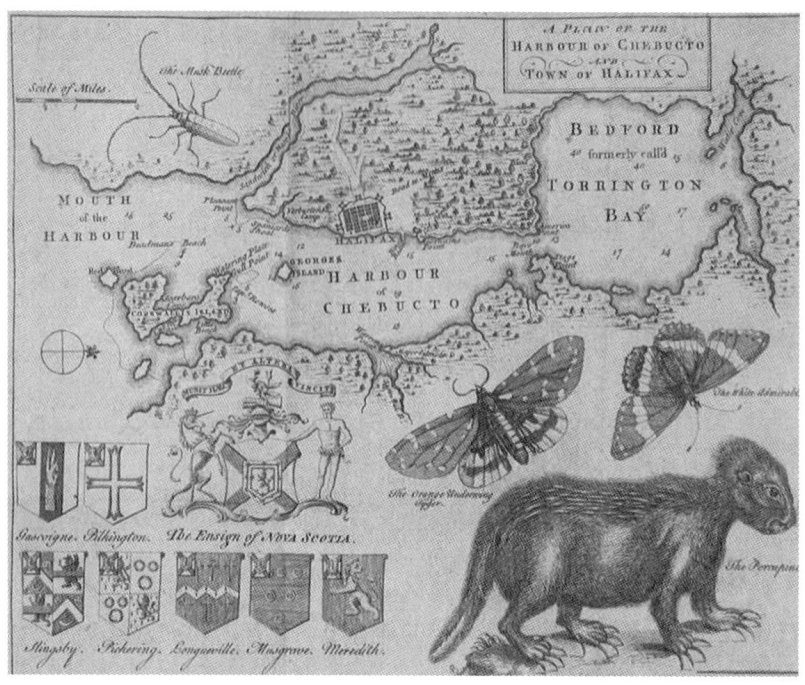

图3.3 摩西·哈里斯（Moses Harris）1750年绘制的《切布托港和哈利法克斯镇的计划》。在这张关于哈利法克斯较早的图上绘有新斯科舍省不同从男爵的盾徽，几只昆虫以及一只十分稀有的豪猪。这些都反映出绘图者和欧洲人在18世纪中期对自然史的兴趣。（选自《绅士杂志》，伦敦，1950年7月，图片由新斯科舍档案和记录管理局授权使用／N-9893）

Lawrence）中校和两个军团，在能够看得到博塞茹尔堡的地方建造起另一个要塞。看来打破僵局只是时间问题了。

魁北克的管理者们强化了其对加拿大的态度，坚决阻止弗吉尼亚俄亥俄公司（成立于1748年）将50万英亩的土地卖给那些虎视眈眈的定居者。1752年，新法兰西总督迪凯纳侯爵（Marquis Du Quesne）派出远征军，想在俄亥俄地区一些具备战略意义的地方建立要塞。1754年，乔治·华盛顿率领一小支民兵驱逐入侵者，但在一场持续了9个多小时的遭遇战中落败。根据投降协定，弗吉尼亚人承诺放弃在俄亥俄领土的一切争端。同时,迪凯纳堡(Fort Duquesne)在沼泽地中赫然耸现,这就是今天匹兹堡的前身。

正式宣战已成定局。法国让-阿尔芒德·迪尔思科男爵(Jean-Armand, Baron de Dieskau)率3000人奔赴加拿大。和海军一样,他们由里戈·德·沃德勒伊(Pierre de Rigaud de Vaudreuil)总督统领,作为殖民地曾经的总督之子,他是第一个被任命为殖民地最高统治者的土生土长的加拿大人,其任期一直到1755年。沃德勒伊的策略是在美国边境实施突袭,从而使殖民者感到恐慌,让英国士兵感到焦躁,同时充分利用法国最主要的军事资源:原住民同盟。

法国人在边境地区的全面胜利迫使盎格鲁-美国殖民地不得不接受合作。1755年,英国人向新法兰西的外部防线展开进攻:阿卡迪亚地区的博塞茹尔堡、尚普兰湖区的弗雷德里克(Frédéric)堡、五大湖区下游的尼亚加拉堡以及迪凯纳堡。英国政府派出两支常规军,在爱德华·布雷多克(Edward Braddock)少将的率领下增援殖民地。由于对一线战事经验不足,布雷多克很快在迪凯纳战役中败下阵来,并在和法国人的一场遭遇战中丧命。只有东北前线的战局如期进行。1755年6月12日,一支由罗伯特·蒙克顿(Robert Monckton)中校指挥的近2500人的殖民地民兵组织不费吹灰之力便占领了博塞茹尔堡。此时法国仅剩160名常规军、300名加拿大民兵以及仓促征召的阿卡迪亚人,从而陷入了绝望的境地。

阿卡迪亚大驱逐

实际上在博塞茹尔被攻陷之前,哈利法克斯的英国政府已经决定驱逐搬到希格内克托地峡北部的阿卡迪亚人,因为他们和法国人站在一边。而博塞茹尔的失守决定了所有阿卡迪亚人的命运。当布雷多克失败的消息传到副总督查尔斯·劳伦斯的耳朵里时，他立即要求阿卡迪亚人做出选择：提出条件或者接受一切后果。阿卡迪亚人的代表被传唤到哈利法克斯，并被要求宣誓忠于同盟。然而阿卡迪亚人顽固地拒绝了这一要求，劳伦斯和他的议会最终决定在 7 月 28 日下驱逐令。

事态发展十分迅速。军队很快得到指示，要求控制阿卡迪亚社区中的所有男人、男孩和船只，以防止女人和孩子逃跑。几周之内，来自波士顿的船只将阿卡迪亚人和他们的财物分送到了大西洋沿岸的其他英国殖民地。阿卡迪亚人居住的房屋被付之一炬，土地和牲畜则归国王所有。随着 1756 年英法两国间正式开战，越来越多的阿卡迪亚人被驱逐。1755—1762 年，遭驱逐的阿卡迪亚人至少有 1.1 万名。

对于那些从海难和艰苦的难民岁月中走出的阿卡迪亚人来说，被驱逐意味着余生漂泊的开始。有些阿卡迪亚人跨越整个北美大陆来到西印度群岛、英国、法国以及福克兰群岛；有些历尽千辛万苦来到路易斯安那，在那里他们的后代成为卡津人，一直生活到今天；还有一些阿卡迪亚人在加拿大被征服之前逃到那里；也有一些在米克马克人和马里塞特人的帮助下藏在树林中。米克马克人和马里塞特人同样受到了英国和殖民地武装的追踪。此外，有些成功逃出的阿卡迪亚人再次被捕，又被强迫在战争中的殖民地充当劳力，其他的则被残忍杀害。在历史学家约翰·麦克·法拉格（John Mack Faragher）看来，阿卡迪亚大驱逐即便在定义上不属于"种族灭绝"（genocide 一词第一次使用是用来形容希特勒的暴行），也符合联合国对"种族清洗"（ethnic cleansing）的定义——这一术语在 20 世纪 90 年代早期提出，用来形容巴尔干半岛地区的暴力冲突。[16]

七年战争（1756—1763 年）

1756 年，在新法兰西边境绵延不绝的战事最终发展成七年战争。这实际上是奥地利王位继承之战的延续，只不过这一次法国和奥地利联合起来对抗英国和普鲁士。这场波及欧洲乃至其全世界殖民地的战争对改变北美大陆的力量平衡意义深远。

战争爆发后，法国和原住民突击队让居住在边境社区里的英国殖民者生不如死。与此同时，迪尔思科的继任者路易－约瑟夫·蒙特卡姆侯爵（Louis-Joseph, the Marquis de Montcalm）率兵成功攻占奥斯威戈（Oswego），从而阻断了英国人进入五大湖区的道路。1757 年，蒙特卡姆再次在尚普兰湖下游发起战争，最终攻占威廉·亨利堡。虽然这些胜利对蒙特卡姆十分重要，但也招来了沃德勒伊的批评。沃德勒伊认为欧洲的战争风格对于边境局势显得太正式了。两人很难在军事战略上实现统一，1758 年蒙特卡姆晋升中将之后，这场暗战愈演愈烈，要知道蒙特卡姆已经可以统管法国在北美大陆的所有军事力量，包括沃德勒伊麾下的那些部队。

1757 年，威廉·皮特（William Pitt）担任英国首相，将新的力量投入到英法战争中。他特别重视殖民地军事战略的部署，指挥英国陆军和海军协同征服新法兰西。1758 年 7 月 26 日，杰弗里·阿默斯特（Jeffery Amherst）带领着 13000 多人经过 7 天围攻，攻占了由 4000 士兵把守的路易斯堡。1758 年 7 月，蒙特卡姆在泰孔德罗加（Ticonderoga）和一支庞大的英国军队的较量中大获全胜。但是，他并没有选择乘胜追击，反而撤退到圣劳伦斯河的中心地区。中校约翰·布拉德斯里特（John Bradstreet）是一名英国军官，他是居住在皇家安纳波利斯的阿卡迪亚人的后代。8 月，他占领了芳提纳克堡，有效切断了法国人通往内陆的供给线。

路易斯堡的顽强抵抗使得英国人没法腾出手来在1758年的夏天向魁北克发起进攻，但是新法兰西的心脏地带暴露无遗。1759年6月，在舰队副司令查尔斯·桑德斯（Charles Saunders）的带领下，皇家海军沿圣劳伦斯河而上，同行的还有詹姆斯·库克（James Cook）和他新绘制的河流图。这个巨型舰队由13500名水手和8600多名经验丰富的步兵组成，统领者为詹姆斯·沃尔夫（James Wolfe）将军。⑰

在英国舰队抵达之前，魁北克的局势已经到了积重难返的境地。4000名常规步兵、1万名民兵外加1000名原住民武装让殖民地显得十分拥挤，同时给有限的食物供给带来了巨大的压力。几乎每个人都要接受定量供应，有些甚至要忍受饥饿。在被围攻的5月，幸好有22艘供给船从法国驶来，使士兵和平民的生活得以为继。然而伤寒肆虐为城镇的未来蒙上了一层阴影。

炮轰开始了。从莱维角（Pointe Lévis）基地跨越河流到魁北克，沃尔夫的军队将炮弹射向围墙内的城镇，但反复的着陆尝试都以失败告终。随着秋天的临近，加拿大寒冷的冬天似乎会将英国舰队困在冰天雪地之中。为了取得胜利，沃尔夫克服困难，最终在9月12日将4500名士兵送入位于魁北克之上3千米的弗伦湾（Anse-au-Foulon）。他们翻过陡峭的悬崖来到亚伯拉罕高原。9月13日清晨，蒙特卡姆命步兵在城墙之外列队，组成三个小分队。一切在不到15分钟的时间里都结束了。就在法国人在英国军队摧枯拉朽般的射击中落荒而逃之时，蒙特卡姆却受了致命伤，沃尔夫则死在了战场上。双方伤亡惨重：英方损失658人，而法国则有644人阵亡（图3.4）。

英国虽然获胜，但仍然只占据着亚伯拉罕高原。城墙中的人们在经历了炮弹攻击后于9月18日正式投降。在挨过了寒冬和坏血病的侵袭之后，詹姆斯·默里（James Murray）率领的占领军面临着来自蒙特利尔的7000名精兵的攻击，领袖是舍瓦里尔·德·莱维

图 3.4 本杰明·韦斯特（Benjamin West）绘制的《沃尔夫将军之死》。由于在夺取魁北克的战斗中牺牲，詹姆斯·沃尔夫少将在英国英雄榜上占据着重要的位置。然而，他在加拿大并没有受到同等的尊重，因为被征服的加拿大人的后代更看重历史记忆是如何构建的。（图片由加拿大国家美术馆授权使用/8007）

（Chevalier de Lévis）。默里在遭遇战中失利，但随着英国援兵的到来，莱维不得不在春天选择退兵。英国军队在蒙特利尔会合，沃德勒伊总督在1760年9月8日向阿默斯特将军投降。

阿默斯特拒绝法国人带着军旗光荣返回法国的请求，但答应沃德勒伊宽大处理被征服的加拿大人。根据投降协议书，所有愿意离开殖民地的人都可以带着自己的财物离开。那些选择留下来的则被承诺将获得财产和人身安全。加拿大人可以拥有自己的宗教信仰，是否保留强制性什一税制尚无定数，而法国国王任命罗马天主教殖民地主教的请求被否决。阿默斯特保留了允许耶稣会教士、改革派教士和苏尔比斯会会士进行传教活动的可能性，但女性传教士则依然拥有和以往相同的特权，因为她们在照顾生病和受伤士兵的过程中起到了至关重要

69

的作用。奴隶制被保留，奴隶主有权将他们的奴隶带入罗马宗教。虽然法国的原住民同盟没有在谈判桌边获得一席之地，但沃德勒伊仍努力遵守协定，保证原住民可以"继续居住在自己的土地上"，而不会因其曾与英国为敌而"被骚扰"。而那些在加拿大避难的阿卡迪亚人就没有那么幸运了。他们被允许去法国，但却没有像加拿大人和原住民一样得到不被驱逐出境的保证。

北美大陆的最后一战发生在纽芬兰。1762年，一支法国远征军占领了圣约翰的领地。9月15日，阿默斯特的兄弟，中校威廉·阿默斯特（William Amherst）攻击了法国在信号山（Signal Hill）的基地，逼迫对手在3天之内投降。

1763年2月《巴黎和约》签订之前，新法兰西一直处在戒严令之下。英国人曾想用征服得到的土地换来瓜德罗普（Guadaloupe），但《巴黎和约》确认了英国拥有除圣皮埃尔和密克隆岛之外的整个新法兰西地区。法国人也保留了其在1713年获得的在纽芬兰协议海岸线捕鱼的权力。没有战事发生的路易斯安那以密西西比河为界被分成两部分，英国人获得了东部地区以及在密西西比河的航行权。在另一个独立的协议中，法国将所获得的密西西比河以西地区割让给了同盟西班牙。

这次战争结束之后，包括行政官员、商人和军事领袖在内的2000—3000人搬到了法国。生活在加拿大的7万人中的大部分都出生在殖民地，他们别无选择，只能接受附属于英国人的现实。

结　语

七年战争标志着法国在北美大陆统治的结束。在战后协商中，法国人出人意料地没有表现出对保留加拿大占有权的任何兴趣，哲学家伏尔泰也称加拿大只不过是"几英亩雪地"。法国人真正关心的是大西洋东海岸的渔业基地和西印度群岛。而对英国而言，战争只会增加帝国的负担。新老殖民地都带来了管理上的挑战，法国和其原住民同盟敌意犹在。与其说七年战争帮助英帝国击败了北美大陆的老对手，不如说这场战争打开了一扇门，迎接他们的是新一轮更加复杂的权力斗争。

注释：

① This chapter draws on a large literature on New France, much of it synthesized in Louise Dechêne, *Le peuple, l'état et la guerre au Canada sous le Régime fran ais* (Montreal: Boréal, 2008); Cole Harris , *The Reluctant Land: Society, Space, and Environment in Canada before Confederation* (Vancouver: University of British Columbia Press, 2008); Jacques Mathieu, *La Nouvelle-France: Les FranÇais en Amérique du Nord, xvie–xviiie siècle*, 2nd ed. (Sainte-Foy: Les Presses de l' Université Laval, 2001); Peter Moogk, *La Nouvelle France: The Making of New France–A Cultural History* (East Lansing: Michigan State University Press, 2000); Alan Greer, *The People of New France* (Toronto: University of Toronto Press, 1997); and Dale Miquelon, *The First Canada to 1791* (Toronto:McGraw-Hill Ryerson, 1994).

② Yves Landry, "Gender Imbalance, Les filles du Roi, and Choice of Spouse in New France," in *Canadian Family History: Selected Readings*, ed. Bettina Bradbury (Toronto: Copp Clark Pitman, 1992), 14–32.

③ Hubert Charbonneau et al., "The Population of the St. Lawrence Valley, 1608–1760," in *A Population History of North America*, ed. Michael R. Haines and Richard H. Steckel (New York: Cambridge University Press, 2000), 99–142; Stephen A. White, "The True Number of Acadians," in *Du Grand Dérangement à la Déportation: Nouvelles perspectives historiques* , ed. Ronnie-Gilles LeBlanc (Moncton: Chaire d'études acadiennes, Université de Moncton, 2005), 21–56. See also Danielle Gauvreau, "Vingt ans desétudes sur la population pendant le Régime français," in *Vingt ans après Habitants et Marchands: Lectures de l'histoire des XVIIe et XVIIIe siècles canadiennes*, ed. Sylvie Dépatie et al. (Montreal: McGill-Queen's University Press, 1998), 31–51.

④ Bettina Bradbury, "Social, Economic, and Cultural Origins of Contemporary Families," in *Families: Changing Trends in Canada*, ed. Maureen Baker (Toronto: McGraw-Hill Ryerson, 2005), 71–97.

⑤ Moogk, *La Nouvelle France*, 114.

⑥ Benoît Grenier, "Gentilshommes campagnards: La présence seigneuriale dans la vallée du Saint-Laurent (xviie–xixe siècle)," *Revue d'histoire de l'Amérique française* 59, 2 (Spring 2006): 409–449.

⑦ Scholars have debated whether habitants were technically peasants. On this matter, see Allan Greer, *Peasant, Lord and Merchant: Rural Society in Three Quebec Parishes, 1740–1840* (Toronto: University of Toronto Press, 1985); Leslie Choquette, *Frenchmen into Peasants: Modernity and Tradition in the Peopling of French Canada* (Cambridge, MA: Harvard University Press,1997); and Catherine Desbarats, "Agriculture within the Seigneurial Régime of Eighteenth-Century Canada: Some Thoughts on the Recent Literature," *Canadian Historical Review* 63 (March 1992): 1–29.

⑧ Richard White, *The Middle Ground: Indians, Empires, and Republics in the Great Lakes Region, 1650–1815* (Cambridge: Cambridge University Press,1991), chap. 2.

⑨ W. J. Eccles, *The French in North America, 1500–1763* (Markham, ON: Fitzhenry and Whiteside, 1998), 33.

⑩ H. A. Innis, *The Fur Trade in Canada: An Introduction to Canadian Economic History* (Toronto: University of Toronto Press, 1927), 153–154.

⑪ Cited in John G. Reid, "Imperial Intrusions, 1686–1720," in *The Atlantic Region to Confederation: A History*, ed. Phillip A. Buckner and John G. Reid (Toronto and Fredericton: University of Toronto Press and Acadiensis Press, 1994), 100.

⑫ N. E. S. Griffiths, "The Golden Age: Acadian Life, 1713–1748," *Histoire Sociale* 17, 33 (May 1984): 21–34.

⑬ *Peter Kalm's Travels in North America,* vol. 2, ed. Adolph B. Benson (New York: Dover Publications, 1966), 558.

⑭ Yvon Desloges, *A Tenant's Town: Quebec in the Eighteenth Century* (Ottawa:

National Historic Sites Parks Service, Environment Canada, 1991), 40.

⑮ Afua Cooper, *The Hanging of Angélique: The Untold Story of Canadian Slavery and the Burning of Montréal* (Toronto: HarperCollins, 2006), 291.

⑯ John Mack Faragher, *A Great and Noble Scheme: The Tragic Story of the Expulsion of the French Acadians from Their American Homeland* (New York: Norton, 2005), 469. See also Naomi Griffiths, *The Contexts of Acadian History, 1686–1784* (Montreal: McGill-Queen's University Press, 1992).

⑰ Details of the battle are outlined in RenéChartrand, *Quebec 1759* (Oxford:Osprey Publishing, 1999), and C. P. Stacey, *Quebec 1759: The Siege and the Battle* , ed. Donald E. Graves (Toronto: Robin Brass Studio, 2002).

第四章　革命年代（1763—1821年）

经过七年战争，英国成为北美大陆的统治者。但是很快，它的政治支配地位便受到了挑战。1776年，大西洋沿岸的英国殖民地联盟宣布独立。在法国和西班牙的支持下，他们取得了独立战争的胜利，建立起独立的美利坚合众国。1793年，英法两国再次开战。法国也处在大革命的动荡时期。法国及拿破仑一世的战争持续了20多年的时间，大多数欧洲国家参与其中。1812年，美国也被卷入了与其前宗主国的纷争。美国和法国大革命标志着"现代"史的艰难开始。这一历史时期以自由政体、工业资本主义和资产阶级价值观为特征。1815年，这场纷争终于偃旗息鼓，英国成为新世界秩序的统治者。英国在北美大陆的领土于革命年代的炼狱中获得了新生。

做出判断

历史上，英国曾顺利将被征服民族纳入到自己的帝国体系之中，但新法兰西却是一块难啃的骨头。1763年春天，毛皮贸易区爆发血腥混乱。军事占领不得不屈从于乡规民约，将法裔加拿大人整合进英国的政治、法律制度变得越发艰难。弥漫在大西洋沿岸英国旧有殖民地的愤怒情绪使得如何接纳新殖民地成为一道难题。

对于西部边境的原住民来说，英国统治给他们带来了前所未有的艰辛。毛皮价格暴跌，贸易商品难以获得，对土地虎视眈眈的定居者更是对他们充满敌意，他们不能再通过挑拨双方而坐收渔利。面对岌岌可危的局面，他们攻占了密西西比河上游和俄亥俄地区英国统治下的毛皮贸易据点，杀死了2000多名定居者。在对手缺少足够的枪支弹药的情况下，英国人又花了将近两年时间重新夺回了统治权。绝望之中，总司令杰弗里·阿默斯特甚至建议使用携带天花病毒的毛毯来"除掉这该死的人种"①。

北美洲中间派和解带来的必然后果激起了原住民的愤怒。根据领导起义的首领渥太华总督庞蒂亚克（Pontiac）的雄辩，欧洲人的出现带来了灾难：疾病、经济依附、无尽的战争以及酗酒。在庞蒂亚克看来，扭转局面的第一步就是要消灭"着红装的狗"，因为他们预示着后续的毁灭。不幸的是，对于庞蒂亚克和追随他的人民，这样的顿悟来得太晚了。和欧洲人相似，内陆地区的原住民不愿意放弃欧洲商品。这样的局面在大西洋地区特别典型，在那里，米克马克人、马里塞特人和帕萨马科迪人在1760年和1761年与英国人进行和平谈判时曾将得到政府资助的贸易据点作为他们的主要诉求。②

1763年10月，《皇家宣言》（Royal Proclamation）颁布。这是英国为制定政策治理新领土、处理与北美原住民族关系所做的第一次尝试。或许出于行政管理考虑，加拿大在面积上缩小成圣劳伦斯河沿岸的一个小殖民地，并重新得名"魁北克"；拉布拉多被划给纽芬兰，毛皮贸易区被称为"印第安领地"。原住民只能在英国皇家允许的情况下售卖土地，要想成为毛皮商人则需要行政长官颁发许可证。由于1763年沿阿勒格尼山脉划分的移民者和原住民领土分界线难以为继，1768年，一条向西部延伸的新分界线在斯坦威克斯堡（Fort Stanwix）协商确定。然而，无论是原住民代表（大部分为易洛魁人）还是英国人都无法真正驾驭他们所争夺土地上的民族，这条分界线也名存实亡。

1764年，占领军指挥官默里成为魁北克行政长官。他在任期间，魁北克将像北美大陆其他殖民地一样，由任命的委员会推举的总督和选举产生的议会管辖。依照英国法律，罗马天主教徒没有参政权，只有一小部分移民到殖民地的新教徒（征服后的10年中不超过1000人）有权参加投票和担任公职。

默里很快得出结论：英国制度不适合魁北克。为了防止英国少数群体利用权力剥削法裔加拿大人，他推迟召开议会，并效仿法国，在三河城和蒙特利尔经由任命的委员会及其下属机构进行治理。此外，默里还雇佣旧民兵组织的头领，允许罗马天主教徒担任律师或参加陪审团，从而有效增加了法律体系的弹性。他相信教会在维护社会秩序过程中起着核心作用，所以努力促成让-奥利维耶·布里昂（Abbé Jean-Oliver Briand）被法国主教圣化，以保证教会制度结构的完整性。

尽管做了诸多让步，上层法裔加拿大人仍然不满英国的统治。封建领主们强烈感受到法国统治时期曾经拥有的地位、行政和军事补贴都已经一去不复返。法裔加拿大商人们手握着贬值的法国货币，却要面对随沃尔夫军队而来的英国和新英格兰商人的激烈竞争。只有普通居民还过着和征服期之前一样的生活。没有了战争对季节性收割的影响，农业产量上升，人口也随之快速增加。

默里对法裔加拿大人的偏袒招致说英语的殖民地商人的厌恶。1765年，默里被英国政府召回。他的继任者盖伊·卡尔顿爵士（Sir Guy Carleton）本打算迎合新教少数群体，但还是很快选择了默里的

图4.1　出现在1774年7月刊的《伦敦杂志》中的一幅漫画。英国政治家和主教们表情邪恶。他们支持《魁北克法案》的签署，从而达到限制罗马天主教在殖民地发展的目的。(图片由加拿大图书档案馆授权使用/C-38989)

殖民地管理方法。作为军人，他们很清楚北美大陆获得了更大的政治发展。由于法国不再对盎格鲁血统的美国殖民者构成威胁，他们越发强硬地抵制意在保护原住民族和收回殖民地管理费用的帝国政策。被征服的法裔加拿大人、默里和卡尔顿仍然站在保守的政治观念这一边。他们认为这样的观念比共和观念更符合英国皇家的利益追求，而后者只能鼓动起反叛的南方邻居。

卡尔顿的观点在1774年《魁北克法案》(Quebec Act)中有所体现（见图4.1）。这一法案的目的是巩固精英阶层在殖民地的地位，然而法案却建立在一个错误认识之上——教会领袖和封建主可以帮助巩固居民在战时的忠诚度。最后，教会的什一税被保留，封建领主制度在法律上得到承认，执政委员会的名额也开始向罗马天主教徒开放。英国刑法效力犹在，法国民法再次被引入殖民地。选举议会在法案中未被提及。法案还决定将魁北克的边界延伸到俄亥俄领土，北邻鲁珀特地区，向东包含拉布拉多地区。通过向罗马天主教妥协、拒绝召开代表大会以及将西部边境地区纳入魁北克管辖范围，英国人表达着这样的思想：皇家利益永远高于海外殖民地。

过渡期中的大西洋殖民地

在新斯科舍，英国人的统治建立在定居者的耿耿忠心之上。就在哈利法克斯建立不久，大约 2500 名来自欧洲大陆的新教徒被招募到殖民地，他们中的许多人在 1753 年定居在卢嫩堡（Lunenburg）社区。对阿卡迪亚人的驱逐和占领路易斯堡为实现更加多元化的定居者规划打下了基础。1758 年，总督劳伦斯召集选举产生的议会，同时发布公告承诺向合法的定居者提供土地。这一公告的发布是为了吸引对东北部边境觊觎已久的新英格兰人，公告打消了他们对是否会被统治和是否拥有宗教自由的疑虑。每一个定居者小镇将选出 2 名议会代表，新教教派持异议者有权拥有自己的宗教信仰，还可免除 10 年土地税。

由于西部迁徙受阻于内陆战争，8000 名新英格兰人抓住了这一千载难逢的机会。在旧式英语中被称为"种植者"（Planters）的新英格兰人将独树一帜的洋基（Yankee）文化带到殖民地，他们热心于公理会，喜好贸易，推崇顽固的个人主义。总而言之，他们诠释了历史学家约翰·韦佛（John Weaver）的现代观点，即英美帝国主义（Anglo-American imperialism）的特点愈加鲜明地体现在土地"是用来被测量、分配、交易和改善的东西"[③]。

新英格兰人只是此时期几批坚决定居在新斯科舍的移民中最多的一股。此外，阿卡迪亚人在 1764 年被允许回到他们所挚爱的土地上，条件是他们宣誓加入联盟，而事实上他们中很多人已经做好了这样的准备。由于他们原来的土地已经被新的移民所占据,他们只分配到其他地区的土地。新斯科舍成为渔商和海峡群岛雇佣者的家园。纷至沓来的还有爱尔兰人(新教徒和罗马天主教徒)、约克郡英国人和宾夕法尼亚的德国新教徒。1773年随着赫克托号(*Hector*)抵达皮克图港(Pictou),第一波来自苏格兰的移民浪潮终于到来。

约翰·瑞德(John Reid)认为,在米克马克人和马里塞特人的权力制衡的背景下,英国在新斯科舍的统治并不稳定,而这两族人一直对英国政权心怀不满。④然而人口数量的急剧变化却向着有利于移民者的方向发展,1775年人口已经达到2万多,远远超过最初不足4000的当地人口。相反的事情发生在布雷顿角(曾经的皇家岛),那里的阿卡迪亚人和法国居民被运走,路易斯堡被夷为平地,以防其他人再打这块土地的主意。

另一出戏在圣约翰岛(1798年重命名为爱德华王子岛)上演。1764年,这块曾经吸引过很多土地投机商目光的英国土地被塞缪尔·霍兰(Samuel Holland)分成67块,各成一个城镇。3年后,在加拿大历史上最令人吃惊的一次"博彩"中,英国政府将大部分土地授予伦敦法庭的宠信者。根据许可证要求,所有土地占有者都必须能够处理和改善房产,同时通过免税或没收藏品的方式维系殖民地管理。然而,转归土地的进程并不顺利。1769年,土地占有者们利用自己的影响力在岛上建立了另一个独立的政体,首都定在夏洛特敦(Charlottetown),名字来源于乔治三世皇后夏洛特。由于土地占有者的利益得到了岛上和英国的强有力支持,关于土地的争议在很长一段时间内将岛上社会弄得一团糟,直到这一制度在19世纪70年代被法律废止。

圣约翰岛以阶级为土地拨让的依据与新斯科舍省推行的永久业权制度形成了鲜明对比。即便如此,移民社区仍然艰难建立起来。在最初的热情驱使下,几名土地占有者努力履行着义务。约翰·麦克唐纳

(John McDonald)是其中的一位。他开创出一套定居方案，试图将那些在苏格兰逃避政治迫害的罗马天主教佃户带到他的新世界来。截至1775年，殖民者的人数已经达到1200，超过了阿卡迪亚人（300人）和本就居住在岛上的米克马克人的总和。

虽然官方政策并不鼓励定居，纽芬兰还是吸引了英国各大港口和爱尔兰南部海岸地区的大批移民，他们中的很多人是在捕鱼期被招募来的工作人员。1775年之前，超过1.2万人的常年定居者称自己为纽芬兰人。随着人口的增长，地区经济规模开始扩张。新英格兰人和英国商人们展开了市场竞争。他们用工业制成品、粮食和甜酒向纽芬兰居民换取鱼类，然后在西印度群岛售卖，以此抵制英国航运法案——禁止殖民地产品登上英国舰船。

七年战争结束之后，英国政府逐步加强了对纽芬兰渔业的控制。这一举措背后是一个根深蒂固的观念：渔业是战时急征的英国水手的给养，因而对国家安全至关重要。休·帕利斯尔（Hugh Palliser）船长成为政策的践行者。1764年，帕利斯尔被任命为纽芬兰总督，夏季到纽芬兰履职。在他的四年任期中，他对海岸线财产拥有者的权利发起挑战，还占领海豹捕猎基地，以保护居住在拉布拉多的因努人和因纽特人。他还接受了摩拉维亚人的提议，在拉布拉多成立了一个传教机构。1771年，这个机构在内恩成立之后正式运行起来（图4.2）。

1775年，英国政府通过所谓的《帕利斯尔协定》（Palliser's Act）再次表明对定居纽芬兰的反对立场。这一协定标榜着"促进英属渔场的经营，保障捕鱼期结束后渔民平安归来"，但和这一时期英国的许多帝国政策一样，它与殖民地的实际状况背道而驰。

图 4.2 理想中的摩拉维亚传教士在向拉布拉多内恩（Nain）地区的因纽特人传教，1800 年。(图片由加拿大图书档案馆授权使用 / C-124432)

美国独立战争

《魁北克法案》和《帕利斯尔协定》被认为是不可接受的法令，因而激起了英裔美国殖民者的极大愤慨。1763 年后，英国议会在征收纸税、糖税和茶叶税等立法事项上不再通过选举产生的殖民地立法机构批准，这一点激起了殖民者极大的不满。矛盾终于在 1774 年初爆发。为了平息马萨诸塞贸易禁令引发的暴动，英国政府关闭了波士顿港，解散了马萨诸塞议会，同时在当地增加兵力。

1774 年 9 月，第一次大陆会议在费城召开。来自英国 12 个殖民地的代表（不包括纽芬兰、圣约翰岛、新斯科舍、魁北克和佐治亚地区）齐聚费城，要求取消对马萨诸塞的强制措施。当英国政府拒绝妥协的消息传来，已经进入警戒状态的殖民地武装和英国军队于1775年4月在莱克星顿（Lexington）和康科德（Concord）交火。5月，第二次大陆会议召开，"爱国者"代表投票选举乔治·华盛顿担任总司令保护"美利坚的自由"。除了要将英国军队赶出波士顿，他们还计划向魁北克进发，因为与兵力雄厚的哈利法克斯相比，那里缺少英国海军力量的支持，所以更容易攻破。如果当地人迫切想摆脱英国政府的束缚，攻下冰天雪地的魁北克或许不是一件困难的事情。

1775年9月，理查德·蒙哥马利（Richard Montgomery）率领的2000名民兵沿尚普兰湖而下，经过黎塞留河向蒙特利尔进发。与此同时，另一支部队在本尼迪克特·阿诺德（Benedict Arnold）的带领下，沿肯尼贝克和肖迪耶河经陆路来到魁北克。此时的卡尔顿已将一半兵力派去波士顿支援托马斯·盖奇（Thomas Gage）将军，只剩下区区600常规军守护殖民地。事实上，魁北克的命运取决于殖民者对入侵势力的反应。封建主和教会领袖保持着忠诚，但大部分法裔加拿大人早已无心恋战。蒙哥马利的军队得到了住在黎塞留河畔的居民的支持。而在蒙特利尔，充满愤懑的英国商人比起法裔加拿大人更支持爱国事业，他们不发一弹便宣布投降。在魁北克附近，人们更愿意将入侵势力赶出去，特别是新教入侵者亵渎了他们的很多教堂。12月31日晚，对已加固城镇的贸然进攻均以失败告终。1776年5月，英国舰船满载1万增援部队抵达城镇附近，迫使美国军队的围攻仓皇瓦解。大规模军事力量的出现使得平民不敢轻举妄动。

和法裔加拿大人一样，易洛魁人也卷入了这场内战，其内部对于如何应对战争也出现了不同的声音。玛丽(Mary，又称Molly)和她的哥哥约瑟夫（Joseph）领导的莫霍克人以及一些塞内卡人从战争伊始就和英国人并肩战斗。或许是因为和公理会牧师间的紧密关系，绝大多数奥奈达人和塔斯卡罗拉人更倾向于追随美国。奥内达加人和卡尤加人（Cayuga）在美国军队1779年侵占领土之前都保持着中立态度。

看到自己的家园危在旦夕，易洛魁人最终成为英国最有力的同盟。相比之下，米克马克人和马里塞特人却平和得多。他们在1776年7月派代表参加了在马萨诸塞沃特敦召开的大会，并在会上表态同意支持爱国事业。

此时，13家殖民地已经宣布独立，战争迅速升级。1777年，英国军队在萨拉托加（Saratoga）战役中败北，法国和西班牙乘虚而入，加入了和英国这个老对手的战争。有了法国撑腰，美国人计划向魁北克发起第二次进攻。然而，事与愿违，两家因为无法在谁将拥有殖民地统治权问题上达成一致而放弃了计划。

虽然大西洋地区在英国海军的保护下免遭侵略，但却逃不过新英格兰私掠船的袭击。从新斯科舍到拉布拉多，在4000余艘纵帆船中的袭击中，几乎每个渔港都难逃一劫。船员在大陆会议的授权下烧、抢，或将英国舰船拍卖。1775年11月，私掠船来到夏洛特敦，破坏房屋，抢夺粮食，带走殖民地官员，其中包括代理长官菲利普斯·科尔贝克（Phillips Callbeck）。大部分袭击都是有选择性的，但是那些早期定居者却没有被拉拢到革命事业中。

还有一些主张独立的狂热分子。1776年秋天，新斯科舍大会的两个成员，出生在马萨诸塞的乔纳森·艾迪（Jonathan Eddy）和出生在苏格兰的约翰·艾伦（John Allan）向英国军队驻扎的坎伯兰郡（Cumberland，之前称为博塞茹尔）发起进攻。有不到200名志愿者加入战斗，他们中的大多数出生在新英格兰，还有一些阿卡迪亚人、米克马克人和马里塞特人。他们很快被来自哈利法克斯的军队驱散。随着战火逐渐烧向美国殖民地的中南部地区，新斯科舍人开始想方设法从不断增加的英国驻军身上捞好处。新英格兰种植者们曾经受困于旧家园的发展，如今在游学牧师亨利·阿利纳（Henry Alline）领导的福音主义运动中选择逃避世俗的现实。

1781年，查尔斯·康沃利斯（Charles Cornwallis）率领的英国军队在弗吉尼亚的约克镇大败而归,战争也随之接近尾声。两年后,在巴黎签署的另一份协定中,英国人同意承认美国独立。这一决定对于"英属"北美大陆的其余部分意义重大。战争结束后,大批移民涌入美国,殖民地政权得到重组,一条测量略显粗糙却崭新的边境线诞生。这一切都为北美出现第二个横贯大陆的国家夯实了基础。

根据和平协定的相关条款,英国人放弃了对五大湖区南部地区的占有权。这一决定激怒了他们的原住民同盟,因为后者的利益并未在协定中提及。英国人尽可能地隐瞒他们对于《斯坦威克斯堡协定》(Treaty of Fort Stanwix)的背叛行为,同时试图通过1800加仑甜酒缓和与易洛魁人的关系[5]。在绝望的易洛魁人和贸易损失惨重的蒙特利尔商人的双重压力下,英国人不得不继续占有五大湖区南部以西的据点,直到这一地区的原住民政策被确定下来。

效忠者

美国独立战争结束后,有至少6万名自称"效忠者"的英国殖民地人和他们的1.5万名奴隶离开美国,开始寻找新的生活。接近一半的效忠者搬到了新斯科舍,其人口是当地人口的2倍多。另外一批1.5万名则在魁北克找到了避难所。[6]受益于英国人赠予的土地、食物、临时住所以及财产损失补偿,他们比大多数逃难民族都要幸运。尽管如此,许多效忠者在欧洲人定居区北部边境的重建过程中仍然历尽千辛万苦,那里的气候和恶劣的环境常常令他们防不胜防。

效忠者和他们所处的社会一样,成分复杂多样。他们中的一部分是从殖民地军队和常规军中被遣散出来的军人,另一部分是被爱国者邻居追逐的逃难者,还有一些则是被免费土地和食物吸引而来的机会主义者。他们中将近90%出生在北美大陆,绝大多数来自下层社

图4.3 一个新斯科舍省谢尔本地区的黑人伐木工,威廉·布斯(William Booth)绘制,1788年。(W.H.Cloverdale 的加拿大合集,图片由加拿大图书档案馆授权使用/C-40162)

会和中产阶级。超过一半的效忠者是女性、孩子和奴隶,他们的财产在家庭决议中被捐给了英国军队。有 3000 名黑人效忠者因离开他们的"爱国者"奴隶主而重获自由,于是他们也加入了前往英国北美大陆的逃亡大军。和白人相比,他们只能得到位置更差、面积更小的土地,而且他们对公正的诉求从未得到关注。1792 年,将近 1200 名黑人效忠者离开滨海地区,在伦敦废奴主义者的帮助下前往非洲塞拉利昂(Sierra Leone)的新殖民地(图 4.3)。⑦

有相当比例定居在新斯科舍的效忠者来自城市中心,例如波士顿、纽约和查尔斯顿。英军在战争的不同阶段都曾驻扎在这些地方。所以这部分效忠者并不适应艰苦的开拓生活,他们更愿意卖掉自己的土地,航海远行。有 1/4 的效忠者移民最终放弃了"新的贫瘠之地"。相比之下,从纽约郊区以及宾夕法尼亚和新英格兰的边远地区涌入魁北克的大部分逃难者，对于即将到来的艰苦生活则有着更充分的准备。

帮助效忠者重建家园带来了巨大的管理挑战。在新斯科舍省，总督约翰·帕尔（John Parr）很快采取行动，收回未确定的赠予地，忽视米克马克人、马里塞特人和帕萨马科迪人的诉求，要求他们和效忠者难民一起申请土地。勘测员规划的城镇纵贯殖民地，城市如雨后春笋般出现在罗斯韦港 [Port Roseway，谢尔本(Shelburne)] 和帕尔镇（Parrtown，圣约翰）。圣约翰河的效忠者们抱怨哈利法克斯太远，导致他们的需求无法及时得到回应。于是，英国政府便在1784年建立了两个新的殖民地：新不伦瑞克（New Brunswick）和布雷顿角，首府分别建在弗雷德里克顿（Fredericton）和悉尼（Sydney）。由于在圣约翰岛收归未分配土地的尝试宣告失败，只有500名效忠者选择定居在那里，并且大部分是被遣散的士兵。

在圣劳伦斯河流域，效忠者们定居在蒙特利尔、魁北克以及从加斯佩到黎塞留河的一些较小的社区中。但是总督弗雷德里克·哈尔迪曼德（Frederick Haldimand）将大部分移民转移到了安大略湖北部沿岸地区。在建立城镇之前，他必须遵照1763年宣言，首先得到居住在今天安大略省的艾尼什纳布人（Anishnabe）同意。当哈尔迪曼德接近时，艾尼什纳布人放弃了英属北美地区最好的农业用地，却换回一些不起眼的东西。1788年，安大略湖北部剩余的土地很多被转让，以换取枪支、弹药、衣物和其他商品。这样的物地交换一直延续到19世纪。

艾尼什纳布人之所以愿意接纳效忠者是有原因的。内部不够团结使得他们在和强势力量的博弈中处于下风，而对欧洲贸易商品的依赖也是一个重要的因素。此外，双方是带着诚恳的态度进行协商的。原住民愿意放弃土地的使用权，但并不包括所有权，也不是永久放弃。然而，当后来发现那些狩猎和捕鱼用地很快变成农业用地或者被完全占有时，他们后悔不已。更让他们感到悔恨的是，越来越多的证据表明，定居者们和那些代表他们利益的谈判者在讨价还价中并不诚实。协议的措辞十分模糊，导致条款可以有很多种解读方法。政府和定居者会竭尽所能地去争取最大利益，因为他们认为自己会逃过处罚。所以，正如历史学家彼得·巴斯克维尔（Peter Baskerville）所言，是原住民"而非英国人，为奖赏那些效忠者付出了代价"⑧。

1784年，土地测量员们开始为昆蒂地区（Quinte）的圣劳伦斯湾规划城镇，那里已经成为被遣散军人的新的家园。英国的易洛魁同盟们得到了格兰德河（Grand River）沿岸的土地，其中便包括约瑟夫·布兰特（Joseph Brant）。莫莉·布兰特（Molly Brant）和她的哥哥一样，定居在距离今天安大略省金斯顿不远的地方，还获得了英国政府发放的抚恤金和赔偿金。从纽约和宾夕法尼亚边界地区迁徙而来的效忠者，有些定居在尼亚加拉堡附近，有些则来到桑威奇 [Sandwich，今天的温莎（Windsor）]，和住在底特律附近的法国人混居在一起。根据《杰伊条约》（Jay's Treaty），英国政府最终同意在1794年撤离西南部的据点。定居者们也得以从底特律搬到英国人控制的地区。那时，殖民地吸引了大批"迟到的效忠者"。这些对在新共和国定居心存疑虑的美国居民，迫切希望在英国领地上享受更优越的土地分配。

过去，历史学家们认为效忠者家庭是加拿大英国元素形成的基石，是开明保守主义的壁垒⑨。然而考虑到滨海诸省和纽芬兰的定居模式，以及效忠者群体意识形态上的多样性，这样的结论未免过于简单，甚至有些偏执。不过，有一点是十分清楚的，那就是效忠者的出现加速了北美大陆北部地区的英国化进程，推动了宽广的北大西洋文化的发展，这一文化改变着西方社会。在城市中心地带，在效忠者的推动下，政治辩论逐步升级，私人俱乐部、社会服务机构以及辩论沙龙的建立促进了市民社会的发展。效忠者在魁北克和滨海诸省留下来的遗产包括教堂、学校、报纸、文学作品、豪华古宅和用最新的格鲁吉亚风格建造的公共建筑等。

效忠者精英们受够了共和主义者的过分行为，于是竭尽全力地增强英属北美政治体系中的保守色彩。那些渴望跻身上流社会的效忠者为自己谋得更多的土地，同时想尽办法垄断殖民大会。为了支持传统权力结构，他们先后任命了两个英格兰教堂的主教。1787年，约翰·英格利斯（John Inglis）成为新斯科舍省的主教；1793年，雅各布·芒顿（Jacob Mountain）成为魁北克省主教。1789年，国王学院（Kings College）在新斯科舍省的温莎成立，专门培养英国国教会（Church of England）精英的后代。国王学院的建立强调了等级思维，鼓励了效忠者的领导权。

更重要的是，有一些效忠者对这些政策并不买账。他们虽然效忠王权，却不愿意放弃作为英国人应当享有的基本权利。1785年，效忠者精英试图控制选举，从而引发了圣约翰激战。许多效忠者受到启蒙主义思想的影响，公开表达对平等主义的追求。年轻的丽贝卡·拜尔斯（Rebecca Byles）被放逐到哈利法克斯，1785年，她在写给波士顿姑姑的信中预言，只要这里的男人和女人们有了足够的军事力量，他们很快就能夺取"最重要的教会和政府机构"。"我感到反叛的精神在上升，"拜尔斯兴奋地说道，"也要祝贺我自己出生在这样一片土地上，在这里，国民的权利更为平等。"⑩

战争和关于战争的谣言

效忠者是大批移民加拿大的英裔美国人的先锋。但是在洪水闸门打开之前，还有20年的战争时期。1789年，法国大革命爆发。3年后，获胜的共和党人将革命理念传遍欧洲大陆。1799年，拿破仑开始统治饱受战争摧残的法国，他也同样影响着他的欧洲邻居们。

因为欧洲的发展和效忠者对成立民选议会、建立普通法和土地永久占有制的要求，英国第三次尝试在魁北克创建行之有效的政治制度。1791年《宪法法案》（Constitutional Act）将魁北克分成两个殖民地：上加拿大和下加拿大。在上加拿大，效忠者占据了定居人口的大多数，实行英国法律和土地永久占有制。而在下加拿大，法语人口占绝对优势，仍然实行封建领主制和法国的民事法律制度。为了鼓励移民，下加拿大政府承诺，在封建领主土地之外可向移民提供永久使用的土地，包括蒙特利尔南部的东部镇区。

民主化浪潮汹涌澎湃，每个殖民地都有选举产生的议会。但是由于任命的立法委员会拥有否决权，民选议会的权力还是受到了行政长官乃至英国政府的限制。鉴于立法委员会成员终身任职，拥有大片土地且有获得头衔的资格，他们自然成为殖民地贵族阶层的核心力量。在上加拿大，每个镇区有1/7的土地被划定为王室所有，从而确保殖民地统治阶层在民选议会赠予的土地之外有一份额外的收入。此外，还有1/7的土地被保留下来，用于"支持和维系新教牧师群体"，也就是"已经建立起来的"英国国教会。这样一来，君主制得到巩固，牧师群体的独立性也有所增强。

在上加拿大的边境殖民地，忠诚度成为重要的话题。在那里，来自美国的移民使人口在1812年激增到将近8万。作为西进运动中的重要话题，殖民地的首位总督约翰·格拉维斯·锡姆科（John Graves Simcoe）倡导对殖民地的忠诚。他认为，美国人在体验过英国政治制度的优越性之后应该自然拥有相当的忠诚度。锡姆科向"迟到的效忠者"提供和效忠者一样的优厚待遇，对于土地的疯狂追求仍在继续。作为一个深受启蒙思想影响的管理者，锡姆科推行新的立法，旨在逐步废除上加拿大的奴隶制。但是他成立学校和大学的雄心壮志却未曾实现。他还创造性地建立起军事交通网，以提高军队在战时的行动速度。此外，军事交通网也扮演着高速公路的角色，为移民来往提供便利。1793年，民选议会从纽瓦克（Newark）迁到约克（York，1834年

图 4.4 伊丽莎白·弗朗西斯·黑尔（Elizabeth Francis Hale）1804 年绘制的《约克》。（图片由加拿大图书档案馆提供 / C-40134）

重新命名为多伦多）。大会上不时传来反对行政长官及其聚敛大量土地的小集团的声音，但是，绝大多数定居者过于繁忙，因而无暇发起一场连续性的改革运动（图 4.4）。

  下加拿大的情况却大不相同。行政长官通过行使任免权来维护讲英语的精英阶层的权力，但很快遭到民选议会法裔加拿大人的有组织的反对。发生在这一时期最重要的变化便是讲法语的中产阶级的出现。这一阶级主要由律师、记者和在新古典学院受过教育的职员构成。学院教师通常是从法国大革命中逃亡而来的神父。由于缺少权力，这一新生阶级的领导者们开始在言辞中展现出很强的民族主义色彩，同时像英国人一样行使自己的权利，追求自己的目标。通过 1805 年成立的加拿大人党（Parti canadien），中产阶级开始把民选议会当作保护自己语言、宗教和法律的工具。他们通过《加拿大人》（*Le Canadien*，第一份代表法语中产阶级政治利益的报纸）发出自己的声音。1810年，总督詹姆斯·克雷格（James Craig）对广泛的反对声音做出回应。他第二次解散民选议会，并把《加拿大人》的编辑们囚禁起来。眼看和美国的战争不可避免，英国政府迅速用一位温和派长官换掉了詹姆斯·克雷格。

1812年战争

1812年，英美正式宣战，下加拿大对于政治改革的呼声暂时平息。[11]边境地区的原住民政策和公海中立船只通行权问题不但是战争的导火索，也直接影响到了英国的北美殖民地，更是美国人攻击前宗主国最容易找到的目标。由于居住在上加拿大的很多移民来自美国，一些美国军事领袖都赞同前美国总统托马斯·杰斐逊（Thomas Jefferson）的观点，即占领殖民地"只不过是行军"。上加拿大人也持此观点，都想在一场注定失败的战争中尽量避免履行军事职责。

为了证明英国可以在和美国的战争中获胜，上加拿大英军指挥官艾萨克·布洛克（Isaac Brock）少将下令对麦基诺发起闪电战。在西部边境的胜利使得俄亥俄山谷的原住民族[由肖尼族（Shawnee）印第安人酋长特库姆塞（Tecumseh）领导]加入到英国人的同盟中，他们的主要目的是夺回在与美国侵略军几十年的战争中失去的土地。在原住民同盟的帮助下，布洛克顺利拿下底特律，继而遇到了正在穿过尼亚加拉河的美军。1812年10月13日，布洛克在昆斯敦高地战役（the battle of Queenston Heights）中阵亡，但是他的军队取得了最终胜利，并俘虏了900名美军士兵。

美军重新部署。1813年春天，他们占领了约克，烧毁了立法大楼，但没能攻下金斯顿，因此未能获得安大略湖的控制权。同年晚些时候，舰队司令官奥利弗·佩里（Oliver Perry）在普廷贝战役

(the Battle of Put-in-bay)中击退了位于伊利湖的英国舰队,迫使英国人放弃底特律。1813年10月,一支美军在距离今天安大略查塔姆(Chatham)不远的摩拉维亚镇击败了由布洛克继任者亨利·普罗克特(Henry Proctor)上校率领的英国军队。特库姆塞阵亡,他的军队也被驱散。同年秋天,一支去往蒙特利尔的美军在沙托盖(Chateauguay)和克莱斯勒农场(Chrysler's Farm)被打败,被迫选择撤退。美国人继续在尼亚加拉半岛推进,把战火烧到了纽瓦克(湖上尼亚加拉)。1813年12月,美军撤离。

正像在美国独立战争时期一样,大西洋殖民地在1812年战争中没有受到侵略者的光顾,但是他们却从军需品(木材、鱼、食品)贸易中获得了巨大的利润。1807年,杰斐逊为了避免卷入拿破仑战争,颁布了与交战国的禁商令,情况有了较大改善。愤怒的新英格兰商人则公然无视禁令,继续与哈利法克斯、谢尔本、圣约翰以及圣安德鲁斯(St. Andrews)等英国自由港开展贸易。这个聪明的政策不仅为英国陆军和海军提供了战需品,同时为海岸地区带来了前所未有的机遇。比比皆是的私掠船为哈利法克斯和圣约翰的商人带来财富,他们在处理战利品的法庭买下被扣船只,然后卖出一个好价钱。

1814年,战争出现了戏剧化的转折。随着拿破仑被放逐到厄尔巴(Elba)岛,英国终于腾出手来对付美国。8月,英国军队向华盛顿发起进攻,烧毁白宫和其他建筑。1个月后,一支英军占领了今天缅因(Maine)海岸的部分地区。随着战势的发展和拿破仑逃离厄尔巴岛,战争戛然而止。1814年12月24日,双方签署《根特和约》(Treaty of Ghent),达成和平意向并同意归还侵占领土。由于这则消息没能及时抵达新奥尔良(New Orleans),那里的战争一直持续到了1815年的冬天。

战后签订的两项协定使得英美两国恢复和平。1817年,《拉什-巴戈特协定》(Rush-Bagot agreement)把五大湖区和尚普兰湖沿岸的战舰数量控制在打击走私所需的限度内。同年,有关帕萨马科迪湾的争议性岛屿也达成了协定。边界在1818年《英美公约》(the Anglo-American Convention of 1818)上被进一步划定为从伍兹湖(The Lake of the Woods)沿北纬49度平行线至落基山脉。美国人在大西洋地区沿海渔业的经营权也受到了限制。虽然此后英美两国间再无战事,但他们却从未在脑海中抹去战备规划,仍在修建公路、运河、铁路以及防御设施。

1812年战争已经成为英美两国历史课本中的重要事件,也在英属北美留下了深深的历史印记。战争刚刚结束,美国的侵略举动便成为反共和主义存在的合理化理由,也迫使英国将一切反对政府的异见者视为叛国者,特别是在上加拿大。如果美国有过称霸北美北部地区的愿望的话,那么1812年战争打破了这种幻想。美国独立战争期间埋下的反美情绪在1812年战争之后持续发酵,上加拿大政府开始积极地反对美国移民,甚至开始讨论是否给予在美国出生的定居者相同的政治和财产权。

1812年战争成为巩固加拿大民族主义的重要途径。虽然有记载显示至少有一半应征入伍的上加拿大男人没有参战,勇敢的殖民地军队还是成为这段历史的英雄。有两个人成为文化象征符号:在保卫英国联军的过程中阵亡的艾萨克·布洛克少将和在1813年6月克服艰难险阻将重要情报送给英军长官的劳拉·塞科德(Laura Secord)。1812年战争比此前或此后的任何一场战争都能更好地诠释加拿大的多文化融合——英裔加拿大人、法裔加拿大人以及第一民族团结起来反抗来自美国的侵略。

1812年战争结束了俄亥俄山谷原住民族对白人定居浪潮的有效抵抗。在签署《根特和约》前的协商中,英国人试图将五大湖区南部的所有地区都送给他们的原住民同盟,但遭到了美国的拒绝。和约恢复了战前的边界划分,归还了原属英国的原住民同盟的土地。但是,正如历史学家 J. R. 米勒所坚持的那样,这种道义上的责任"无法也未能强制实施"⑫。

西部地区的毛皮贸易竞争

1818年北美中部49度边界线的确定反映了各方对这片土地虎视眈眈。边界以南的定居者坚定地向西进发,而边界以北的毛皮贸易商则开辟出一块新的中间地带。

征服新法兰西之后,圣劳伦斯河和哈德孙湾之间的毛皮贸易竞争日趋白热化。蒙特利尔的英国商人占据了内陆的法国港口,平原地带的原住民族则愿意和任何出高价者谈生意。黑脚族(The Blackfoot)、克里族和阿西尼玻族(Assiniboine)曾在19世纪早期从他们南部的邻居那里购买马匹。如今,他们特别希望买到枪支,以便成为更好的猎手和勇士。为了垄断毛皮贸易,他们鼓励公司间的竞争,以此获得更合适的价格和更便利的据点。

1774年,哈德孙湾公司为了击败来自蒙特利尔的竞争对手,在坎伯兰豪斯(Cumberland House)建立了第一个内陆据点。美国独立战争就像一剂催化剂,刺激着蒙特利尔商人将各家公司合并成一家,以增强竞争力。到1804年,西北公司(North West Company)已经吸纳了蒙特利尔的其他竞争者,在争夺商业霸权道路上和哈德孙湾公司势均力敌。竞争催生了更多的贸易据点。1804年,贸易据点已经由30年前的17家增加到超过400家。⑬蒙特利尔人一开始凭借经验丰富的法裔加拿大船夫、桦皮舟以及越冬物品占据优势。但是哈德孙湾人很快证明了自己的竞争力。他们使用"约克船",苏格兰船员[很多来自奥克尼群岛(Orkneys)],同时拥有自己的内陆据点。

商人们不断深入到内陆地区,搜索新的范围并绘制地图。哈德

图 4.5 约翰·韦伯斯特（John Webster）绘制的素描，绘图者是詹姆斯·库克 1778 年探险队中的一员。图中努特卡人正在将鲑鱼挂在房屋中的天花板上烘干。（图片由新南威尔士州立图书馆迪克森分馆授权使用，DL PXX2）

孙湾公司职员塞缪尔·赫恩（Samuel Hearne）曾经作为奇佩维安导游公司的唯一欧洲人在 1771—1772 年周游世界。这一次，他途经科珀曼河（Coppermine River）抵达北冰洋，途中遇到了一群与奇佩维安族（Chipewyan）世代为敌的因纽特人，并将他们全部杀死。1789 年，亚历山大·麦肯齐（Alexander Mackenzie）代表西北公司沿着以他自己名字命名的河流而上，来到北冰洋的河流入口处。1793 年，他又通过陆路到达太平洋。他差点遇到乔治·温哥华（George Vancouver），后者当时正在履行着库克船长的使命，在太平洋沿岸地区探险、绘图（图 4.5）。

1778 年，库克在苦苦寻找西北通道的过程中抵达白令海峡，但他却不是第一个到达此处的欧洲人。18 世纪 40 年代，俄罗斯人维塔斯·白令（Vitus Bering）和阿列斯基·奇里科夫（Aleskei Chirikov）已经探索到了今阿拉斯加海岸，并促成了水獭皮贸易的繁荣——在原住民族以及中国、欧洲精英阶层的眼中，水獭皮价值连城。由于俄罗斯人在太平洋沿岸的影响力与日俱增，西班牙人也开始向北扩大自己的影响。1774年，胡安·佩雷斯（Joan Pérez）来到海达瓜依[Haida Gwaii，英国人后来重新命名为夏洛特女王群岛（the Queen Charlotte Island）]，促使西班牙正式宣示在这个地区的主权。英国和西班牙之间的战争因1790年达成的《努特卡海湾公约》（Nootka Sound Convention）而得以避免，它允许双方共同拥有圣弗朗西斯科（San Francisco）北部的太平洋沿岸地区。5年之后，西班牙人从这一地区撤出。

在那个时候，水獭皮贸易逐步被新英格兰人和英国人垄断，迎来了繁荣发展期。和北美大陆其他地区一样，原住民商人通常在和欧洲人的交易中占得上风，但协商过程总伴随着暴力。1785年，一个船长向努特卡湾的居民开炮，造成20人死亡。毫无疑问，原住民一定会因受侵犯而报仇。1803年，一群未带武器的商人在莫基纳（Muquinna）的率领下使用"波士顿"号夹板上的器具杀害了25名船员，只有2人幸免于难。

随着平原地带海狸皮数量的减少，西北公司开始在英属哥伦比亚内陆地区寻找新的商机。在亚历山大·麦肯齐山区探险之后，戴维·汤普森（David Thompson）和西蒙·弗雷泽（Simon Fraser）对这一地区的河流体系也进行了探索，并将得到的信息反馈给西北公司。1806—1808年，弗雷泽穿越落基山脉，在卡里尔（Carrier）和塞卡尼（Sekani）地区建立起据点。1811年，汤普森沿哥伦比亚河而下，证实其和海岸相通。

疾病和毛皮商人一直如影随形，至少会有一种流行疾病循环而至。1779年，一场爆发在墨西哥的天花通过马匹传到平原地区，它穿过阿西尼玻族、奥吉布瓦族、克里族和黑脚族的居住区，于1782年来到太平洋沿岸。像往常一样，疾病使得超过一半的人口死亡，给原住民社区带来了灾难。温哥华在探险胡安·德富卡海峡（the Strait of Juan de Fuca）的时候发现了被废弃的村庄，那里"随处可见大量散落在岸边的骷髅，"据温哥华描述，"港口四周就像是周边地区的公墓"。⑭

不断扩张的毛皮贸易在内陆地区造成了混乱。在今天安大略省西北部地区居住的奥吉布瓦族因将本地毛皮动物捕尽而不得不在更广的范围内寻找猎物。他们撞见了生活在高原地区的原住民，而后者也在寻觅动物的迁移过程中。黑脚族带着枪支和马匹自萨斯喀彻温（Saskatchewan）北部不断向南和向西扩张。尽管黑脚族一开始对毛皮业并不感兴趣，但他们却不得不成为贸易体系的一部分，因为他们制作由水牛干、肥肉和浆果混合而成的干肉饼，已成为这个毛皮贸易国家的主要产品。

这一系列的发展使得地区冲突不断升级，大量年轻男性死亡。性别比例的严重失衡催生了一夫多妻制。在毛皮贸易中，家庭中的女性原住民负责准备毛皮，妻子越多便意味着可供交易的毛皮越多。尽管很少有史料提及妻子们对其处境的感受，但正如伊丽莎白·维贝尔（Elizabeth Vibert）所言，通常情况下，一夫多妻制可以将照顾孩子、制作食物和衣服以及加工毛皮的工作分散开来。⑮在以毛皮贸易为主的国家，许多男性原住民的财富拥有量取决于他们拥有多少妻子和马匹，而不是其他东西。和欧洲男人一样，他们会尽可能找其他人来做自己分内的事情。

在欧洲人来到北美大陆早期，欧洲商人迎娶农村妻子的例子屡见不鲜，但在新的社会环境下，这样的行为却成为西北部地区独有的特质。西北公司职员亚历山大·罗斯（Alexander Rose）声称他认识一个船夫有12个妻子、50匹马、6只赛跑用的狗，这个船夫认定世界上"没有一个地方像印第安乡下一样能够赋予男人如此多的选择和自由"⑯。并不是所有毛皮商人都愿意娶这么多妻子，但婚姻关系的价值不仅在于性、生活伴侣、家庭劳动、生育以及普及风土人情,更重要的是和原住民贸易伙伴拉近关系。而从女性原住民的角度,和白人毛皮商人结婚意味着更好的物质生活和本族内部更高的社会地位,还可能因此拥有终身伴侣。

梅蒂人

哈德孙湾公司和1818年后陆续到来的罗马天主教教士所禁止的"国家婚姻"创造出了一个新的民族,法国人称之为"梅蒂人",英国人则把他们当作"混血人"。他们建立起自己的社区,并形成与原住民和欧裔加拿大人不同的文化及身份认同。法国人的后裔说米其夫语(Michif)——一种兼杂法语和克里语的语言;而那些英国人的后裔则将克里语和奥克尼人的苏格兰方言结合,形成红河语(Bungi)。梅蒂人的音乐和舞步将原住民文化、法国文化和苏格兰文化融合在一起。在红河流域,梅蒂人开发出自己独特的交通方式——一种用木头制成的马车,其碟形车轮避免马车陷入草原的泥地之中。不同的种族在毛皮经济发展中都起到了至关重要的作用。很多英国雇员的男性后代在据点从事体力劳动,梅蒂人更多地担任船夫和向导。他们成为干肉饼的主要生产商和分销商。

然而,移民的到来改变了一切。1808年,苏格兰地主、慈善家、英国上议院议员塞尔柯克勋爵(Lord Selkirk)为了鼓励更多的农业人口定居在红河谷地,购买了哈德孙湾公司的股份。塞尔柯克早些时候曾经资助那些背井离乡的苏格兰佃户在爱德华王子岛和上加拿大定居,为他们提供更舒适的生活。当然,他之所以选择红河地区还有一个附加原因:为哈德孙湾公司提供食物,从而节省下大笔的进口开销。

1812 年，35 名移民来到殖民地，但坏血病夺走了很多人的生命。大草原的气候打消了他们种植小麦的念头。更令他们感到头疼的是西北公司的敌意。西北公司认为移民的到来会破坏其在蒙特利尔和内陆地区之间的联系。梅蒂人特别担心将殖民地建在他们的家园之上。事实证明他们的恐惧并非无稽之谈。殖民地总督迈尔斯·麦克唐奈尔（Miles Macdonnell）在 1814 年 1 月宣布禁止从该地区进口干肉饼。这样一来，西北公司的供应和梅蒂人的收入直接受到威胁。

在西北公司邓肯·卡梅伦（Duncan Cameron）的鼓励下，梅蒂人组建起了一支由卡斯伯特·格兰特（Cuthbert Grant）率领的民兵组织。暴力不断升级，1816 年 6 月，格兰特的军队在一个叫作"七棵橡树"的地方的一场遭遇战中杀死 20 名殖民者。塞尔柯克找来瑞士雇佣军加强殖民地防御，同时以谋杀罪起诉格兰特和其他梅蒂人领袖。但是法庭和一名英方代表认为，这并非梅蒂人对塞尔柯克定居者有预谋的屠杀。

冲突的发生让西北公司和哈德孙湾公司有足够的理由放弃他们极具毁灭性的竞争。在英国政府的高压下，两家公司在 1821 年正式合并，保留哈德孙湾公司的名字。公司管理者随即开始加强运作。红河居住区在经历了将近十年的衰败之后终于成为被遣散雇工的家园。在接下来的几十年里，那些不愿意重新回归英国或加拿大社区的退休者们也来到这里开始新的生活。

结　语

1763—1815 年，北美大陆北部地区和英国之间的联系得到巩固和加强。英国人和美国移民不断将这片曾经由法国统治的地区英国化。与此同时，美国发起的两次侵略以及战时贸易的扩张将东部殖民地在政治和经济上与英国更紧密地联系在一起。在西部边境地区，毛皮贸易的发展也起到了相似的作用。它将哈德孙湾公司地区的原住民人口逐步纳入英国商业和文化的轨道。这样的趋势一直持续到19世纪40年代，大英帝国将迎来又一场剧变，给英属北美大陆带来重大影响。

注释：

① Richard White, *The Middle Ground: Indians, Empires, and Republics in the Great Lakes Region, 1650–1815* (Cambridge: Cambridge University Press,1991), 288.

② William C. Wicken, *Mi'kmaq Treaties on Trial: History, Land, and Donald Marshall Junior* (Toronto: University of Toronto, 2003), 190–209.

③ John C. Weaver, *The Great Land Rush and the Making of the Modern World* (Montreal: McGill-Queen's University Press, 2003), 4.

④ John Reid, "Pax Britannica or Pax Indigena? Planter Nova Scotia (1760–1782) and Competing Strategies of Pacification," *Canadian Historical Review* 85, 4 (December 2004): 669–693.

⑤ Alan Taylor, *The Divided Ground: Indians, Settlers, and the Northern Borderland of the American Revolution* (New York: Alfred A. Knopf, 2006), 112–113.

⑥ For a recent analysis of the numbers and experience of the Loyalists, see Maya Jasanoff, *Liberty's Exiles: American Loyalists in the Revolutionary World* (New York: Alfred A. Knopf, 2011).

⑦ James Walker, *The Black Loyalists: The Search for a Promised Land in Nova Scotia and Sierra Leone, 1783–1870* (1976; reprinted, Toronto: University of Toronto Press, 1992).

⑧ Peter A. Baskerville, *Ontario: Image, Identity, and Power* (Don Mills, ON: Oxford University Press, 2002), 47.

⑨ There is an extensive literature on the Loyalists in British North America.

Historiographical issues are addressed in L. S. Upton, ed, *The United Empire Loyalists: Men and Myths* (Toronto: Copp Clark Pitman, 1967), and Norman Knowles, *Inventing the Loyalists: The Ontario Loyalist Tradition and the Creation of a Usable Past* (Toronto: University of Toronto Press, 1997). Overviews are provided by Christopher Moore in *The Loyalists: Revolution, Exile and Settlement* (Toronto: Macmillan, 1984), and Wallace Brown and Hereward Senior, *Victorious in Defeat: The Loyalists in Canada* (Toronto:Methuen, 1984).

⑩ Margaret Conrad, Toni Laidlaw, and Donna Smyth, *No Place Like Home:The Diaries and Letters of Nova Scotia Women, 1771–1938* (Halifax: Formac,1988), 53, 55.

⑪ On the War of 1812, see G. F. G. Stanley, *The War of 1812: Land Operations* (Toronto: Macmillan, 1983); George Sheppard, *Plunder and Profit and Paroles: A Social History of the War of 1812* (Montreal: McGill-Queen's University Press, 1994); and Alan Taylor, *The Civil War of 1812: American Citizens, British Subjects, Irish Rebels, and Indian Allies* (New York: Knopf Doubleday, 2010).

⑫ J. R. Miller, *Skyscrapers Hide the Heavens: A History of Indian-White Relations in Canada*, rev. ed. (Toronto: University of Toronto Press, 1989), 87.

⑬ The details of this expansion are described and mapped in "The Northwest," in *Historical Atlas of Canada*, vol. 1, ed. R. Cole Harris and Geoffrey J. Matthews (Toronto: University of Toronto Press, 1987), 143–169.

⑭ Cole Harris, "Voices of Smallpox around the Strait of Georgia," in *The Resettlement of British Columbia: Essays on Colonialism and Geographical Change* (Vancouver: University of British Columbia Press, 1997), 11.

⑮ Elizabeth Vibert, *Traders' Tales: Narratives of Cultural Encounters in the Columbia Plateau, 1807–1846* (Norman: University of Oklahoma Press, 1997), 138–139.

⑯ Carolyn Podruchny, *Making the Voyageur World: Travelers and Traders in the North American Fur Trade* (Toronto: University of Toronto Press, 2006), 10.

第五章　跨大西洋社群（1815—1849年）

蒙特利尔迎来了灾难年。1849年4月25日，一群愤怒的暴民来到立法机关火烧大楼，政客们仓皇而逃。这场暴乱持续了一周，最终被英国驻军平息。夏天之后，那些杰出的蒙特利尔商人对他们在英国自由贸易时代的生存状况十分绝望，他们为摆脱困境绞尽脑汁。10月，他们发布声明要求纳入美国。然而，很多欧洲国家在前一年都经历了起义的洗礼——1848年《共产党宣言》（Communist Manifesto）诞生，对于宣言他们已经司空见惯。再加上造反者大多是保守派 [今天称为托利党（Tories）]，而不是自由派和激进派，加拿大版的公共抗议便显得不值一提了。很显然，1812年战争之后很多事情都发生了改变。①

战后移民

1815—1850年，将近100万人从英国移民到英属北美大陆。在菲利普·巴克纳（Phillip Buckner）看来，这一时期移民带来的北美北部的英国化进程是大英帝国历史发展中的重要事件。② 毫无疑问，这也是加拿大历史上的重要篇章。19世纪50年代，移民潮有所减退，但移民社会的英国元素早已形成。1801年《联合法案》(the Act of Union) 将爱尔兰纳入大英帝国，250万爱尔兰人占据了英属北美1/4的人口，英格兰和威尔士人占20%，而苏格兰人则占16%。

1825—1845年，45万爱尔兰移民为了躲避政治压迫和饥荒来到英属北美的许多港口。他们中的1/3迁徙到美国。在1845年爱尔兰大饥荒的影响下，又有30万人接踵而至。在纽芬兰，爱尔兰后裔中有将近一半成为天主教徒。在战时殖民地时期，爱尔兰新教徒和天主教徒数量相当，而如今上加拿大吸引了大量的爱尔兰新教徒。在定居下加拿大的5万名移民中，爱尔兰天主教徒成为中坚力量。到了19世纪中叶，蒙特利尔人口的一半和魁北克人口的1/3视自己为英国后裔。

苏格兰人也开始在英属北美扎根。爱德华王子岛和新斯科舍是拥有苏格兰后裔比例最高的地区，其人口比例分别达到45%和33%。而在哈德孙湾公司占领的地方，苏格兰后裔也占绝大多数。和爱尔兰人一样，苏格兰人也坚守着自己的宗教信仰，其中包括高地人的罗马天主教传统以及在低地地区流行的长老会（Presbyterian）。新教苏格兰人在商人阶层中的比例稍稍高于其在总人口中的比例，他们中的很多人成为教育机构创始人。

1812年战争之后，英国殖民地对美国移民的吸引力逐步下降，美国人开始忙于开拓自己的疆域。非裔美国人是一个例外。正如美国独立战争中的情形，英国人为在1812年战争中支持英国而离开主人的奴隶赋予人身自由，1815年，有大约2000名黑人难民定居在新斯科舍和新不伦瑞克。1793年，锡姆科在上加拿大推行逐步废止奴隶制的法案，使那里成为自由黑人、难民和奴隶最向往的目的地。1833年，英国政府正式立法废除奴隶制，所有英国殖民地顿时成为黑人的

图 5.1 莎诺蒂提在她生命中的最后一年居住在慈善家威廉·艾普斯·科马克（William Epps Cormack）的家中。在那里，她通过素描描绘贝奥图克文化。这幅画中展现了河狸皮制成的盔甲、用于捕杀海豹和鹿的长矛，一个跳舞的女人以及各式容器。（图片由加拿大图书档案馆授权使用 / C－028544）

避难所。1850年颁布的《逃奴追缉法案》（Fugitive Slave Act）要求已经废除奴隶制的各州归还逃跑的奴隶，从而推动了非裔美国人的移民浪潮。上加拿大成为"地下铁路"（Underground railroad）的主要站点——"地下铁路"是指美国废奴主义者为那些想要摆脱奴隶制枷锁的奴隶提供帮助的秘密网络。[3]

到了19世纪中叶，只有不到2.5万名原住民仍然居住在东部殖民地。他们中的大多数生活在距离移民社区不远的自留地或者偏远地区，过着风雨飘摇的日子。至于被欧洲移民挤到内陆地区的纽芬兰贝奥图克人，生存更是难以为继。最后一个贝奥图克人死于1829年（图5.1）。那是一位名为莎诺蒂提（Shanawdithit）的年轻女性。生活在西部的10万余名原住民情况稍好,但是移民社区的发展仍然步履维艰,特别是在太平洋沿岸地区,美国人、英国人和俄罗斯人为统治地位角逐不断。

此时,美国仍没有放弃对英属北美进行领土扩张的想法。这样一来,解决领土争端就显得十分重要,也可以为吞并领土寻找借口。1842年,《韦伯斯特-阿什伯顿条约》(Webster-Ashburton Treaty)对新不伦瑞克和缅因之间以及五大湖区的边界进行了划定。两年后,美国总统候选人詹姆斯·波尔克(James Polk)威胁要把美国领土扩张到阿拉斯加,并提出"以北纬54度40分划界,否则开战"(Fifty-four forty or fight)的竞选口号。这样的举动迫使英国政府重新回到谈判桌前。1846年,《俄勒冈协定》(Oregon Treaty)将边界划在太平洋沿岸,1849年温哥华岛成为王室殖民地,首都设在维多利亚(Victoria)。同年,淘金热在加利福尼亚爆发,吸引了全世界的移民者不远万里来到北美。在不到十年的时间里,弗雷泽和汤普森河沿岸都发现了金子,探矿者蜂拥而至。这时,英国政府又一次迅速掌控局势,于1858年建立起名为"英属哥伦比亚"的殖民地,首都位于新威斯敏斯特(New Westminster)。英国人的司马昭之心路人皆知。

尽管北美大陆北部似乎和外界联系不多,但仍吸引着探险家们去寻找西北通道。其中意志最坚定的当属约翰·富兰克林(John Franklin)爵士。他先后三次(1819年、1825年和1845年)进入北极地区。在他失踪之后,又在1847—1859年激发了30余次营救行动。在搜寻富兰克林的过程中,一支由罗伯特·麦克卢尔(Robert McClure)率领的探险队完成了对北极地区的徒步穿越。直到20世纪80年代,阿尔伯塔大学的搜寻者们才找到富兰克林探险队中几名队员的遗骸。他们死于坏血病、铅中毒以及严寒,他们在绝望之中甚至曾尝试通过吃人肉活下去。④

虽然土地、有酬劳动、财富和探险吸引着移民来到英属北美,但他们的经历往往充满悲剧色彩。他们中的很多人并未到达目的地,往往途中就葬身于比棺材船大不了多少的地方。对于那些成功跨过重洋且有钱买下土地的人来说,斗争才刚刚开始。即便是对于已经习惯了耕地生活的人来说,在边境地区建立起农场也是极大的挑战,更何况实际情况并非想象中那样。许多移民之前或是被遣散的军人,或是城市里倒霉的劳动者。他们或许愿意成为乡绅或者自耕农,但现实总是会挫伤他们的身体和斗志。⑤

移民的到来引发了对土地、职业以及地位的争夺,社会紧张度也随之增加。上加拿大是这一时期大多移民者的目的地。在那里,早到的美国人和迟来的英国人之间的矛盾日益突出。在19世纪30年代和40年代的渥太华河谷,爱尔兰帮派和法裔加拿大人为了争夺林业工作先后两次爆发名为"木工之战"(Shiners' War)的战争。在上加拿大修建运河的爱尔兰人不仅和利欲熏心的雇主们展开斗争,还为了争夺收入卑微的建筑工作进行激烈的内部竞争,有时甚至拳脚相加。在下加拿大,圣劳伦斯成为绝大多数移民者的必经之地。法裔加拿大人谴责英国人企图通过外来者传播疾病来消灭他们。1832年春天,船队抵达下加拿大,5000多人死于随之而来的霍乱。随后一个新的移民站在圣劳伦斯地区的格罗斯(Grosse Île)建立起来,它与魁北克相距不远,但这并没有阻止1834年霍乱的再次爆发,2358名下加拿大人死于其中。

商品经济

随着外来人口的到来,殖民地的数量也急剧增加。工业革命重构了英国经济,引发了1815年之后的人口流失,同时带来了对殖民地商品更大的需求,其中便包括重商主义下在英国市场上颇受喜爱的鱼类、毛皮、矿产、木材及小麦。1846年，英国推行的自由贸易引起了诸多殖民地制造商的焦虑，但他们最终还是经受住了危机的考验，并在19世纪50年代、60年代的全球贸易扩张中收获颇丰。

在英属北美地区，没有一个地方像纽芬兰一样对一种单一商品有如此强烈的依赖。1815—1914年，殖民地每年平均生产100万英担的腌制鳕鱼，绝大部分出口到南欧、巴西以及英属西印度群岛。此外，海豹皮和海豹油贸易利润丰厚，海豹油可以用来照明或者制作润滑剂。捕杀海豹虽然是一份十分危险的职业，但在19世纪50年代的高峰期，1.4万名"冰猎手"以此为生，他们能够创造出殖民地出口产值的1/4。

本地及英国市场对木材的需求推动了林业在英属北美东部地区的长足发展。冬天，男人们在树林中伐木，然后通过河流将木材运送到锯木厂。农民通过制造木棍、箍圈和木桶增补收入。与此同时，在英国和殖民地资本家的资助下，造船业成为林业最重要的增值产业。圣约翰成为沿海地区最大的造船中心，几乎每个叫得出名的港口都在制造船只。1851年，魁北克成为加拿大最大的造船港，拥有7家造船厂，雇用员工达1338名。除了造船、卖船，殖民者还参与到迅速扩张的运输业中，满载货物航行在七大洋上。

19世纪中期，有超过一半的东部殖民地人口居住在混合型农场。他们生产肉类、谷物和蔬菜，在自给自足及满足本地需求的情况下，剩下的则在邻镇或更远的地方出售。在沿海地区，满载着土豆和鱼干的轮船驶向西印度群岛。上加拿大成为英属北美地区的谷物生产基地，截至1850年，那里很多农场的小麦出口能带来将近一半的现金收入。反观下加拿大，土地贫瘠和封建领主份额的减少迫使农场主从种植小麦转向种植混合作物和养殖家畜。1851年，在下加拿大的农村地区，农业劳动者和农场主的数量基本持平。这也印证了一个事实：封建领主制已经无法维持不断增长的农村人口。

1821年之后,哈德孙湾公司实质上已经垄断了英属北美地区的毛皮贸易。公司官员简化了原西北公司的管理,同时向太平洋沿岸和拉布拉多地区扩张贸易。贸易使得毛皮动物的数量减少,其中受影响最大的是平原水牛。因为水牛皮制作的坚固的皮带,可用于工厂机械的电力传输。美国本土对水牛皮不断增加的需求量,给参与贸易的原住民带来了更多的收入。然而大规模屠杀平原大型动物导致这些物种在19世纪70年代濒临灭绝,进而引发食物供给的危机。

开发英属北美地区的矿产资源取得了良好的开端,充足的煤炭资源满足了不断增加的工业需求。1826年,伦敦通用矿业协会开始开发新斯科舍的煤炭资源,并对这一地区形成垄断。公司将技术熟练的英国采矿工人带到位于布雷顿角和皮克图县的煤田,引进包括蒸汽机、轮船以及早期铁路在内的现代科技。1852年,哈德孙湾公司雇用苏格兰和原住民劳力,开始在太平洋沿岸距离纳奈莫(Nanaimo)不远的地方开采煤炭资源。

19世纪上半叶,随着人口数量的不断增长,商业活动也得以扩张。诸如酿造、蒸馏和磨粉在内的消费品工业带来了巨大的利润,大大小小的社区零售商人出售本地和进口商品。工匠们制造鞋、衣服、马车、马鞍以及其他消费品,随处都需要铁匠、马车夫和家佣。银行机构的建立证明了殖民地财富正在逐步积累。1812年战争之后,蒙特利尔银行(1817年)、新不伦瑞克银行(1820年)、上加拿大银行(1821年)以及哈利法克斯金融公司(1825年)相继营业。

虽然原材料和其他商品贸易推动了殖民地经济的发展,但是整体上人们的安乐生活依然依赖季节性的家庭生产。前工业时期,农村家庭的大部分食物、衣服、住所都能够实现自给自足,剩余部分换回的收入则用来购买茶叶、香料及金属制品。这其中最重要的是,包括儿童在内的每个家庭成员都一起工作来支撑家族经济(图5.2)。女方育龄期,夫妻一起生活的家庭人口较多,他们平均拥有七八个孩子。婴

图5.2 1834年，W.P.麦凯绘制的《清理城镇土地：新不伦瑞克的斯坦利地区》。图中的情景在英属北美定居区十分普遍。为了尽快安顿下来，移民者砍伐树木，燃烧残株，时常会引发火灾。破坏最严重的一次森林大火发生在1825年新不伦瑞克的米拉米希河。火势吞噬了超过200万公顷的土地，同时造成160人和无数动物死亡。（图片由加拿大图书档案馆授权使用/C-000017）

儿的死亡率很高，5个孩子中就会有1个未满周岁即夭折，每20次分娩中就有1个母亲死去。除了上述残酷的现实，感染、疾病、缺少营养以及事故都可能造成死亡。殖民时期的英属北美大陆的男性和女性的平均寿命只有50岁左右，只要能够活到20岁，寿命便可以再延长10年。

19世纪上半叶，每5个英属北美人中就会有不到1个生活在人口数量不少于1000的社区里。19世纪中叶，人口最多的两大城市是蒙特利尔（5.7万）和魁北克（4.2万）。多伦多、圣约翰和哈利法克斯都宣称拥有3万人。蒙特利尔因为拥有来自拉欣运河（the Lachine Canal）的充足的能源供应及从农村封建领地重压下走出的廉价劳动力，逐步成为重要的工业和加工业中心，同时也是与上加拿大进行小麦、木材贸易的枢纽。1850年，蒙特利尔已经成为所有英属殖民地中人口最多、最具活力的地方。

商业贸易将英属北美的城镇和农村连接起来。贸易甚至拓展到了定居区的边缘地带。在加拿大，蒙特利尔和多伦多逐渐成为集陆路、水路以及铁路为一体的通往经济腹地的交通枢纽。在大西洋地区，整年的海洋交通迫使哈利法克斯、圣·约翰、夏洛特敦以及圣约翰斯（St. John's）不得不和波士顿、纽约、利物浦和伦敦争夺地区经济的控制权。和维多利亚海上联系最为紧密的是旧金山，后者伴随着加利福尼亚淘金热的到来发展迅速。随着美国边境定居区的不断西移，红河殖民地的居民不可避免地受到了来自南部邻居的影响。

小世界

在成分构成多样的北美大陆，各殖民地竭力塑造自身独特的身份认同。他们很快将流行于北大西洋世界的阶级、民族、性别及种族等级划分复制过来。此外，他们还颇具创造性地将权势等级本土化。

英属北美并没有实现1791年《宪法法案》制定者设想的世袭贵族制，但是那些紧密联系在一起的，由商人、专业人士和政客各自组成的小派系统治着殖民地生活的方方面面。在北大西洋世界，精英女性通过婚姻在自己的生活范围内巩固并永久性拥有权力，同时在帮助穷人的慈善机构中扮演核心角色。这些殖民地精英作为个体可能会经历失败，但作为一个群体他们的实力愈发强大。迈克尔·卡茨（Michael Katz）在19世纪中叶对上加拿大的汉密尔顿（Hamilton）进行了研究，并得出下面的结论，即在19世纪50年代，10%的成年男性掌控着城市的经济、政治和社会生活。⑥

劳动者阶层通过季节性的手工作业谋生。对于部分英属北美人而言，雇佣劳动或许只是生命旅程中的一个阶段，挣点小钱之后还是要回归家庭农场或者自己经商，但是越来越多的人毕生都从事雇佣劳动。大多数技术精良的劳动者，例如印刷工和领航员，能够得到可以满足生活需要的工资；然而缺乏技术的劳动者的收入却少得可怜，也更易受到经济起落、季节变化和实物（而非现金）报酬的冲击。渔业和木材生意孕育了实物工资制。商人向工人提供季节工作所需要的设备和其他供应品，作为获得劳动产品的回报。许多工人从来没有见过工资，只是通过债务和商人供应者永久捆绑在一起。相同的情况也经常发生在农业社区里。那里的商人拥有对负债农场的抵押权。在下加拿大和爱德华王子岛，拖欠封建领主和业主的租金屡见不鲜，佃户可以被强制驱逐出他们的土地，虽然这样的情况并不常见。

在这一历史时期，贫困和其他社会问题接踵而来，营养不良、疾病和夭折随处可见。贫困出现在移民船只上，同时在许多原住民保留地蔓延开来。越来越多的乞丐蹒跚着挨家挨户寻求帮助，不过即便邻居和亲戚愿意相助，庄稼歉收仍会使一个农业家庭面临饥馑。如果没有这些帮助，情况可能是致命的。关于饥饿和寒冷致死的新闻报道虽有见诸报端，给互助社、慈善机构以及政府有限的援助能力带来巨大的压力，但日常的贫穷并未引起公众注意。

削弱女性主体观念的性别规范强化了阶级差异。根据在下加拿大以外地区通行的《英国习惯法》，男性被认为是家庭的头领，妻子和孩子则在他的统治之下。丈夫拥有对家庭财产的绝对控制权，只有在他去世之后妻子才能获得财产的1/3。大多数男人愿意将财产留给儿子或其他男性亲属。《巴黎习惯法》被广为接受的下加拿大，财产虽然归夫妻共同所有，但丈夫拥有管理权。活下来的寡妇有权获得遗产的一半，另一半则平均分配给子女。

在这两个政权中，女性都可以签署一份协议，获得对其陪嫁财产的掌控权。对于自主经商的女性，获得独立女性地位也是一个选择，但很少有人通过这样的方式取得独立。爱和相互尊重会在一定程度上限制男性对妻子的权力，但是关系远近亲疏仍受丈夫主导。[⑦]由于丈夫有权惩戒妻子和孩子，家庭暴力难以控制。离婚率的上升对社会稳定造成的威胁困扰着教会和政府。如果一个女人选择离开她的丈夫，她将一无所获，孩子的抚养权也会归父亲一方所有。

在大多数父权社会里，女性的性和生育能力被小心翼翼地控制着。女孩和成年女性在家庭中被监督，来自教会、政府以及社区的压力催生出一套严格的行为准则，约束着她们的性行为。在法裔加拿大和英国文化中，如果婚姻受到了社会的广泛质疑，例如寡妇在丈夫死后不久便再婚，或者一对夫妇在年龄和宗教信仰上差异过大，那么一场"闹剧"在所难免，有时甚至会演变成对冒犯了习俗的夫妇的暴力攻击。年轻女性如果未婚先孕，特别是如果没有家庭能够分担羞辱或是帮忙照顾孩子，有时候这个婴儿生下来便会被杀死。虽然杀婴、堕胎、强奸和同性恋依照法律将被处以死刑，但事实上他们得到的惩罚却没有那么重。对于贫穷的女性，成为家仆或者妓女是她们唯一的选择。这两个职业在一些港口城市发展得很好，特别是在那些有常备驻军的地方。

到19世纪中叶，人道主义情怀席卷北大西洋世界，但殖民地的种族歧视仍然随处可见。原住民特别委员会在1837年向英国下议院表示，谴责针对殖民地土著的"大量犯罪"，同时敦促其"遵循正义，保护他们的权利"[8]。然而实现这一远大目标的过程却不顺利。在委员会提交了报告之后，制定针对原住民政策的职责慢慢从英国人过渡到殖民地政府身上，比起英国议会，后者更不愿意把钱花在有需要的地方。1850年，W.B.罗宾逊（W. B. Robinson）和上五大湖地区的奥吉布瓦人签订了一系列上加拿大协定，增加了一些新的条款，其中便包括拥有对在自留地内开采出的矿物的征税权。但是这些条款的实施却很难得到保障。

在红河殖民地，种族差异成为标志性的特征。到1850年，红河殖民地的人数大约为5000，他们中的大部分是不同种族融合繁衍的后代。说法语的梅蒂人有着自己的语言和宗教信仰，过着较为封闭的生活。说英语的商人和女性原住民的孩子认为自己比说法语的人更加优越，希望得到和欧洲人一样的尊重。婚姻选择反映出红河殖民地社会的种族等级观念。19世纪20年代，大部分毛皮商人在迎娶农村妻子的时候更愿意与白人家庭的女儿结婚，而不是原住民女性。哈德孙湾公司的最高长官乔治·辛普森（George Simpson）在1829年和他的苏格兰表妹结婚之前，与好几位农村女性建立起夫妻关系。玛格丽特·泰勒（Margaret Taylor）是他农村妻子中的一位，她意识到在弗朗西丝·辛普森（Frances Simpson）带着她的钢琴到达红河之后，她和两个孩子就会被"断绝关系"⑨。

尽管殖民地反奴隶制情绪高涨，黑人无论走到哪里都仍然要面临种族歧视。拥有土地的黑人在英属北美可以参加投票，但在新斯科舍做同样的事情却会受到恐吓。1850年，上加拿大实行种族隔离的学校被正式关闭，但在其他地方这样的学校仍在暗地里正常开放。1849年8月，400人聚集在查塔姆抗议政府开辟黑人居住区。抗议者随即发表决议："本次会议得到如下结论，政府将本省大量公共土地售卖给外国人，特别是卖给属于人类家族的不同分支的黑人，这是违反宪法、不明智以及不公平的。"⑩

和种族歧视一样，宗教偏见就像一片乌云笼罩在关系本就纷繁复杂的英属北美地区上空。法律剥夺了罗马天主教徒投票和获得土地的权利。1829年，在英国废除对罗马天主教徒的民权限令之前，他们不能在殖民地的公共场合进行礼拜。随着爱尔兰移民的到来，宗教仇恨逐步加剧。19世纪30年代，以照顾宗教成员、维持新教对罗马天主教的统治为目的而成立的橙带党（orange order）在所有殖民地发展起来。橙带党成员认为新教徒比天主教徒更适合担任政治职务。他们还发动暴力事件破坏选举和一年一度的庆典，使得宗教敌对状态一直存在。

与此同时，罗马天主教徒则利用政府的宽容进一步拓展他们在

图 5.3 1859 年，下加拿大格里姆斯比（Grimsby）卫理公会集会。卫理公会传道者在户外巡回召开乡村式集会，尝试吸引更多的皈依者。（图片由加拿大基督教联合会档案馆提供，多伦多 / 90.162P/ 2019N）

新教徒社会中的控制势力。罗马天主教教会在下加拿大的话语权显著上升。19 世纪 40 年代，耶稣会回归上述地区，神父影响力得到增强，教皇权（即教皇至上论）得到巩固。1840—1876 年，在蒙特利尔主教伊尼亚斯·布热（Ignace Bourget）的领导下，罗马天主教集团巧妙地融入殖民地政治体系，在挫败自由主义势力的同时限制了世俗国家在法律、教育以及社会福利等事务上的作用。蒙特利尔的宗教情绪十分高涨。1853 年，军队镇压了一场主要由爱尔兰天主教徒发起的暴动。暴动发生时，著名的反教皇意大利爱国者亚历桑德罗·加瓦齐（Alessandro Gavazzi）正在礼堂进行讲座。冲突造成 10 人死亡，多人受伤。

在每个殖民地，英国国教会的牧师总想独享为高等教育拨款和主持婚姻的权利。在上加拿大，他们希望能够支配售卖教会保留地的所得税。然而人数优势却没有站在他们一边。在北美的其他地区，英属北美人越来越多地受到福音主义信仰的吸引，这一信仰强调个人虔诚、私人转化以及政教分离。这样的想法分明是对罗马天主教和英国国教会所推崇的保守价值观的挑衅，也契合了追求个人自由和民主权利的世俗诉求。比起福音教派（Evangelical），卫理公会派（Methodist）和浸信会派（Baptist）教堂在殖民地发展得更快。当然，贵格会（Quakers）、路德教派（Lutherans）、公理教会（Congregationalists）以及一些小的宗教分支也都拥有自己的信徒。无论选择何种布道方式，为获得更多的信徒基督教教会间展开竞争，极大地推动了英属北美地区知识、社会和政治生活的发展（图5.3）。

发展中的政治文化

政治制度改革成为英属北美地区改革的重点，除此之外没有别的可能。当美国和法国将权力下放给"人民"而不是那些天赋神权的世袭君主时，天下大乱。被他们放出来的政治妖怪注定无法回到瓶中。英属北美人在改革方面有很多选择——英国的议会民主制、美国和法国成熟的共和制或社会主义。1848年，在社会主义呼声的影响下，抗议活动席卷欧洲很多国家的首都。对于那些悲叹传统政治制度消亡的人们，欧洲同样提供了范本。王室和贵族势力所代表的保守主义在英国仍有一席之地。而诞生于退隐世纪的教皇制也威胁着冒着被逐出教会危险追求自由主义和社会主义的罗马天主教徒。[⑪]

巨大的社会苦难引发了政治动荡。英属北美的所有东部殖民地都在1815—1855年间逐步从皇权统治过渡到责任政府。在责任政府制度下，执行委员会（内阁）由选举产生的议会中的多数党组成，其执政权需要得到议会通过才能实行。经过不断修改完善，这一政治制度一直被加拿大沿用到今天。尽管和之前的等级制度相反，责任政府并不是真正意义上民主的完全胜利。在责任政府制度下，只有一小部分特权拥有者成为政治掮客，这似乎也是一种权宜之计。英国议会仍然拥有在国防、外交以及宪法修订等方面的立法权，可以否决违背皇室政策的殖民地提案。

回顾历史，关于殖民地政治制度是如何发展起来的问题似乎并无争议，但对于其他选项，例如如何成为美国的附属物则难下定论。有些人认为殖民地或单枪匹马或联合起来都可以自行其道。殖民地成为大英帝国统治下的自治政府，是因为很多殖民地公民来自古老的国家，且英国作为世界霸主在经济和军事方面能够提供很多帮助。当然，自治体系也并非适用于任何一个殖民地。与此同时，北美大陆北部地区的民主进程加速，英属西印度群岛的民选议会被取消，取而代之的是征服时期之后的三十年中统治魁北克的方式。只有由具有英国血统的白人组成的定居者社区可以实现自治。

历史学家纷纷将目光投向1837—1838年的上、下加拿大，因为那里发生了叛乱。但是每个殖民地都在政治改革的方向上做出了自己的选择。随处可见的是，反对的声音逐渐演化成选举大会中的反叛者和总督及其顾问团间的斗争。这些顾问总能得到伦敦的殖民事务办公室的支持。斗争的主要议题还是谁能够获得权力，但辩论通常围绕着国库的控制权、任免权分配——政治任命、王室土地分配以及政府合同签署进行，这些权力通常掌握在少数政府官员和富商手中。不可避免的是，阶级、种族以及宗教信仰使局势变得更为复杂，经济发展如过山车般大起大落，农业危机、渔业萧条以及自由贸易的推行都加剧了社会的紧张。

对于那些被剥夺了选举权的人来说，在这一时期实现政治参与十分艰难，但也并非绝无可能。原住民领袖不断要求获得土地和赔偿，他们甚至来到伦敦表达自己的主张。由于被剥夺了投票和从事政治事务的权利，为维护自身利益，女性代表呼吁改革并在请愿书上签字。1848年，一些女性在纽约塞内卡瀑布（Seneca Falls）签署由改革家发起的《感伤宣言》（Declaration of Sentiments），要求获得更多的权利。那些佃户认为自己是非民主时代的牺牲品，有时会通过暴力手段摆脱来自贵族土地政权的枷锁。事实上，责任政府出现前后的政客们都在尽力压制19世纪席卷北大西洋世界的喧闹改革冲动。

加拿大叛乱

下加拿大的政治局势最为紧张。法裔加拿大中产阶级被夺权，征服带来了挥之不去的仇恨，这在封建领土农业危机的刺激下不断发酵。历史学家们在分析下加拿大叛乱究竟是一场民主革命还是民族主义爆发的问题上持有不同观点，但文字记载似乎表明两种情况同时存在。⑫ 上加拿大吸引了这一时期的移民主潮，他们在意识形态方面界限分明。虽然新旧定居者之间矛盾重重，但大多数改革者都赞同一件事情，即殖民地公民并不拥有大英帝国公民所拥有的基本政治权利。唯一的问题便是改革者是采用激进还是温和的方式来推行这场改革。

在下加拿大，由律师兼封建领主的路易斯－约瑟夫·帕皮诺（Louis-Joseph Papineau）领导的法裔加拿大人党（Parti canadien）极力要求减少魁北克沙托派（Château Clique）的权力，这个派系整天围在总督沙托·圣路易（Château St.-Louis）的身边。法裔加拿大人党在国家资助建设圣劳伦斯河运河的提案面前选择退缩，同时以获得新的封建领土为条件，同意为东部城镇的移民社区投资修路。这样的举动使得种族和阶级关系持续紧张。1822年蒙特利尔商人和他们的皇家同盟试图联合上、下加拿大减少法裔加拿大人控制的议会的权力,但加拿大人党和罗马天主教会一起很快化解了这场阴谋。

加拿大人党巧妙地获得了选举的胜利,但是执政者对议会要求的不闻不问带来了巨大转折。1826年,加拿大人党改名为爱国者党(Parti patriote),并开始推行新政,一举激发了法国和美国革命者的斗志,民不聊生。1834年初,爱国者们在议会上提出92项议案,要求由议会选择确定行政委员会、选举产生立法委员会、同意议会享有政府任命权以及薪水制定权。如果英国政府拒绝接受提议,那么议案会带来对《独立宣言》的潜在威胁。随着温和派逐渐退出爱国者党,说英语的激进者们在爱国者党的旗帜下赢得了1834年选举的议会席位。埃德蒙·奥卡拉汉(Edmund O'Callaghan)和沃尔弗雷德·尼尔森(Wolfred Nelson)便是其中的两位。然而,立法进程的僵局仍然难以打破。为了使议会就范,殖民大臣约翰·罗素(John Russell)勋爵在1837年3月签发了十项议案,否决了通过选举成立执行委员会、立法委员会的提案,同时授权新任长官戈斯福德(Gosford)勋爵可不经过议会同意使用税收款项。身处困境的爱国者党下决心通过不合作运动推翻英国的统治,必要时不排除采取武力手段。

1837年夏天,两个议会党团——效忠者组成的多利安俱乐部(Doric Club)和自由之子组织(Fils de la liberté)打了起来。紧接着戈斯福德勋爵解散议会,同时拒绝为支付政府雇员的薪水提供长期资助,局势进一步恶化。1837年12月,爱国者党中央委员会在经历了经济抵制、结盟和请愿后要求召开立宪会议。11月6日,和对立派系之间的冲突成为戈斯福德逮捕爱国者党领袖的借口,他继而从其他英属美国殖民地调来军队镇压抗议运动。帕皮诺逃往美国,其他爱国者党领袖则拿起武器选择战斗。

11月23日,一支由沃尔弗雷德·尼尔森率领、由当地爱国者组成的军队在黎塞留河的圣丹尼(St. Denis)击败了英国军队。两天之后，英军卷土重来，在圣夏尔（St. Charles）击败了重新部署的爱国者。在接下来的几个星期里，英军和他们的支持者在圣夏尔和爱国者党要塞圣厄斯塔什（St. Eustache）、圣伯努瓦（St. Benoît）抢掠焚烧，造成大量伤亡。军事管制之后更多的爱国者领袖逃过边界，在美国同情者的协助下进行重新部署。1838年11月，他们入侵下加拿大，在获得4000名支持者后继续向蒙特利尔进发。由于力量对比悬殊，爱国者军难求一胜。政府逮捕了850名爱国者，其中12人被处以绞刑，58人被驱逐到澳大利亚流放地，另有2人被流放（图5.4）。

上加拿大改革党的凝聚力更弱，但他们面对的对立派"家族盟约"旗鼓相当。土地问题成为上加拿大改革的焦点。作为土地控制的既得利益者，家族盟约抵制土地改革，反对对教会保留地（或者至少是从所有宗教教派那里分得的土地）进行世俗化，不同意增加民选议会的话语权。改革者们则团结在一起努力捍卫出生在美国的上加拿大人的公民权。这些人的土地所有权和选举权问题直到1828年才得到英国政府的妥善解决。在议会选举过程中，寡头集团得到了来自英国移民的大力支持，他们反对那些所谓的亲美改革家，还与橙带党和罗马天主教集团结成联盟。

上加拿大的改革派出现了严重的分化。温和派的代言人是爱尔兰新教贵族的后裔威廉·鲍德温（William Baldwin），以及他的儿子罗伯特·鲍德温（Robert Baldwin），后者在委员会成员能够得到大多数民选议员支持的前提下，准备接受执行委员会。激进派在苏格兰裔新闻工作者麦肯齐的带领下提出进一步要求，要求包括执行委员会在内的所有政府职务都要遵循一样的选举原则。和下加拿大不同，上加拿大的改革者有时会失去对议会的控制，选举竞争出现了前所未有的激烈场面，和1836年选举不相上下。总督弗朗西斯·邦德·海德（Francis Bond Head）声称改革派支持加入美国，他操纵选举过程，在选举现场默许橙带党恐吓投票人。改革派大呼不公正，但最终还是败下阵

图 5.4 1838 年下加拿大博阿努瓦起义,凯瑟琳·简·爱丽丝(Katherine Jane Ellis)绘制。1838 年 12 月,艺术家和她的家人被起义军扣为人质,直到英军抵达才释放了他们。(图片由加拿大图书档案馆提供 / C−013392)

来，只获得了选举议会63个席位中的17席。海德的做法打击了温和派，麦肯齐参照美国的模式创办了《宪法报》(Constitution for Upper Canada)，同时使老百姓相信军事起义是他们唯一的选择，并组织他们团结起来。

起义以一场大败告终。下加拿大局势的变化迫使麦肯齐在多伦多的支持者们将攻打首都的日期提前到12月4日。但是战争改期的消息没能及时通知到所有起义者，他们的战斗力锐减，更何况海德总督很快集结了1500名志愿军积极迎战。麦肯齐的400兵力很快被冲散。多伦多起义的消息传到伦敦区，查尔斯·邓库姆（Charles Duncombe）很快组织当地民兵进行抵抗，但面对武器更精良的亲政府志愿军很快败下阵来。寡不敌众的情况也发生在殖民地的其他地区。

在1837年上加拿大起义中，885人被捕，其中将近一半拘捕发生在多伦多和伦敦。大多数被捕者是生活稳定的农民和零售商，年龄比一般的起义者大很多。他们的祖先更多来自美国而不是英国。有两人因参与起义而被处以绞刑：出生在宾夕法尼亚的农民兼铁匠塞缪尔·劳恩特（Samuel Lount）和农民彼得·马修斯（Petter Matthews）。马修斯的父亲是以效忠者身份参加了1812年战争的一名退伍老兵。

麦肯齐和其他起义领袖逃到了美国。在美国同情者的帮助下，他们重新部署军队。此时，下加拿大的起义军越过边界发动袭击。英军重兵集结，因其自身缺少战斗热情，再加上美国政府不愿支持起义军而疏远英国，这一切都决定了起义军的努力势必付之东流。1838年1月14日，麦肯齐不得不从尼亚加拉河与加拿大相邻的海军岛撤退，同时宣布成立上加拿大共和国。接下来的反抗很快都被镇压下去，等待起义者的只有酷刑。

责任政府

殖民地终于得到了英国政府的关注。1838年,德拉姆伯爵约翰·乔治·拉姆顿(John George Lambton)被任命为英属北美新任总督,并被要求对加拿大叛乱进行调查。作为英格兰纽卡斯尔(Newcastle)煤矿的继承人,他对政治改革持相对开放的态度,但是,正像他的很多同乡一样,他仍是英国优越文化的忠实拥趸。德拉姆伯爵在殖民地只待了几个月便完成了调查报告。他在报告中提出了两个建议:将上下加拿大合二为一、建立责任政府。

德拉姆站在上加拿大温和派改革者的立场上,将殖民地的缓慢发展归咎于家族盟约。德拉姆认为政治改革会削弱殖民地的寡头统治,但他也对法裔加拿大人心存怀疑,认为他们思想落后,是一群"没有文化和历史的人"。他认为发生在下加拿大的叛乱是"一个国家内两个民族间"的敌对,并不是政治理念不同。为了促进和谐与进步,德拉姆建议将两个加拿大合并,并将英语设为新殖民的官方语言,从而削弱法裔加拿大人的势力。

1840年,英国议会讨论了德拉姆提出的第一项议案,通过了《联合法案》并建立加拿大联合省。但是成立责任政府的提案因过于冒险而被否决,恢复了起义前的政治制度。不难理解的是,一个混杂的殖民地到哪里都不招人喜欢。84个议会席位被平均分配给了上加拿大和下加拿大,上加拿大人担心法国人和天主教徒的统治地位,而下加拿大的法裔加拿大人则对由讲法语的代表占多数的议会构成满腹牢骚。

起义结束后,人们对共和主义失去了信任,但温和派改革者们重振旗鼓,继续为实现责任政府而斗争。这场斗争有两个领袖:加拿大西区的多伦多律师罗伯特·鲍德温,加拿大东区的律师兼前爱国者党成员路易-伊波利特·拉方丹(Louis-Hippdyte La Fontaine),二人遥相呼应。虽然曾被很多法裔加拿大人视为叛徒,拉方丹还是逐步取得了他们的信任,并与逐渐恢复元气的罗马天主教会和解,答应不通过社会制度钳制他们的势力。虽然这对盟友的关系看起来有些微妙,但同盟还是在发展的关键时期为改革党在上加拿大赢得了足够多的票数。[13]

改革者们和历任总督的斗争一直持续到英国方面的局势朝着有利于他们的方向发展。1846年自由贸易政策开始实行,皇室权威对殖民地政治改革的态度逐渐软化。1848年选举中,改革党在加拿大东区和西区重新获得了多数票,新上任不久的总督埃尔金勋爵(Lord Elgin)依照殖民事务办公室的指示,责成拉方丹和鲍德温组成政府。埃尔金很清楚当下的局势,他不得不签署议会通过的法案,即便他个人并不赞同。

这时保守党感受到了英国在政治和经济上的背叛,这使他们没有了退路。拉方丹-鲍德温政府通过议案,承诺向在起义中遭受损失的下加拿大人提供赔偿,但很多下加拿大人却对起义持肯定态度。一群保守党组建的暴徒在蒙特利尔攻击了总督的马车,烧毁了曾经诞生了很多被人们憎恨的法案的政府大楼。蒙特利尔很多杰出的商人对自己在自由贸易和责任政府时代的前景感到绝望。他们中的一些人,甚至包括未来的加拿大总理,选择加入美国——要知道此举被很多阶层视为叛国。

主题变化

就在联合加拿大成立责任政府的时候,新斯科舍人已经创造了历史。1847年,副总督约翰·哈维(John Harvey)爵士在殖民地大臣格雷(Grey)勋爵的授意下,从在议会中占多数的党派中选拔顾问团。

改革派在同年晚些时候举行的选举中获胜。1848 年 2 月，杰姆斯·波义尔·尤尼亚克（James Boyle Uniacke）领导的自由政府成为大英帝国第一个"责任"政体。新闻工作者约瑟夫·豪（Joseph Howe）字正腔圆地为新斯科舍的政治改革代言，但因冒犯英国政府而被剥夺了政党领导权。1835 年，他曾在一场著名的审讯中为自己辩护，否认统治精英阶层对自己诽谤罪的控诉。

土地问题的讨论为爱德华王子岛的政治生活注入了活力。19 世纪 30 年代早期，地主仍然控制着殖民地 90% 的农田，岛上 3.3 万居民中，65% 是佃户或者擅自占地者。威廉·库珀（William Cooper）曾经担任詹姆斯·汤森（James Townsend）勋爵的地产经纪人。1831 年，他在一场艰苦的选举中获胜，在岛立法机构赢得一席之地，为实现"我们国家的自由和农民的权利"而努力。接下来，他成为归还运动的领袖，并在 1838 年的选举中大获全胜。但是当库珀来到伦敦请求归还土地的时候却遭到了拒绝，甚至没有机会见到殖民地大臣约翰·罗素。从那以后，爱德华王子岛的改革便以建立责任政府为目标，这一目标在 1851 年得以实现。

新不伦瑞克成为典型的"木材殖民地"。副总督对售卖、租用和经营王室土地所得的税款拥有支配特权，这也成为议会改革的对象。1824 年，托马斯·贝利（Thomas Baillie）被任命为王室土地行政长官，土地斗争随之加剧。人们认为贝利将官僚作风带到了王室土地的管理机构，他在几乎未得到殖民地居民任何支持的情况下，还是创下了殖民地财富拥有量的最高纪录。查尔斯·西蒙（Charles Simonds）是新不伦瑞克木材贵族中较有影响力的一位，也是新不伦瑞克银行的行长。他在议会上努力争取从王室土地税收中分得一杯羹。殖民地事务办公室的官员们意识到改革派在新不伦瑞克得到了大多数有权势之人的支持，于是同意将王室土地税收收入转交给议会，从而得到了支付政府雇员薪水的承诺。副总督阿奇博尔德·坎贝尔 (Archibald

Campbell）是旧政权的坚定支持者，拒绝接受新的政治秩序。他随即被约翰·哈维所取代——后者默许殖民大臣可以选择那些支持议会的人担任议员。此时，殖民地仍然缺少一个强有力的成熟政党来行使权力，同时缺少一名能够从执政管理者中抽身出来的总督。这样的局面在1854年愈演愈烈。

1815年，纽芬兰没有设置殖民政府，这一点和其他殖民地有所不同。在法国和拿破仑战争时期，殖民地人口已经扩张到超过2万。但对于改革者而言，代议政府、稳定的土地所有制、法律制度以及全面的英国民权显然都还没有实现。来自苏格兰的医生威廉·卡森（William Carson）和出生在爱尔兰的商人帕特里克·莫里斯（Patrick Morris）一起领导了殖民地改革运动，并以圣约翰斯的报纸为阵地表达立场。英国不愿赋予纽芬兰完全的殖民地位。这一点在1820年因为两个独立的诉讼案件而受到质疑。负债的爱尔兰渔民詹姆斯·兰德里根（James Landrigan）和菲利普·巴特勒（Philip Butler）因蔑视法庭被处以用九尾鞭鞭打36下的惩罚。如此酷刑促进了巡回法庭的诞生。1825年，纽芬兰被宣布正式成为王室殖民地，一名平民长官走马上任。

英国政府通过1829年天主教大解放和1832年《改革法案》(the Reform Bill)扩大了自己的选举基础，使得纽芬兰英国人越来越坚信改革很快就会发生，因而拒绝他们的选举权便显得更加困难。1832年，纽芬兰代议政府正式成立。1842年，阶级和宗教矛盾破坏了政治气氛，殖民地事务办公室想方设法通过建立联合立法机构平息纷争。立法机构中的成员主要靠任命而非选举产生。1848年民选议会得以恢复，1855年责任政府成立。

在西北部地区和太平洋沿岸地区没有议会组织反对哈德孙湾公司。该公司的官员试图在他们广袤的控制区内推行英国法律和风俗。公司职员被要求参加教会，按照公司规定与原住民族打交道，禁止醉酒和通奸，同时接受信件审查。但是职员们通常对这些规定嗤之以鼻，有时还会攻击甚至谋杀上司。当然，有组织的反抗几乎没有机会。1849年，一系列预兆性事件发生。梅蒂斯商人皮埃尔-纪尧姆·塞耶（Pierre-Guillaume Sayer）因向美国人出售毛皮而被以破坏哈德孙湾公司垄断之名起诉。法官清楚地了解殖民地的紧张局势，宣判塞耶有罪，但建议从宽处罚，因为他确实以为自己有权向任何人出售毛皮。公司因放弃起诉而躲过了一场正面交锋，但垄断的日子已经屈指可数。

1849年，王室殖民地温哥华岛成立。哈德孙湾公司只要答应招募当地居民并接受王室派来的人担任总督，便可以获得殖民地管理权。在帝国的其他地方，土地成为资助殖民地的途径，原住民族的土地权问题却没有得到解决。1849年12月，哈德孙湾公司长官阿奇博尔德·巴克利（Archibald Barclay）告诉詹姆斯·道格拉斯（James Douglas，1851年重任总督），随着1846年英国主权的确立，原住民领地只能拓展到他们的种植区和建筑区。他说："所有其他土地均可被视为荒地，适用于殖民化进程。"⑭

结　语

如果瑞普·凡·温克（Rip Van Winkle）在1815年睡去，又在1849年醒来，他一定会为大西洋沿岸和圣劳伦斯河到五大湖湖区一带英国殖民地发生的变化所震惊：几乎所有可用的农业耕地都被分配给了英国移民；英语、利益和价值观念传遍各地；在英国需求和资金的刺激下，鱼、木材和小麦充斥着各个殖民港口，这些港口将其势力范围不断地向国内和国外扩张。对于沉睡中的瑞普·凡·温克而言，更戏剧化的改变将会发生在接下来的35年里。待到他1885年醒来之时,一条铁路将从沿海诸省贯至太平洋沿岸,而"加拿大"这个词也将覆盖整个北美大陆北部。

注释:

① The terms used for Lower and Upper Canada in this period are cumbersome. In1840 the British Parliament passed legislation creating the United Province of Canada, and thereafter they become Canada East and Canada West. Although I try to use the term that fits the time period being discussed, this does not always work. The territory occupied by the Hudson's Bay Company was called Rupert's Land. Other areas under company domination were called the Northwest, which is a term often used to cover the entire western region in this period.

② Phillip Buckner, "Whatever Happened to the British Empire?" Presidential Address, *Journal of the Canadian Historical Association*, n.s., 4 (1993): 3-32.

③ While the number of fugitive slaves is disputed, they made up at least 20 percent of the black population of Canada West in 1861, estimated at roughly twenty-three thousand. See Michael Wayne, "The Black Population of Canada West on the Eve of the American Civil War: A Reassessment Based on the Manuscript Census of 1861," *Histoire sociale/Social History* 28, 56 (Nov. 1995): 465-481.

④ Owen Beattie, *Frozen in Time: Unlocking the Secrets of the Franklin Expedition* (New York: Dutton, 1988); David C. Woodman, *Unravelling the Franklin Mystery: Inuit Testimony* (Montreal: McGill-Queen's University Press, 1991); Leslie H. Neatby, *The Search for the Franklin Expedition* (Edmonton: Hurtig, 1970).

⑤ On the immigrant experience in Upper Canada, see Elizabeth Jane Errington, *Emigrant Worlds and Transatlantic Communities: Migration to Upper Canada in the First Half of the Nineteenth Century* (Montreal: McGill-Queen's University Press, 2007).

⑥ Michael B. Katz, *The People of Hamilton, Canada West: Family and Class in a Mid-Nineteenth-Century City* (Cambridge, MA: Harvard University Press,1975), 43.

⑦ Bettina Bradbury, *Wife to Widow: Lives, Laws, and Politics in Nineteenth-Century Montreal* (Vancouver: University of British Columbia Press, 2011). See also Constance Backhouse, *Petticoats and Prejudice: Women and the Law in Nineteenth-Century Canada* (Toronto: Osgoode Society, 1991).

⑧ Cole Harris, *Making Native Space: Colonialism, Resistance, and Reserves in British Columbia* (Vancouver: University of British Columbia Press, 2002), 10.

⑨ Two scholars pioneered the study of the Aboriginal women in the fur trade: Sylvia Van Kirk, *"Many Tender Ties": Women in Fur Trade Society in Western Canada, 1670–1870* (Winnipeg: Watson and Dwyer, 1980), and Jennifer S. H.Brown, *Strangers in Blood: Fur Trade Families in Indian Country* (Vancouver:University of British Columbia Press, 1980).

⑩ Peggy Bristow, "'Whatever you can raise in the ground you can sell it in Chatham': Black Women in Buxton and Chatham, 1850–1865," in Peggy Bristow et al., *"We're Rooted Here and They Can't Pull Us Up": Essays in African Canadian Women's History* (Toronto: University of Toronto Press,1994), 77.

⑪ Katherine Fierlbeck, *Political Thought in Canada: An Intellectual History* (Peterborough, ON: Broadview Press, 2006). See also Jeffrey L.McNairn, *The Capacity of Judge: Public Opinion and Deliberative Democracy in Upper Canada* (Toronto: University of Toronto Press, 2000).

⑫ For opposing views, see Fernand Ouellet, *Lower Canada, 1791–1840: Social Change and Nationalism* (Toronto: McClelland and Stewart, 1980), and *Economic and Social History of Quebec* (Toronto: Macmillan, 1981); and Allan Greer, *The Patriots and the People: The Rebellion of 1837 in Rural Lower Canada* (Toronto: University of Toronto Press, 1993).

⑬ A thoughtful treatment of these two important political figures can be found in John Ralston Saul, *Louis-Hippolyte LaFontaine and Robert Baldwin* (Toronto: Penguin, 2010).

⑭ Cited in Harris, *Making Native Space*, 18.

第六章 走向联邦（1849—1885年）

伴随着大不列颠自由贸易的实施及其对殖民地自治的接纳，英属北美人正专心思考在新工业秩序下的自我定位。建立在工业霸权、金融机构和自由贸易的基础之上的英国的全球帝国体系，也依托着这一语境运筹帷幄。在英国的支持下，殖民地的商业和政治领袖通过发展基础设施来发动自己的工业革命，并很快开始构想一个能施展抱负的更大舞台。尽管这条道路上有一些较大的障碍，联邦制的加拿大还是在1867年7月1日宣告成立。4年后，它的边界延伸到了太平洋海岸。加拿大人罔顾草原诸省的土著和梅蒂人，跨过落基山脉，于1885年建成了世界上最长的铁路——横跨北美大陆的加拿大太平洋铁路。

运转中的责任政府

在责任政府掌权的十年中，它夯实了一个更自由的市场导向型社会的基础。贵族特权、垄断、土地私有制、侵害妇女儿童财产的继承法都被以进步之名扫除。自由秩序作为众多矛盾的集合体，往往遭到坚决抵制，也很少惠及那些无力提出诉求的人。但无论如何，它都是构建公共政策的框架。

责任政府早年实施的法规反映了这一情形。在新斯科舍省，议会废除了取缔工会的法令，终止矿业总协会对殖民地矿产资源的垄断权，还小心翼翼地把土著、贫民和妇女排除在选举权外，短暂实行了成年男性普选。新不伦瑞克省的立法机构将国王学院变为世俗的新不伦瑞克大学，在选举中引入不记名投票，并短暂禁止售卖酒精。在爱德华王子岛省，改革领袖财力不足，没能买下所有地主的产权，但通过了一部《土地购买法案》（Land Purchase Act），以自愿原则推进购买进程，还采纳了《免费学校法案》（Free Schools Act）。几十年来操纵选举的乱象过后，纽芬兰省的政治领袖们更加平均地分配资助，缓和了党派分歧，也因此得以专注地发展经济。

在加拿大省（the Canadas），拉方丹－鲍德温内阁的立法行动影响深远，开创了一个新时代。他们改革法律体系，使之服从于自由秩序；同时实施《城市自治法案》（Municipal Corporations Act），组建当地政府，并以政府的信誉担保铁路建设。此外，还颁布法令，解除以法语为官方语言的限制，又创立了不分宗派的多伦多大学。在其他殖民地辖区，选举改革带来了更广泛的选举权，但无财产的男女被排除在外。

1851年鲍德温和拉方丹退出政治舞台之时，新的联盟取代了托利党人和改革派的旧分野。1854年，加拿大东区的保守党（蓝党，*the Bleus*）人和加拿大西区的托利党人组成联合政府。托利党由家族盟约的坚定拥护者艾伦·麦克纳布（Allan MacNab）领导。自由党—保守党当政时期，封建领主制度和教士保留地制度便是两党政治价值交融的证明。随着政府部门工作步入正轨，两个卓越的领袖崭露头角：来自金斯顿的约翰·麦克唐纳和来自蒙特利尔的乔治－艾蒂安·卡蒂埃（George-Étienne Cartier）。麦克唐纳是一位有着雄心壮志的年轻律师；乔治－艾蒂安·卡蒂埃曾是19世纪30年代的一名反政府者，后来成为一名成功的公司律师。1857年，乔治－艾蒂安·卡蒂埃实施了与大干线铁路相关的法案法规，改革了加拿大东区的法律系统；在1866年颁布了一部现代化的《民法典》（Civil Code），《巴黎习惯法》被取而代之。《民法典》在习惯法的权限内主要对合同、劳动和家庭法作了修订，使其适应新时代的需要。

农民和手工业者的生活发生了翻天覆地的变化，他们成为加拿大西区改革党的支持者。改革党自我标榜为"真正果敢"的自由党人，善于言辞的乔治·布朗（George Brown）是其发言人。布朗生于苏格兰，是多伦多《环球报》（*Globe*）的编辑，1851年入选议会。加拿大东区温和的自由党（红党，the Rouges）由安托万－艾梅·多里昂（Antoine-Aimé Dorion）领导。由于天主教会对自由主义的一切表现都抱有强烈敌意，多里昂的支持主要来自自由思想家和蒙特利尔地区说英语的新教徒。布朗－多里昂同盟在1858年短暂掌权，但很快被议会中的保守派盖过了风头。

伺机而动

实行自由贸易期间,殖民地个别商人认为,要应对多变的市场状况,唯一的出路是与美国合并。但这个选项很快被摒弃。大英帝国治下,那些对时运把握足够敏捷的人还是大有作为。英国的经济进入了两年的繁荣期,处于工业化进程中的美国则提供了潜在的初级产品市场,欧洲克里米亚战争(1854—1856)和美国南北战争(1861—1865)便刺激了这样的需求。在加利福尼亚、澳大利亚、英属哥伦比亚和新西兰,金子的发现为各地经济加足了马力。

东部殖民地跟从母国的领导,在1851年接受了本土的自由贸易。3年后,英国商定了英属北美殖民地和美国之间天然产品的自由贸易。《互惠条约》(Reciprocity Treaty)的有效期持续到1866年,期间殖民地的小麦、木材、鱼类、煤炭和农产品都在美国找到了市场,而美国也有权在大西洋海域和五大湖—圣劳伦斯运河系统发展沿海渔业。尽管对自由贸易满怀热情,新不伦瑞克和加拿大省还是提高了进口制成品的关税,这既是为发展铁路筹集急需的资金,也是为了鼓励家庭工业的发展。

由于还有辽阔的土地有待征服,英属北美人很快把铁路视为经济增长的关键。1849年,来自加拿大西区的工程师托马斯·C.基弗(Thomas C. Keefer)出版了《铁路哲学》(*Philosophy of Railroads*)一书。他在书中热情谈论了"钢铁开化者"的潜力——"克服心理弱点所产生的不利影响"、消除殖民地冬天带来的交通障碍、使殖民地在与美国的"艰难对抗"中免于失败。① 铁路加快了所在社区的生活节奏,刺激了重工业发展,也增加了政治腐败的可能性。1854年,政府领袖弗朗西斯·欣克斯(Francis Hincks)作为大北方铁路(Great

Northern Railway）协议的内部知情者，赚取了 1 万英镑，但并没有法律约束他享有这笔横财。

此外，铁路也为殖民地政府带来了大量赤字。在铁路运输方面，殖民地政府放弃了自由放任主义的一切信条。1852—1867 年，英属北美殖民地在铁路上斥资超过 1 亿美元，还修筑了 3200 千米的铁轨。大干线铁路的投资把加拿大联邦及其英国赞助者拖到了破产边缘。这条铁路的终点位于缅因湾的不冻港波特兰（Portland），从魁北克市延伸到萨尼亚（Sarnia），在美国则延伸到芝加哥。为了弥补铁路的亏损，殖民地的政客和英国利益集团坚持要建更多的铁路，以使各个殖民地互相连接，并与美国乃至太平洋海岸连通。

英属北美的工业革命因铁路而走向成熟，但其起源可追溯到更早期的交通运输的发展。从 19 世纪 20 年代起，为克服圣劳伦斯—五大湖水系的障碍，各地开始开凿运河，其中包括蒙特利尔附近的拉欣运河、尼亚加拉瀑布附近的韦兰运河（Welland Canal），以及可作为穿越渥太华河备选军用航线的里多运河（Rideau Canal）。凭借拉欣运河的战略位置和它所产生的水能，蒙特利尔成为工业投资的要地。到 19 世纪 50 年代中期，已有各类工厂在此安家，其产品从缝纫机、蒸汽机到橡胶、雪茄，无所不包。大干线铁路公司的总部也设在蒙特利尔，其机构庞杂，在 19 世纪 60 年代拥有近 800 名雇员。

与此同时，蒸汽船的出现打破了人们对风和帆船的依赖。1809 年，雄心勃勃的蒙特利尔酿酒师约翰·莫尔森（John Molson）与两个英国人合作，建造了"便捷号"（*Accommodation*）蒸汽船。不久，它的后继者就在圣劳伦斯和五大湖争相出现。大西洋虽难征服，但人们在 19 世纪 30 年代早期就已经能够乘蒸汽船横跨大西洋。1840 年，滨海木材贸易的要员塞缪尔·丘纳德（Samuel Cunard）开展固定的跨大西洋蒸汽船服务，用来运送大不列颠和北美之间的信件。小说家查尔斯·狄更斯（Charles Dickens）就是最早的一批乘客之一。1842 年，他乘坐"布里坦尼娅号"(*Britannia*)侧明轮船从利物浦前往哈利法克斯,航行历时13天。当时的船舱逼仄且令人不适,与世纪末丘纳德汽船公司(Cunard Steamships)提供的豪华班轮有天壤之别。

在工业年代,电报通讯无异于今天的电子邮件。1844年,美国发明家塞缪尔·莫尔斯(Samuel Morse)试验成功后,电报业迅猛发展。3年后,连接上下加拿大和美国电报系统的电报线路铺设完成。到1848年,滨海诸省的人们可以通过缅因州的卡利斯(Calais)与上下加拿大人用电报交流。爱德华王子岛的海底电缆于1851年与大陆连通,到1856年则连接到了纽芬兰岛。10年后,连通爱尔兰巴伦西亚岛(Valencia Island)和纽芬兰哈茨康坦特(Heart's Content)的电缆成功铺设,实现了欧洲和北美近乎瞬时的沟通。

大转型

与生产过程和沟通方式的转变相比,工业资本主义的转型要剧烈得多。它基于生产关系创造了一个新的阶级结构,导向了挑战传统精神价值的疯狂物质主义,也刺激了城市的兴起。工业资本主义还重新分配了财富,引发工作这一公共领域和家庭这一私人领域的矛盾,并改变了人类与其所处自然环境的关系。卡尔·波拉尼(Karl Polanyi)将其称为"大转型"②。随着时间的推移,改革者缓和了大转型中一些较为突出的矛盾,但没有人能在强大的工业力量催生的无尽需求中置身事外。

工厂体系为手工业者敲响了丧钟,蒸汽机则使他们的技艺变得一无是处。有时,绝望的手工业者会试图毁掉威胁自身生计的"机械恶魔",就像1852年蒙特利尔刚引进缝纫机时鞋匠们所做的那样。但很快,工人们就开始迫切要求更好的工作环境和更公平的劳动收益分配。企图将工人组织起来的人一经发现即遭工厂主解雇,但殖民地的雇佣工人并未因此畏葸不前,而是从欧洲和美国的同盟者中获得启发,坚决抵抗剥削。1867年6月,国际工人协会(International Workingmen's Association)在伦敦成立仅3年后,超过1万名工人行进到蒙特利尔街头,在1837年爱国者旗帜之下为劳工团结声援。

英属北美的工业劳动力几乎是清一色的男性。几乎所有的产业领导都是男性,铣削、木工和金属产业也只招男性。在生产衣服、鞋类、烟草和食品加工的工厂中,妇女儿童承担的是简单重复的工作任务,是家庭计件完成的"血汗工作"的主要承担者。不论在哪里工作,她们的工资都普遍比男性要低。

新的生产过程对家庭有深远影响。在工业化前的世界,家庭是工作、教育和关护中心,但到了19世纪中叶,中产阶级家庭在公共和私人领域的分化日趋明显。女性待在家中被视作天经地义,而男性需要参与到商业和雇佣劳动的公共生活中,他们的男子气概也取决于其养活家庭的能力。这两个范畴的界限总是模糊不清,工人阶级家庭也很难单靠一个男性劳动力养家糊口,③但这种观念框架是将妇女排除在政治、专业领域和权威位置之外的堂皇理由。妇女的雇佣劳动最初只限于家政服务、低收入的工厂工作、学校教学和店务管理,但后来护理、文职工作和电话局都对她们提供了更多的工作机会。在很多工人阶级家庭中,妻子们通过计件工作、收留寄宿生和在家帮人洗衣赚取边际收益。

事实证明,与工业化相随的智识洪流格外让人困扰。长期以来,科学界的论断一直警示着因循守旧者,而查尔斯·达尔文(Charles Darwin)1859年出版的《物种起源》更是激起了一股争议的热潮。他认为所有生物都由一种简单、原始的生命形态进化而来,其发展是自然选择的结果。这是对天主教人本主义创世观点的公然违抗。尽管大多数天主教徒相信达尔文学说与神谕的矛盾之谜会在符合主愿的时候得到解释，但其他民众对宗教越发怀疑。也仍有另一些人试着用科学理论反驳达尔文的观点，其中就包括麦吉尔大学（McGill University）的校长威廉·道森爵士（Sir William Dawson）。他因芬迪湾岩层中动植物化石的研究而享誉全球。直到今天，神创论者和进化论者的争论仍在持续。

改革的热望

到19世纪中叶，机械化进程中进步的观念被广泛应用于社会生活。政府有时是社会改革的先锋，急于通过监狱和精神病院对不愿或无法遵从社会规范的人进行控制。当政府因资金短缺或意向减弱而止步不前时，志愿团体便应运而生。

教堂是殖民地社会中最突出的志愿团体，也是改革的先锋。新教教堂以《基督登山宝训》（Christ's Sermon on the Mount）为启迪，成立传教士社群，反抗奴隶制，鼓励教育，建立医院和庇护所，并推进慈善事业、禁酒和公民改革。复兴的罗马天主教廷也通过扩大社会服务来满足信徒的需要。在此期间，女性宗教组织急剧扩张，负责与教育、健康和福利相关的大部分工作。不分宗派的组织也急速地增加，为文化教育、反虐待动物等各项事务奔走呼告。

禁酒运动的势头是最强劲的。从19世纪20年代后期起，这项限制酒精消费的运动就迅速蔓延至整个英属北美。多个机构支撑着这项运动，其中禁酒之子（Sons of Temperance）和基督教妇女禁酒联盟（Women's Christian Temperance Union）都诞生于志愿主义的堡垒——美国。劝说个人自制的尝试失败后，禁酒倡导者要求政府禁止酒精饮料的生产、销售和饮用。禁酒主义者认为，饮酒会破坏家庭生活、浪费钱财、妨碍辛勤劳动。在进步的时代里，这一论断难以辩驳。

改革者还要求国家加大对正规教育的支持力度。在他们看来，如果每个孩子都能够进入国家兴办的公立学校（common schools）就读，那么个人和社会都会充分得益。1844—1876年，加拿大西区卫斯理工会的督学埃杰顿·赖尔森（Egerton Ryerson）对此洞若观火。他认为："教育不单纯是对某项技艺或某一知识学科的掌握，而是使受教育主体作为基督徒、业务人员和公民社会一员，有能力履行恰当的义务、遵从生活的教诲和保持修养。"④ 公立学校的立法饱受争议，捍卫它的政客纯粹自讨苦吃。即便如此，这一时期的很多殖民地仍采用一般纳税评估来资助公立学校，并设法调和罗马天主教会的反对之声——教廷领袖坚持认为教会学校也应享有政府资助。

截至19世纪60年代，加拿大人在进步之路的探寻中为17所大学的成立奠定了基础。大多数高等教育机构由教会资助，达尔豪西大学、新不伦瑞克大学、麦吉尔大学、多伦多大学等所谓的无宗派学校也往往与某一主要教会有紧密联系。殖民地的大学仅对男性开放，招生人数少，主要教授神学、人文学科和一些浅显的科学。麦吉尔大学、女王大学、多伦多大学和拉瓦尔大学设有医学培训，但想要获得医学学位的男性通常会选择英国的大学，而有这方面抱负的年轻女性则一般进入对女性开放的美国大学就读。

变革时代唤醒了殖民地的民智。工人讲习所发源于苏格兰，旨在促进工匠阶级的教育，对那些笃信自我提升的人来说很有吸引力，也遍及不少殖民地社区。期间，报纸数量迅猛增长，使读者能够紧跟国内外形势。大多数殖民地教会和政党都有独家赞助的报纸，为了报纸的生存他们不顾一切地扩大读者群。

虽然殖民地还未能形成自身独立的艺术、文学和科学体系，但在不同学科与创造性艺术领域已经涌现出一些领军人物。对原住民和殖民地生活的浪漫构想启发了科内利厄斯·克莱格霍夫（Cornelius

Kreighoff）和保罗·凯恩（Paul Kane）等旅居艺术家。狂热的爱国主义者约瑟夫·勒加雷（Joseph Légaré）在他的社评中极尽嘲讽之能事，他著有关于 1832 年霍乱猖獗和 1849 年国会大楼起火的作品。到 19 世纪中叶，托马斯·钱德勒·哈利波顿（Thomas Chandler Haliburton）和苏珊娜·穆迪（Susannah Moodie）因对殖民地生活的诙谐描摹而在国际上享有盛誉。尽管殖民地人民更愿意把注意力集中在煤油和木浆造纸等实用性发明上，威廉·洛根（William Logan）和威廉·道森（William Dawson）仍因其在地质学和古生物学这两个新兴领域的开创性贡献被封爵。此外，洛根还是加拿大省地质调查局（Geological Survey of the United Province of Canada）的局长。

德拉姆曾评论说，加拿大是一个没有文学和历史的民族。从 19 世纪 40 年代起，国内说法语者开始用大量的文学和历史作品予以回击。弗朗索瓦-泽维尔·加尔诺（François-Xavier Garneau）的《加拿大的历史》（*Histoire du Canada*）在 1845—1852 年分卷出版。随着罗马天主教会影响力的壮大，书中的自由主义观点在后来的版本中被禁声，但书的热度仍维持了相当长一段时间。在加拿大东区，加拿大研究院（Institut Canadien）各部门是反抗教会者的辩论社、图书馆和新闻编辑室。有研究院撑腰的自由思想大大激怒了教会统治集团，他们甚至威胁要将研究院成员逐出教会。在一个知名案件中，教会经过五年的斗争（1869—1874），阻止研究院成员约瑟夫·吉博尔德（Joseph Guibord）在蒙特利尔的圣地下葬。

跨大陆国度的构想

到 19 世纪中叶，民族主义的激情影响了大西洋世界。德国和意大利的统一运动吸引了大批追随者，大多数拉丁美洲殖民地挣脱了帝国主义主宰者的束缚。1867年,法国皇帝拿破仑三世(Napoleon Ⅲ)企图控制墨西哥,但以傀儡政府首脑马克西米利安(Maximilian)大公被墨西哥行刑队处决而告终。包括英国在内的各殖民地都处于戒备状态。在爱尔兰,爱国者坚决要解散1801年英国强加于本岛的可憎联盟。

在大英帝国统治下,自治得以实现,加拿大东区法语区也出现了民族主义萌芽,这导致英属北美殖民地难以形成单一的民族身份认同。更激动人心的设想是以邻为鉴,构建一个延伸到南边的、横贯大陆的国度。1857年,加拿大省和伦敦皇家地理学会(Royal Geographical Society in London)分别资助了两项对草原诸省的科学考察。考察报告称,这一地区比早期评论家所推断的更适于农业聚居,因而推动了西部扩张的构想。同年,人们在太平洋海岸发现了金子,扩张之梦继续往西部游移。

太平洋海岸的现实状况与其说是一个美梦,倒不如说是一个梦魇。1858年英属哥伦比亚殖民地建立时,由詹姆斯·道格拉斯负责管辖。他热切希望维护金矿区的法律秩序,但即便有四艘满载海军的皇家海军军舰的辅佐,他还是应接不暇。弗雷泽峡谷(Fraser Canyon)至卡里布(Cariboo)地区曾短期出现棚户区,不过一旦开矿它们就变成了鬼城(图6.1)。1858年的短短几个月内,维多利亚的人口从不足400迅速增长到超过5000。

1861年的人口普查显示,英属哥伦比亚地区有5万人,其中大多是白人。在这些旅居者另谋高就之前,一个多种族社区蓬勃发展起来。甫一听闻淘金热,米夫林·吉布斯(Mifflin Gibbs)就带领几百名非裔美国人来到温哥华岛。他们参与公民选举,并组成维多利亚先锋步枪队(Victoria Pioneer Rifle Corps),为殖民地抵御来自美国的潜在威胁。淘金热还引来了超过6000名中国人,他们和黑人移民一样,在聚居地和公共场所遭到公然的歧视和隔离。淘金热退去后,大部

图6.1 19世纪60年代,卡里布商道(Cariboo Wagon Road)开通。(图A-00350经英属哥伦比亚皇家博物馆,英属哥伦比亚档案馆许可使用)

中国人搬离,而那些留下来的人就成了"唐人街"的早期居民。19世纪80年代,"唐人街"成为维多利亚和温哥华地标的一部分。

淘金热之后,在英属哥伦比亚建立长久的、以家庭为基础的白人殖民地举步维艰。1862年4月,最早的几艘"新娘船"(bride ships)抵达。船上的英国女性由伦敦妇女移民协会(London Female Emigration Society)监督招募,她们将会成为殖民地未婚男性的妻子。⑤ 此后,像总督那样的家庭再也不能主导太平洋海岸的上流社会。詹姆斯·道格拉斯出生在德梅拉拉(Demerara,今属圭亚那),其父是苏格兰种植园主,其母是有自由之身的有色克里奥尔人(Creole),但两人一直没有正式结婚。詹姆斯·道格拉斯与有部分克里族血统的妻子阿梅莉亚·康诺利（Amelia Connolly）养育了 11 个孩子。

在淘金热的放任环境中，原住民境遇惨淡。早在 1850 年，他们就因杀害哈德孙湾公司的三名雇员而在温哥华岛受到两艘战舰的惩治，因此对暴力已习以为常。然而，当数量如此之大的移民蜂拥而入，连名义上的法治也不复存在了。1862 年，天花的肆虐再次削弱了原住民的抵抗能力。道格拉斯曾在温哥华岛上拟定协议，但没有把这样的做法带到大陆本土。无处不在的传教士试图施援，结果只是加速了土著文化的崩塌。

走向联合

很快，所有英属北美殖民地的未来都与上下加拿大衰落的政治制度息息相关。从在叛乱的余波中诞生的那一刻起，加拿大联合省就命途多舛。加拿大西区有大量要求设立公立学校、实施激进经济计划的盎格鲁血统的美国新教徒；加拿大东区说法语的居民则要求保卫本土语言、法律和罗马天主教学校。二者形成鲜明对立。19 世纪 50 年代后期，双方在议会中各占半数席位。旗鼓相当的状况妨碍了统一政府的形成。加拿大西区人口飞速增长，于是顺理成章地要求立法机关中的席位应按人口而非区域分配。然而，这一民主概念难以引起法语区少数群体的兴趣。

1864 年，随着又一个联合政府的瓦解，乔治·布朗提出建立一个全党派委员会（all-party committee），商议宪法改革。他和多里昂倾向于建立上下加拿大联盟，但委员会坚持要先建立一个英属北美殖民地的更大联盟。布朗抱着"大联合"的想法与乔治-艾蒂安·卡蒂埃和麦克唐纳接洽，以期实现这一目标。虽然布朗和麦克唐纳有很深的个人龃龉，但还是在麦克唐纳的领导下合作建立了一个新的政府部门。

他们抓准了时机。滨海诸省的市场不断扩张，航运和造船业健康发展，加上拥有终年不冻港，该地区成了政客眼中的大陆门户。1860年约瑟夫·豪成为新斯科舍省总理时，他的首要考虑就是连通哈利法克斯和圣劳伦斯，将建成横贯殖民地铁路作为主要计划，但资金周转困难。1862年，上下加拿大铁路谈判破裂，工程计划面临终止，但伦敦可不这样想。

英属北美失败的铁路投资威胁到了英国一些主要金融机构的生存，其中包括巴林银行（Barings Bank）和格林米尔斯银行公司（Glyn, Mills, and Company）⑥。1862年1月，殖民地内持有金融股权的人们建立了英属北美协会（British North American Association），游说英国政府支持修筑横贯殖民地铁路、建立单一政府领导的殖民地联盟，以此稍微简化发展规划。殖民地大臣纽卡尔斯公爵（Duke of Newcastle）对这个双管齐下的措施饶有兴致。1863年，当加拿大人把西北地区纳入联盟时，英国金融家买下了哈德孙湾公司，以期有利可图。加拿大已进退维谷。

1863年，约瑟夫·豪所在的自由党在选举中败给了查尔斯·塔珀（Charles Tupper）领导的保守党。后者是一位受训于爱丁堡的医生，对公对私都有雄图大略。塔珀推行的滨海诸省联合，不经意触发了联邦进程。早在1864年，新斯科舍议会就已讨论过联邦事宜，并同意派代表参与相关会议。但直到加拿大人要求参与讨论，此事才重新提上日程。9月1日，会议在夏洛特敦举行，它是距上下加拿大海路最近的沿海省份首府。

倘若背景稍微转换，英属北美联盟就可能功亏一篑。到1864年，英国政府中的自由党和保守党都迫切希望削减殖民地政府和军事保护的花销。美国南北战争（1861—1865）导致蓄奴的南部和工业化的北部尖锐对立，也使防御上升为头等大事。随着战争的持续，公海和边境的一系列事端加剧了英国和美国北部的矛盾，同时暴露出殖民地的脆弱性。1861年，英国迫于形势，派遣了1.5万人的军队抵达英属北美。但殖民部（Colonial Office）罔顾与美国持续的紧张局势，在1864年发布声明，表示将很快撤军。更糟糕的是，美国宣布《互惠协定》1866年到期后将不再续签。殖民地的政客要筹谋之事不可胜计。

联邦之崎径（1864—1867年）

在夏洛特敦会议上，代表们很快将关于滨海诸省联合的讨论束之高阁（图6.2），转而把注意力集中于在加拿大省建立英属北美联盟的提议上。一个月后，代表们在魁北克城会面，商讨联合体的细节，这将在各省的立法机关中得到体现。⑦

加拿大代表主导了整个谈判，1864年在魁北克所达成的共识也大多是他们的成果。麦克唐纳倾向于成立一个立法联盟来削弱各省权力，但地域和文化差异决定了采用联邦制这一组织形式。在这一制度下，中央和地方机关能共同分割国家权力。下议院按人口多少行使代表权，上议院则在加拿大东区、加拿大西区和滨海诸省各分配24个席位。下议院和联邦法院将法语和英语定为官方语言。加拿大东区的英国新教少数群体也获得了加拿大西区的罗马天主教学校所享有的权利。

根据魁北克的提案，联邦政府要维护"和平、秩序和善治"（peace, order and good government），而这三项也恰是重中之重，囊括了国际及省际贸易、刑法、印第安事务、货币与金融、省际交通多个方面。各省需对公民权利和财产负责；享有对本土贸易、自然资源和公共用地的控制权；负责拟定民法，承担市政管理、教育和社会服务。联邦政府和省政府在农业、渔业和移民事务中各司其职。联邦和省政府都享有征税权，但只有联邦政府可以征收关税及履行相关职责。这些税收是政府资金的主要来源，亏损的部分将由联邦政府按人口给各省发放补助。

图6.2 1864年,联邦之父在夏洛特敦合影。此时,摄影开始取代重大历史事件的艺术绘制。(加拿大图书档案馆 提供 / C－733)

联邦之父中没有一个是民主党人。他们回避了有关扩大政治权利的一切讨论,力图建立一个能弱化与日俱增的公民政治意识的体制。尽管如此,他们仍依照责任政府的程序,由立法机关讨论通过了《魁北克决议》(Quebec Resolutions)。依傍着联合政府的加拿大人对此如鱼得水,但大西洋殖民地对魁北克"阴谋"的反对之声不久就甚嚣尘上。反联邦者认为,加拿大人会依靠人口优势控制下议院,甚至上议院也会暗中偏袒加拿大省。

多米诺骨牌很快开始倒塌。由于财政收入不受铁路债务制约,加上一个武装佃户联盟(Tenant League)制造麻烦,爱德华王子岛人退出了英属北美联盟的谈判。这一联盟只给他们在下议院中提供了5个席位。纽芬兰人对铁路和西进都没有兴趣,所以同样对加拿大省的提案不感兴趣。在新不伦瑞克,由伦纳德·蒂利(Leonard Tilley)领导的自由党支持联邦制,但在1865年1月的竞争激烈的选举中被

A.J.史密斯（A. J. Smith）带领的联合政府打败。在约瑟夫·豪的领导下，新斯科舍省对《魁北克决议》的抵制愈演愈烈，以致塔珀要更慎重地考虑是否在议会中推行该决议。

英属北美联盟危在旦夕之际，支持联邦制的各方力量开始行动起来。新不伦瑞克的副总督阿瑟·戈登（Arthur Gordon）逾越宪法权限，强令辞退新任内阁，要求重新选举。时逢《互惠条约》终止，木材商人更愿意支持一个能提供新市场的联盟。由于英属北美联盟中包含了加拿大西区激进的新教徒，使原本持反对意见的罗马天主教统治集团也逐渐采取了更积极的态度。对于摇摆不定者，加拿大人及其大干线同盟者通过经济资助扭转了局势。芬尼亚兄弟会（Fenian Brotherhood）的美国分支曾草率地想把英国和美国卷入战争，以此换取爱尔兰独立的时机。在选举前，它在新不伦瑞克和加拿大西区都制造了骚乱。虽然骚乱很快平息，但还是为支持联邦制的一方增加了砝码——一个强有力的联邦政府能更有效地实施防卫。1866年5月，蒂利的亲联邦政党大获全胜。

《互惠条约》的终止导致新斯科舍经济低迷，此时，开始有更多的人支持与美国合并。塔珀未能使他的政党接受《魁北克协议》，但在生于新斯科舍的副总督威廉·芬威克·威廉斯（William Fenwick Williams）爵士的帮助下，他说服新斯科舍议会授权，进一步商榷联盟事宜。在伦敦的会议中，加拿大人同意《英属北美法案》（British North America Act）中规定的横贯殖民地铁路的"紧急"修建将"由加拿大政府负责"；只有联邦能对渔业负责；提高各省补贴。但他们拒绝对联盟中的任何不平等的权力机构做出调整。此外，罗马天主教统治集团施压，要求为加拿大省之外的教会学校提供保护。会议最终决定，法案生效之日起即为现有教会学校担保；若法律被亵渎，学校有权向联邦政府申请补救立法。

1867年3月，英国国会通过《英属北美法案》法案，法案自

1867年7月1日起生效。它将上下加拿大（划分为安大略省和魁北克省）、新不伦瑞克和新斯科舍联合成加拿大自治领（the Dominion of Canada）。联盟的缔造者将这一体系视为"加拿大的联邦"（confederation）而非"美国的联邦"（federation），这基于一个站不住脚的理由——后者是当时名声扫地的美国所实行的体制，意味着更松散的结构。1857年，渥太华成为加拿大联合省的首府，现变为加拿大首都，既有的行政部门由联邦机构主持。就连新国家的名称也突出了主要的权力关系。加拿大曾有可能成为王国或总督辖区，却最终成为"自治领"。这个名称由蒂利提出，出自《圣经》诗篇第72章："他要执掌权柄，从这海直到那海，从大河直到地极。"这不仅折射出联邦之父的雄图大略，又能免于触犯不满君主制的美国人。

常有人误认为加拿大在1867年获得独立，但事实不然。意味深长的是，《英属北美法案》第一条便规定："英属北美当下与未来的繁荣，都将由大不列颠加冕的联邦推动实现。"加拿大的外交事务、军事政策和宪法修正案仍需英国批准，位于伦敦的枢密院（Privy Council）也仍是法律事务的终审法庭。

相与为一

麦克唐纳因其在联邦进程中的贡献受封爵士，也是联邦政府总理的第一人选。虽然1865年布朗已从大联盟中退位，但麦克唐纳还是赢得了许多留下来的改革派成员及乔治-艾蒂安·卡蒂埃蓝党成员的支持。蒂利和塔珀同意把他们的亲联邦势力带到麦克唐纳的自由-保守党（Liberal-Conservative Party）中。除麦克唐纳外，再无任何人有把加拿大各方势力凝聚在一起的能力。他有无畏的野心，想要扩张加拿大的地理边界，并深谙调和阶级、种族、地域和困扰殖民地的宗教隔阂所必需的妥协。他好酒贪杯，酒兴高时会六神无主，却又有着惊人的游说能力和无与伦比的政治头脑。⑧

在第一次全国大选中，自由－保守党（通常称为保守党）占180个席位中的108个，但几乎一半的普选票数都投给了反对派参选人。他们中有乔治·布朗的改革派成员、多里昂的红党党人和滨海省份的反联邦者。在不久的将来，他们组成的联盟成为后来自由党的基础。但当下，反对派各方一片混乱。

麦克唐纳的第一件棘手事是应对新斯科舍的分裂运动。在1867年的联邦选举中，新斯科舍反联邦的参选人赢得了除塔珀1席之外的所有席位。魁北克议程及其实施过程中的含糊程序遭到强烈抵触，一个"反联邦党"（Repeal League）由此迅速成形。约瑟夫·豪也被派遣到伦敦，以确保新斯科舍退出联邦。遭到冷遇的约瑟夫·豪与加拿大人谈判，要求加拿大为新斯科舍提供更优厚的条件。1869年，渥太华同意为新斯科舍偿还额外的100万美元债务，在十年内每年增加82698美元的拨款，并为两位反联邦者提供政府职位。随着反联邦情绪演化成兼并运动，约瑟夫·豪敦促他的同盟加快修建横贯殖民地的铁路，并极力要求制定新的互惠条约。

此时英美正在为解决南北战争的遗留问题进行谈判，麦克唐纳希望能借此机会为自由贸易提供一个协商平台。1871年，他代表加拿大在英国代表团中与美国代表在华盛顿会面，但国会的共和党贸易保护主义者无意降低关税。《华盛顿条约》（Treaty of Washington）只准许鱼类的自由贸易，同时通过仲裁裁决经济补偿，以此作为美国进入加拿大近海水域的回报。新斯科舍不乏"出卖"的呼声，但大部分的精力都消耗在了反联邦运动上。

接管西北

西北地区纳入加拿大辖区的过程冲突频仍。1869 年,自治领政府和哈德孙湾公司达成协议,以 30 万英镑从自治领手中买下封地,并把 1/20 的最优农业用地授予公司。这笔交易对刚买下公司产权的金融家们来说无疑是划算的,但其他人得利不多。公司和加拿大人的行动都未知会过梅蒂人。1869 年 8 月,加拿大筑路者和勘探员抵达红河,梅蒂人的恐慌达到了极点。

10 月前,梅蒂人国家委员会(Métis National Committee)成立,对抗加拿大的扩张主义。他们先是阻碍勘探员工作,在美国边境禁止新任副总督入境,随后控制上加里堡(Upper Fort Garry),并成立了临时政府。25 岁的路易·里埃尔是国家委员会的会长,也是临时政府的联合主席。他在魁北克的罗马天主教教育机构学习将近十年,文质彬彬、能言善辩,而且能秉持本方条件和加拿大人谈判。⑨ 红河区域的罗马天主教传教士对他持支持态度,因为他们担心加拿大的接管行动使红河被安大略的新教徒占领。

红河地区不多的移民中就有加拿大的土地投机商,他们在社区中极不受欢迎。在他们名为《西北人》(*Nor'wester*)的报纸中,他们毫不掩饰对罗马天主教徒和原住民的厌恶。1870 年 2 月,一群加拿大人试图推翻临时政府。他们的领袖被投入监狱,其中最敢言的托马斯·斯科特(Thomas Scott)被行刑队处决。斯科特是来自安大略的橙带党党员,他的死使得安大略的复仇之声四起。

考虑到美国可能会利用这次危机控制红河地区,麦克唐纳勉强答应和以 N. J. 里科特(N. J. Ritchot)教士为首的临时政府代表谈判。1870 年 5 月,双方达成协议,梅蒂人的大部分要求得到满足。红河区域变成马尼托巴省（Manitoba），在立法和审判程序中，英语和法语都能得到官方认可，新教和天主教学校也都得以保留。与其他省份不同的是，马尼托巴的土地仍归渥太华管理，但梅蒂人对其耕种的土地享有所有权，另有140万英亩土地可由其子孙支配。

不久，看似合理的结局急转直下。麦克唐纳派遣一支400人的英国军队和加内特·沃尔斯利（Garnet Wolseley）上校带领的800名民兵到马尼托巴维持秩序。军队中的安大略橙带党党员对梅蒂人实行恐怖统治。随着大部分来自安大略的移民涌入马尼托巴，梅蒂人决定继续西迁。里埃尔被选为红河在渥太华的代表，但因安大略政府已发布对他的逮捕令，他没能成功就任。为保全性命，里埃尔最终逃往美国。

为避免重蹈红河覆辙，渥太华和草原诸省近34个原住民族商定了7个协议。担心水牛被杀光和移民涌入的原住民同意渥太华为土著提供保留地，提供工具、种子和农业生产所需的培训，保留狩猎和捕鱼的权利。和梅蒂人一样，签署协议的原住民实际所得比谈判的条件要低得多。农业协助迟迟未至，但移民和军事力量的到来却近在眼前。1872年的《自治领土地法案》（Dominion Lands Act）规定，凡清理10英亩土地并在3年内登记建房者都有权免费使用160英亩土地。1873年，西北骑警（North-West Mounted Police，NWMP）成立，用来应对自心存不满的原住民和美国扩张主义者的威胁。

1876年的《印第安人法》（Indian Act）巩固了联邦政府的涉原住民政策。它的首要前提是，在原住民习得符合新自由秩序的耕作和自治方式之前，第一民族需被隔离。《印第安人法》用选举产生的族长和委员会取代传统的族群结构，把所有保留活动归白人官员监管。在印第安身份的定义上，已登记的印第安男人的妻子、遗孀和孩子，即便不继承原住民遗产，也拥有印第安身份；但印第安妇女一旦与非印第安身份者结合，她和她的孩子都会失去印第安身份。后来，修订后的法案否决了有身份的印第安人（Status Indians）饮酒或参与夸富宴、太阳舞等传统仪式的权利。本质上,这就是一个实行种族隔离制的政权。在加拿大联邦中,第一民族前途暗淡。

扩充联邦

英属哥伦比亚同样在麦克唐纳的扩张计划中。淘金热退去后,温哥华岛和英属哥伦比亚出现公共财政赤字。1866年,殖民部策划了二者的联合。来自东部殖民地的移民,即联邦运动的主力发现被任命的官员主导了皇家殖民政府,坚持认为联邦制可以带来责任政府,并为大英帝国守住这片地区;1867年,美国从俄罗斯手中买下了阿拉斯加,其钳制政策将导致整个太平洋海岸受制于美国。

阿莫尔·德科斯莫(Amor de Cosmos)是联邦制的捍卫者之一。他原名威廉·史密斯(William Smith),来自新斯科舍,是一家驻地在维多利亚的报纸编辑,其笔名就折射出他华丽张扬的风格。1868年,为唤起对联邦事业的支持,德科斯莫和他的盟友成立了"联邦同盟"(Confederation League)。1869年,殖民部派遣副总督安德鲁·穆斯格雷夫(Andrew Musgrave)到英属哥伦比亚,推动联邦进程。立法会提出的联合条件并不难实现:修建一条连接新威斯敏斯特和加里堡的货运通路,未来以铁路作为补充;加拿大承担英属哥伦比亚的债务,并提供可观的年度拨款。1870年6月谈判期间,由乔治-艾蒂安·卡蒂埃带领的加拿大代表团接受了英属哥伦比亚提出的条件,甚至还答应在十年内将铁路修筑完成。在1870年11月的选举中,联邦支持者占据了立法机构的全部席位。1871年6月,英属哥伦比亚成为加拿大的第六个省。原住民有3.6万人,仍占英属哥伦比亚日益减少的人口中的大部分,但在谈判桌上并无一席之地,也没能享有土地保障。渥太华对印第安事务承担责任,同意延续"一项和英属哥伦比亚政府所求一样自由的政策"⑩。这句话说明了一切。

不久,面临自身土地问题的爱德华王子岛也效仿英属哥伦比亚。1870年,詹姆斯·波普(James Pope)领导的保守党人掌权,批准了一条连接岛内各社区的高价铁路。面对紧随其后的巨额公债,波普提出,只有加入加拿大联邦才能使岛民免受经济灾难。此时美国的吞并已迫在眉睫,麦克唐纳不仅同意承担铁路债、在岛屿和大陆间建立全年通讯,还同意提供资金乃至最终的法律支持,鼓励余下的地主出售土地,这样佃户就可成为自由民。1873年,爱德华王子岛成为加拿大的第七个省。

纽芬兰也曾一度反复斟酌是否加入联邦。保守党总理费德里克·卡特(Frederick Carter)支持联合,在1869年选举前的几个月中,和加拿大商议了一个慷慨的协定。但纽芬兰的选民们并不买账。反联邦者由圣约翰的查尔斯·福克斯·贝内特(Charles Fox Bennett)带领,赢得了立法机关中超过2/3的席位。19世纪80年代,对铁路的狂热伴随着公债席卷纽芬兰,加拿大也再次做出试探,但本地的政客不以为意。

如前所述,渥太华已然成为大英帝国利益集团在北美的控股公司。这一隐喻在北极地区再贴切不过。继美国请求在巴芬岛开矿后,英国政府在1880年发布枢密令,将富兰克林地区的北极群岛归加拿大管辖。英国和加拿大官方都无意在这一地区驻扎。⑪加拿大对此漠不关心,直到1895年才签署枢密令;渥太华拒绝对因纽特人负责,直到1939年在法院的要求下才不得已而为之。

麦肯齐的插曲

麦克唐纳成功赢得了1872年的选举,但很快就陷入麻烦。1871

年5月,根据法规,政府为太平洋铁路合同的成功竞标者提供经济和土地奖励。休·艾伦(Hugh Allan)是蒙特利尔艾伦轮船公司(Allan Steamship Lines in Montreal)的总经理,他为保守党的竞选慷慨解囊,以确保合同不落入多伦多的竞争者之手。1873年2月,当政府宣布艾伦投标成功时,自由党议员卢修斯·亨廷登(Lucius Huntington)向下议院起诉,称艾伦通过向保守党捐赠36万美元才购得合同,而且有电报为证。1873年11月5日,麦克唐纳卸任总理。

在麦肯齐的领导下,反对派成员聚集起来成立政府。⑫ 由于保守党名声不佳,在1874年1月的选举中,麦肯齐的自由联盟在英属哥伦比亚之外的所有省份都赢得了大多数席位。这位加拿大的第二任总理和麦克唐纳一样,是居住在安大略的苏格兰人,但他们的共同点仅止于此。麦肯齐是一个石匠和报纸编辑,也是一个高度自律的浸信会教徒和禁酒主义者。他因坚持民主理想,三次拒绝了为表彰其对加拿大贡献而授予的爵位。世界性的经济衰退使他的自由党内阁只维持了一个任期便陷入瘫痪。美国拒绝谈判新的互惠条约时,由于这届政府除财政紧缩外未能出台其他经济政策,许多加拿大人"用脚投票",移民到了美国。

凭借为改革政治和法律体系所做的努力,麦肯齐政府得以在加拿大历史上留名。除了使同时投票、不记名投票和法院审判争议性选举合法化,司法部长爱德华·布莱克(Edward Blake)还在1875年成立了加拿大最高法院(Supreme Court of Canada)。遗憾的是,他没能使之成为终审法院。到1949年为止,枢密院司法委员会(Judicial Committee of the Privy Council)一直承担终审法院职责。此外,自由党人还支持禁酒呼声,在1878年通过了《加拿大禁酒法案》(Canadian Temperance Act),允许各地通过全民投票决定本区是否允许售酒。

麦克唐纳的"国家政策"

1878年,保守党重新掌权。在竞选运动中,麦克唐纳提出了一个发展计划,也就是后来为人所知的"国家政策"(National Policy)。它的内容包括:实行高关税政策,刺激制造业发展;迅速建成太平洋铁路;鼓励移民,促进人口增长。经过细微修正,这些政策组成了加拿大的发展框架,直到20世纪30年代为保守党和自由党政府全部实施。

为实现目标,麦克唐纳政府迅速将法规付诸实践。1879年,财政部长蒂利将关税从15%的基础上提高,最多可高达35%。对于急于抵御外来竞争的生产商来说,这无疑是福音。1880年,政府批准成立了一个新的加拿大太平洋铁路公司(Canadian Pacific Railway Company,CPR)。公司由蒙特利尔银行的总裁乔治·史蒂芬(George Stephen)领导,美国、英国和加拿大资本为其提供资金。麦克唐纳政府对公司给了了慷慨支持,包括2500万美元现金、2500万英亩土地和20年的西部铁路运输垄断权。在1885年铁路修筑完成前,还需要更多的补助。1888年,政府担保发行了1500万美元债券,以此作为废止运输垄断条款的补偿。在英属哥伦比亚的山脉修筑铁路,艰苦卓绝的努力不可或缺。这项工程的竣工有赖于两位能干的美国人的监管,还有数千名劳工的辛劳。这两位美国人分别是加拿大太平洋铁路公司的总经理科尼利厄斯·范霍恩(Cornelius Van Horne)和承包商安德鲁·昂德多克(Andrew Onderdonk)。受合同制约,中国劳工只能获得其他工人报酬的1/3。⑬

在增加人口方面,麦克唐纳政府并非一帆风顺。19世纪80年代,抵达加拿大的移民有90万,离开的人却有100万。马尼托巴和其他地区引来了移民，但那些想把草原诸省变成农业天堂的人对移民数量大失所望。不过，也有积极的预兆。19世纪70年代，为躲避火山爆发和本地不稳定的经济状况，一些冰岛人移居马尼托巴。俄罗斯说德语的门诺派教徒（Mennonites）和许多欧洲国家躲避迫害的犹太人都来加拿大西部碰运气；80年代起，耶稣基督后期圣徒教会（Church of Jesus Christ of Latter-Day Saints）的教徒也从犹他州的大本营来到此地。

尽管"国家政策"对工人权益没有明确规定，但在1872年，麦克唐纳颁布了《工会法》（Trade Union Act）。《习惯法》原把工会当作限制贸易的联合体而加以禁止，但《工会法》解除了这一禁令。这部法案预示着国内外熟练工人的权利都将得到保护。同时，这也是对麦克唐纳的对头布朗的公然冒犯。不久前，多伦多印刷工人举行罢工，要求一天工作9小时，却被布朗以阴谋叛乱罪控告。但劳工给布朗带来的麻烦还不止这些。1880年，《环球报》的一名前雇员因被解雇而怀恨在心，将布朗刺杀。

长期以来，"国家政策"对工业增长的意义都存在争议。反对者指称，关税对生产者的裨益是以消费者的牺牲为代价的，刺激的只是被美国分公司主导的迟滞经济体，虽然对加拿大中部地区有利，但却损害了滨海诸省和西部的利益。支持者则反驳道，正如美国的状况，新兴工业要在与其他国家成熟公司的竞争中取胜，保护政策必不可少。可以确定的是，"国家政策"在减少加拿大对外国资本和技术的依赖、使其免受国际经济大潮的影响上发挥的作用微乎其微。⑭

驯化西北

虽然西北地区发展缓慢，但到1885年，它的转型已蓄势待发。马尼托巴在 1881 年拓展了边界，它以外的地区仍在联邦政府控制之下。1875 年的《西北地区法案》（Northwest Territories Act）授权给了一个委任议会，直到居民要求成立代议政府。这一法案为教派学校担保；在 1877 年的修正案中，法语和英语被定为法院和议会的官方语言。

1879 年最后一次捕杀水牛后，面临饥荒的第一民族绝望求援。但他们不但没有获得急需的援助，反而发现政府因资金减少而削减了他们的定量口粮。1884 年，2000 名克里人聚集在巴特尔福德（Batteford）的首府外，试图给远近官员施压。可想而知，他们的行动畏首畏尾。年轻的激进分子强烈要求武装抗议，萨斯喀彻温河南北流域之间的梅蒂人也日益不满，要求得到与移民一样的援助。两件事纠缠在了一起。梅蒂人的请愿被渥太华忽视后，里埃尔成了他们眼中的救世主，于是他们请求流亡在美的里埃尔回国领导人民。里埃尔强迫麦克唐纳政府授予特许权，但渥太华拒绝回应。1885 年 3 月 18 日，里埃尔宣布成立临时政府，并要求渥太华以《权利宣言》（Bill of Rights）的形式批准他们的适度需求。

包括里埃尔的军事顾问加布里埃尔·杜蒙（Gabriel Dumont）在内的许多梅蒂人都认为，武装行动是必需的。梅蒂人和西北骑警在巴托什（Batoche）和达克莱克（Duck Lake）发生冲突，致使超过 40 人丧生。联邦政府受到刺激，派遣费德里克·米德尔顿（Frederick Middleton）少将带领民兵亲临现场。两周内，第一支分遣队经加拿大太平洋铁路抵达。克里人得知梅蒂人叛乱的消息时，武装分子已袭击了弗罗格莱克（Frog Lake）的聚居区，杀死 9 人，还有 2 名农业指导员在巴特尔福德地区被谋杀。里埃尔带着他的支持者撤退到巴托什，在此与米德尔顿军方对峙了 6 周。

在叛乱中，总共有 35 名原住民与梅蒂人和 53 名非原住民丧生。81 名叛军被逮捕，其中有 44 名被定罪，多数为叛国重罪。克里族首领大熊（Big Bear）和庞德梅克（Poundmaker）虽已尽力避免发生暴力，但仍被判处 3 年监禁。起义后，原住民被置于《印第安法案》的官僚程序下管理；而分散在草原诸省的梅蒂人被当作一支政治力量，在超过一个世纪的时间内都遭到压制。原住民和梅蒂人妇女在毛皮贸易中的作用已无足轻重，越发被视为不正常和堕落的群体。⑮

在一场明显被非法操控的审判中，里埃尔被控叛国罪，1885 年 11 月 16 日在里贾纳被处以绞刑。就在 9 天前，在英属哥伦比亚克雷盖拉希（Craigellachie）的纪念仪式上，加拿大太平洋铁路打下了最后一口钉（图 6.3、6.4）。加拿大西部由是取胜。

结　语

1850—1885 年，英属北美脱胎换骨。对于寻求经济机遇的人来说，现在的基础设施已经可以支持他们的尝试。加拿大太平洋铁路建成后不久，杰茜（Jessie）和安妮·麦奎因（Annie McQueen）姐妹从新斯科舍的皮克图乘坐列车来到英属哥伦比亚。在这里，她们在学校任教的报酬是在新斯科舍的 3 倍。麦奎因姐妹受一个已搬到此地的长老会牧师鼓励而搬迁，她们定居在纽约的兄长把这里称作"狂野西部"。她们带着滨海省份和新教的价值观，很快便积极投身于"狂野西部"的加拿大化进程中。⑯

图6.3 宣判后,在此听审的路易·里埃尔发表了超过一个小时的讲话。当时他已明显神志不清,沉浸在宗教愿景而非政治目标中。(经加拿大图书馆档案馆许可使用/C-1879)

图6.4 在官方纪念中,唐纳德·史密斯(Donald Smith,斯特拉恩科纳勋爵)仪式性地打下最后一口钉,标志着加拿大太平洋铁路的竣工,图中的工人也定格了属于他们的摄影瞬间。然而,中国工人无一在场。(经加拿大图书馆档案馆许可使用/C-14115)

注释:

① Thomas C. Keefer, "Philosophy of Railroads," in *Philosophy of Railroads and Other Essays*, ed. T. C. Keefer (1850; reprinted, Toronto: University of Toronto Press, 1972), 10–11. Keefer's views are usefully contextualized in chapter 2of R. Douglas Francis, *The Technological Imperative in Canada* (Vancouver:University of British Columbia Press, 2009), and in A. A. den Otter, *The Philosophy of Railways: The Transcontinental Railway Idea in British North America* (Toronto: University of Toronto Press, 1997).

② Karl Polanyi, *The Great Transformation: The Political and Economic Origins of Our Times* (New York: Farrar and Rinehart, 1944).

③ Bettina Bradbury, *Working Families: Age, Gender, and Daily Survival in Industrializing Montreal* (Toronto: McClelland and Stewart, 1993).

④ Cited in Susan Houston, "Politics, Schools, and Change in Upper Canada," *Canadian Historical Review* 53, 3 (September 1972): 265.

⑤ Adele Perry, *On the Edge of Empire: Gender, Race and the Making of British Columbia, 1849–1871* (Toronto: University of Toronto Press, 2001).

⑥ Andrew Smith, *British Businessmen and Canadian Confederation: Constitution-Making in the Age of Anglo-Globalization* (Montreal: McGill-Queen's University Press, 2008).

⑦ There is an extensive literature on Confederation. A good introduction to the issues can be found in Ged Martin, ed., *The Causes of Canadian Confederation* (Fredericton: Acadiensis Press, 1990), and *Britain and the Origins of Canadian Confederation, 1837–1867* (Vancouver: University of British Columbia Press, 1995).

⑧ John A. Macdonald has attracted several talented biographers, including Donald Creighton, *John A. Macdonald*, 2 vols. (Toronto: Macmillan of Canada,1952/1955); P. B. Waite, *Macdonald: His Life and World* (Toronto: McGraw-Hill Ryerson, 1971); Richard Gwyn, *John A.: The Man Who Made Us* and *Nation Maker* (Toronto: Random House, 2007/2011); and Ged Martin, *Favourite Son? John A. Macdonald and the Voters of Kingston, 1841–1891* (Kingston: Kingston Historical Society, 2010).

⑨ The huge literature on Louis Riel and the uprisings with which he is associated is assessed by Albert Braz, *The False Traitor: Louis Riel in Canadian Culture*

(Toronto: University of Toronto Press, 2003).

⑩ The "dubious bargain" on Aboriginal matters is closely analyzed in Cole Harris, *Making Native Space: Colonialism, Resistance, and Reserves in British Columbia* (Vancouver: University British Columbia Press, 2002), 73.

⑪ Shelagh D. Grant, *Sovereignty or Security: Government Policy in the Canadian North, 1936–1950* (Vancouver: University of British Columbia Press, 1988), 5. See also Shelagh D. Grant, *A History of Arctic Sovereignty in North America* (Vancouver: Douglas and McIntyre, 2010).

⑫ Dale C. Thompson, *Alexander Mackenzie: Clear Grit* (Toronto: Macmillan, 1960).

⑬ The details, heroic and otherwise, of the construction of the CPR are chronicled in two volumes by Pierre Berton, *The National Dream* (Toronto: McClelland and Stewart, 1970), and *The Last Spike* (Toronto: McClelland and Stewart, 1971).

⑭ This debate and other aspects of Canadian economic history can be found in Kenneth Norrie and Douglas Owram, *A History of the Canadian Economy* (Toronto: Harcourt Brace Jovanovich, 1991); Graham D. Taylor and Peter Baskerville, *A Concise History of Business in Canada* (Don Mills, ON: Oxford University Press,1994); and Michael Bliss, *Northern Enterprise: Five Centuries of Canadian Business* (Toronto: McClelland and Stewart, 1987).

⑮ Sarah Carter, *Capturing Women: The Manipulation of Cultural Imagery in Canada's Prairie West* (Montreal: McGill-Queen's University Press, 2004), and *Aboriginal People and Colonizers of Western Canada to 1900*, 2nd ed. (Toronto:University of Toronto Press, 2004).

⑯ George McQueen to Jessie McQueen, 7 January 1888, Greenville. The McQueen Family Papers, Atlantic Canada Virtual Archives, no. 3347_05_02. University of New Brunswick, Fredericton, NB, Canada. On the McQueen family, see Jean Barman, *Sojourning Sisters: The Lives and Letters of Jessie and Annie McQueen* (Toronto: University of Toronto Press, 2003).

第七章 取得进步（1885—1914年）

1885—1914年，加拿大的发展战略开始取得成效：人口翻倍，经济突飞猛进，"最后的大好西部"也找到了自己的位置（图7.1）。城市成为各种活动汇集的繁华地带。到1914年为止，加拿大的800万居民中有40%住在城市。如此巨变不可避免地带来了新的冲突，也加剧了旧的矛盾。这一阶段美国的发展更加引人注目，所以一些加拿大人认为通过与美国合并可解决本国问题。然而，英国与加拿大的关联足以与美国分庭抗礼。加拿大在政治和心理上都还是一个殖民地，也因此在1914年被卷入欧洲战争。[①]

文化冲突

对加拿大总理们来说，国家的团结统一仍是主要挑战。在魁北克，西北部的起义被看成为法语和天主教宗教权利所做的斗争。1885年里埃尔被处决一事备受谴责，还惊人地引起了蒙特利尔5万民

图7.1 类似这样鼓励人们移民到加拿大西部的海报在美国和欧洲广为散布。（图片由加拿大图书档案馆授权使用 / C－85854）

众抗议。趁民众不满之时，魁北克的自由党人和不得志的保守党人成立了民族党（Parti national），由奥诺雷·梅西耶（Honoré Mercier）领导。民族党在1886年魁北克省选举中获胜，标志着在19世纪50年代大行其道的保守党—罗马天主教会政治联盟瓦解。在1887年联邦选举中，自由党在民族主义情绪持续蔓延的魁北克赢得了将近一半的席位。在滨海诸省，阿卡迪亚人也抱持民族主义，在一系列的代表大会中努力与魁北克的说法语者划清界限。

公共资金能否资助教派学校？哪些语言能作为课堂教学语言使用？这些在全国又掀起热议。联邦制建立后，新不伦瑞克最先出现教育问题。在新不伦瑞克，1871年的《公立学校法案》（Common Schools Act）把罗马天主教学校排除在省级资助之外。当法院宣布这项法案有效时，渥太华被要求按照《英属北美法案》的修正案实施。1875年1月，卡拉凯特（Caraquet）的阿卡迪亚社区爆发暴力冲突，导致两人死亡，渥太华的行动成了必须。这一惨剧最终引向妥协——省政府同意，在人数有保证时，可由修会教导罗马天主教的学生。

在安大略，教派学校受《英属北美法案》保护，但说法语的权利则不然。在西北叛乱余波的狼藉中，安大略政府对除英语之外的语言都规定了作为教育用语的时限。通常情况下，本地学校的董事会并不理会这项规定，但狂热的新教徒坚决要将其付诸实践。1888年，魁北克的《耶稣会财产法案》（Jesuit Estates Act）为修会在占领地中充公的房产提供补偿，导致了一场骚乱，这与安大略的事件交织在一起。正当魁北克政府请天主教教宗利奥八世（Leo XIII）为申诉的索赔者仲裁时，一个以安大略为据点、自称"平权协会"（Equal Rights Association）的组织发起了一场运动，以期扫除教皇和法裔加拿大人对加拿大的影响。

马尼托巴的英国人和新教徒不断增多，也出现了与安大略类似的对少数群体权利的侵犯。1890年，托马斯·格林韦（Thomas

Greenway)的自由党政府废除了双语制以及受《马尼托巴法案》保护的罗马天主教教会学校系统。为此,律师们被传唤出庭。当枢密院司法委员裁定联邦政府有权恢复对教派学校的公共资助时,保守党分裂成了两派:一派主张帮助遭不公对待的少数群体,另一派则坚持教育应当是各省不受外来干涉的事务。不论何去何从,保守党都将失去选票。

前途未卜的加拿大

如前所述,在联邦制确立后的几年里,各省权力问题越发棘手。奥利弗·莫厄特(Oliver Mowat)是1872—1896年安大略的自由党总理,他带头反对麦克唐纳扩大联邦权力的各项措施,尤其是禁止各省立法。莫厄特认为在联邦制下,除了授予中央政府的特定职责外,各省应握有高于联邦政府的管辖权;而麦克唐纳坚持要使各省附属于渥太华。莫厄特打算把苏必利尔湖北面一块资源丰富的土地授予马尼托巴,以此限制安大略的扩张。他全程亲自推进,提交给枢密院司法委员会审判并获得胜利。安大略帝国已不容小觑。

在投票中取胜后,梅西耶召开省长会议,商讨共同利益相关事宜。莫厄特和滨海诸省的自由党总理都支持这一举动,后者当时正遭遇联邦补贴的管理困难。新斯科舍总理威廉·S. 菲尔丁(William S. Fielding)对渥太华的忽视已忍无可忍,于1886年颁布决议,要求废除《英属北美法案》,成立滨海诸省联盟。新不伦瑞克省长安德鲁·G. 布莱尔(Andrew G. Blair)还没打算进行到这一步,但也愿意与其他省长讨论宪法事宜。约翰·诺奎(John Norquay)是马尼托巴的保守党领袖,也是第一位有梅蒂人血统的加拿大省长。他同样有冤可申,其中最主要的是,加拿大太平洋铁路协议的垄断条款妨碍了他在美国修铁路的计划。1887年10月，这五位省长在魁北克召开会议，英属哥伦比亚和爱德华王子岛的保守党总理没有出席。他们讨论通过了一系列事项，包括提高各省补贴、半数议员由各省选拔、本地项目交由联邦管理前须经本省同意等。麦克唐纳把这次会议视为党派主义的实践，而事实也正是如此。不过，各省的不满是切实存在的。

地方主义发酵之时，加拿大与美国的关系也持续引发争议。1880—1887年，爱德华·布莱克领导的自由党把自由贸易纳入竞选纲领，吸引了寻求美国市场的初级生产者。自由党内的激进者更进一步，支持与美国形成商业联合——这项政策能够调节价格结构。生于英国、定居多伦多的学者戈尔德温·史密斯（Goldwin Smith）是自由党的反传统者，他把与美国合并视为加拿大的最好出路。1891年，他出版了《加拿大和加拿大问题》（*Canada and the Canadian Question*）一书，书中强调与美国合并将使北美人民凝聚成一个上进的民族，能够提升英语民族的全球实力，使法裔加拿大人淹没于美国的大熔炉中。

大多数加拿大人并没有把与美国联合提上议程，就连自由贸易也魅力稍减。自由贸易不仅会威胁到受"国家政策"关税保护的工业，还会威慑到与英国的关联。这种关联所产生的"权力感"是加拿大人自身永远无法调动起来的。② 在19世纪的最后几十年，英国对帝国主义重燃兴趣。许多说英语的加拿大人对此无比欢迎，他们沐浴在维多利亚女王长期统治的"日不落"帝国的恩泽中。帝国主义狂热者努力把他们的观点体系化，要求协定帝国共同关税、在英国议会中设立殖民地代表、在帝国防务中形成合作。这些政策从未完全实现，但在纪念仪式、课堂和文学表达中，英国这一纽带被广泛颂扬。

在1891年选举中，加拿大的未来看上去岌岌可危。麦克唐纳竞选的口号是"旧旗帜、旧政策、旧领袖"，而威尔弗里德·劳里埃（Wilfrid Laurier）领导的自由党宣扬"不受限制的互惠互利"。这一立场对自由党中的激进派有吸引力，却不能引起大多数选民的兴趣。选举结束3个月后，麦克唐纳辞世。保守党分裂成几个争吵不休的派系，导致短时间内四位保守党总理——约翰·阿博特（John Abbott）、约翰·汤普森（John Thompson）、麦肯齐·鲍厄尔（Mackenzie Bowell）和查尔斯·塔珀——相继接任。1896年选举中，自由党当选为加拿大的多数党。

劳里埃的自由主义

加拿大的第七任总理劳里埃是一个说法语的罗马天主教徒。劳里埃攻读法律，年轻时加入红党，在魁北克东区一份名为《开垦者》（*Le Défricheur*）的报纸担任编辑。他最初反对联邦，但后来逐渐顺应了新的政治秩序。在魁北克议会中的任期结束后，他在1874年赢得联邦政府席位，在麦肯齐内阁中暂任国内税务部长。他因坚决抵制保守势力而广受各地自由党人的支持。在劳里埃的领导下，自由党改革了组织结构。让商业界如释重负的是，保守党也放弃了僵化的自由贸易立场。劳里埃充分利用各省权力，邀请布莱尔、菲尔丁和莫厄特在他的首任内阁中任职。③

劳里埃是个有原则的人，但他作为总理的成功之处在于他的妥协能力，这一特质体现在他对马尼托巴学校问题的处理方式上。他秉持自由党的省权立场，承认马尼托巴法律的效力，但和该省达成妥协：马尼托巴批准宗教教育，且当学生人数有保证时，可用英语之外的语言教学。关税问题上，他也采取了类似策略：优先准入加拿大产品的国家享有较低关税，自动给予英国优先权，但不会危及主要与美国竞争的加拿大制造商。

劳里埃的任期可用"运气好"和"管理有方"来形容。1896年，国际经济状况开始好转,直到 1912 年都保持相对上升趋势。在克朗代克(Klondike),金子的发现让 4 万人不惜长途跋涉来到育空(YuKon)。但也另有一群人把加拿大视为机会的热土。1897 年,克利福德·西夫顿(Clifford Sifton)被任命为内政部长。在他的监管下,加拿大大力推行移民政策,成果相当可观。1896—1914 年,有将近 300 万人来到加拿大,大部分在草原诸省定居。1905 年,劳里埃政府在西北地区建成两个新的省份。和马尼托巴一样,艾伯塔和萨斯喀彻温的公共用地和自然资源都归联邦管辖。这一政策注定引起民怨,直到 1930 年,草原诸省的呼声才占了上风。在两个新省份,劳里埃曾想扩大罗马天主教学校的特权,但西夫顿因此事突然辞职,他的尝试也随之偃旗息鼓。

扩张主义的快感让劳里埃政府振奋不已。他们支持东部的大干线铁路公司和西部的加拿大北部铁路公司修筑横贯大陆的铁路线。和加拿大太平洋铁路公司一样,这两家公司也因挥霍、赞助和政治腐败纠缠不清。不同的是,它们没能赢利,还造成国库的严重缺口。1918 年,联邦政府取得两家公司的控制权,将它们和横贯殖民地铁路公司及其他衰落的铁路公司合并成加拿大国家铁路公司(Canadian National Railways)。

国家与移民

在一代人的时间内,300 万移民的到来对加拿大的影响不容小觑。他们不仅拓展了聚居地的地理范围,承担了一个动态经济体所需的大量劳动,还带来了新的思想和多元的文化。2/3 的移民来自英国和美国,但来自其他地区的人也足以改变加拿大的民族构成,并为加拿大的社会多元性奠定基础。这将长期成为加拿大的一个特征。

图 7.2 住魁北克市移民简易房的加利西亚人。(图片由加拿大图书档案馆提供 / C4745)

移民涌入加拿大的原因多种多样,其中包括免费土地的提供。到 19 世纪末,阿根廷和美国的聚居区域已经化为一些欧洲人的潜在家园。他们野心勃勃,深受压迫,而且无依无靠。也许加拿大看上去遥远而缺乏吸引力,但内政部和私人利益集团联合精心策划的宣传方案让未来移民更好地了解加拿大的机遇。西夫顿在寻找开垦大草原的移民时,有意把"穿羊皮衣的农民"设为理想目标④。在响应加拿大号召的欧洲农民社群中,大多数移民来自加利西亚的哈布斯堡各省和布科维纳(今乌克兰)。贫穷且不识字的乌克兰移民一波接一波抵达加拿大。1914 年,乌克兰移民人数达 15 万;在两次战争之间,人数又增长了 7 万(图 7.2)。

大部分新来者打算留在此地,但也有一些是计划挣到钱后回国的暂居者。20 世纪的第一个十年,来自希腊、保加利亚、塞尔维亚和奥尔巴尼亚边境的人,也就是今天的马其顿人,在多伦多的工厂、屠宰场和建筑工地找到了工作。1912—1913年,他们的国土在巴尔干战争中遭到严重破坏,许多人因此决定留在加拿大。来加拿大的意大利人中,既有定居者也有寄居者。20世纪一二十年代,随着12万意大利人抵加,他们的人数开始膨胀。和马其顿人一样,大部分意大利移民是年轻男性,不少由蒙特利尔和多伦多的意大利劳务代理人招募而来,在铁路、矿务和建筑公司签约工作。

非白人移民在加拿大并不受欢迎,但也有一些人设法越过了横在他们眼前的屏障。对许多被招募来修筑加拿大太平洋铁路的中国人而言,由于中国的家人还指望着他们寄钱回国,他们选择了留下。中国人聚居最多的英属哥伦比亚向联邦政府施压,作为回应,联邦政府在1885年向中国移民征收人头税。在英属哥伦比亚,从事农业、渔业和商贸的日本移民同样面临歧视。1907年,白人在温哥华的亚洲人区域游行示威,他们打碎窗户,高喊种族主义口号。联邦政府的应对手段是与日本商议一个"君子协定"——把每年进入加拿大的日本人限制在400人。移居或生于加拿大的中国人和日本人在西部省份都不能享有选举权,也不得进入专业领域,还受制于歧视性的房屋契约,并在公共场合遭到隔离。

印度和加拿大一样,是英国的殖民地。对印度移民进行限制较为困难。1908年,联邦政府通过一道枢密令,要求东印度人经连续通路抵达加拿大。由于当时两国还没有轮船直航,这项政策实现了排他的目的。1913年,一群锡克人(Sikhs)成功驳倒这道限令,这一胜利也鼓舞了另一些人。1914年,租赁的日本货船"驹形丸"号(*Komagata Maru*)载着376名旁遮普人(Punjabis)抵加。法院审理此案时,这些"可能的"移民被扣留在船上,于温哥华港滞留了两个月,最终被遣返回国。

将近1/3的移民来自美国。由于他们大部分说英语且大多是个

图 7.3 来自巴纳多博士之家的英国移民儿童抵达新不伦瑞克的圣约翰港。(图片由加拿大图书档案馆授权使用 / MIKAN 在线 no.3193366)

人前往,很少引起加拿大人注意。但对美国黑人来说,情况则大不相同。1910—1912 年,有 1300 名非裔美国自耕农从俄克拉荷马(Oklahoma)来到草原诸省。这导致三个草原省份上诉,要求渥太华今后禁止黑人移民入境。虽然联邦政府没有颁布正式的排外政策,但严格限制黑人入境的边境官员会受到奖励。

尽管英裔加拿大人对英国的一切都热衷不已,他们对"英国绿人"(green Englishmen)并不总是怀有好感。有时,这些事不关己的农民表现出一种令人生厌的优越感。相比之下,家庭帮佣更受欢迎。1904—1914 年,将近 9 万名来自英国和欧洲大陆其他地区的妇女来到加拿大,为快速增加的中产阶级家庭服务。19 世纪 60 年代到 20 世纪 20 年代,英国还遣送了 10 万名贫苦儿童或孤儿到加拿大。他们大多与农场家庭签订契约,成为廉价劳动力。这些"孤儿院儿童"(Home Children)很少获得原先承诺的照顾(图 7.3)。

许多加拿大出生的人用怀疑的眼光看待新来者。对说英语的加拿大人来说，移民潮威胁到了英国文化和社会认可行为的主导地位。改革者对移民的政治价值观、饮酒习惯、对待妇女的态度，乃至他们看上去过于铺张的婚礼仪式都颇有微词。名为"自由之子"（Sons of Freedom）的杜霍波尔派（Doukhobors）激进分子毁掉地产，举行裸体游行示威。震惊的政府官员打算解散他们的社区，要求必须严格遵守公地开垦法。学校被视为最能灌输盎格鲁遵从性的渠道，一批又一批移民儿童在此受到严厉的教导。大多数老师是年轻女性，她们以把这些孩子加拿大化为己任。

与此同时，加拿大的说法语者正为他们减少的人口担忧。草原诸省日渐被说英语的新教徒占据，魁北克的说法语者要么在本省崎岖的聚居地边境上开垦新的农场，要么潜入新英格兰——那里等待他们的是充足的工厂工作岗位，还有一个说法语的美国人社区。路易斯－约瑟夫·帕皮诺之孙、民族主义发言人亨利·布拉萨（Henri Bourassa）力求颁布双语主义和双文化主义政策，保卫法国文化在加拿大的生存，但说英语和说法语的加拿大人对此都予以拒绝。不过，语言分化的两方都和布拉萨一样，关心新的工业秩序对加拿大社会的影响。

经济稳步发展

1885—1914年，加拿大的经济实力不断增强。工业的进步最初反映在迅速发展的消费品工业中，如纺织、服装、鞋类和烟草工业。紧随其后的是生产资料工业的发展，如机械设备，还有使矿业、纸浆、造纸业和化学工业快马加鞭的新技术。到1912年，加拿大将近30%的国民生产总值来自制造业和建筑业。直到20世纪90年代，这一比例几乎一直保持稳定。

19、20世纪之交，钢铁工业的发展标志着加拿大成为一个工业国家。悉尼市邻近布雷顿角岛的煤矿，也便于获得从纽芬兰贝尔岛运输来的铁矿石，新斯科舍煤钢公司（Nova Scotia Coal and Steel）和自治领钢铁公司（Dominion Iron and Steel）都在这里安家。1900年，汉密尔顿钢铁公司（Hamilton Steel and Iron Company）开始大量平炉炼钢，1910年，加拿大资本家马克思·艾特肯（Max Aitken）将其重组为加拿大钢铁公司（Stelco），确立了它在行业中的主导地位。此时在苏圣玛丽（Sault Ste. Marie），美国梦想家弗兰西斯·赫克托·克莱格（Francis Hector Clergue）已经用大规模的钢铁工程建成了他的工业帝国。1877—1900年，加拿大的钢铁产量增加了6倍多，到1913年再次翻了10倍。

占加拿大电力生产80%的安大略和魁北克主导了第二次工业革命。这次工业革命以需要充足电能的矿业、化学工业、纸浆和造纸业为基础。安大略积极开发尼亚加拉瀑布，为本省带来了丰富的水力电能。在魁北克，美国资本在圣莫里斯河（St. Maurice River）开发了沙威尼根瀑布。不同于安大略将水力发电交给政府运营的做法，魁北克把水电工业归到私人企业。不管是国营还是私营，丰沛的水力电能对工业有强大的吸引力。到1901年，安大略至少占加拿大制造业生产总值的一半，魁北克则占将近1/3。

这一时期，加拿大开始成为全球范围内的资源供给国。最引人注目的成功故事在草原诸省上演——它成了全世界的面包篮。到1914年，加拿大的小麦产量位列世界第二，仅次于美国。在大西洋沿岸，投资涌入加工龙虾、鲱鱼和沙丁鱼的罐头制造业，还有处理鲜鱼的冷冻储藏设备。但这一工业一直高度分散，并存在极其激烈的竞争。1912年，英属哥伦比亚高利润的三文鱼加工业由当地包装协会（Packers Association）集中管理。英属哥伦比亚同时是加拿大新的木材产区。太平洋海岸的雪松和道格拉斯的冷杉，满足了迅速发展的北美城市的木材需求。虽然克朗代克的淘金热成为热点，但对加拿大经济的影响仍不如其他矿业。滨海诸省、艾伯塔和英属哥伦比亚的煤矿都在扩张；分离混合矿石的工序改善后，安大略萨德伯里（Sudbury）的镍铜矿和英属哥伦比亚的锌铅银矿都投入生产。

和其他工业化国家一样，加拿大的服务业也蒸蒸日上。官僚机构在国家和私人单位中越发具有代表性，它们需要大批职员、律师和管理者来维持顺利运转；而城市依靠的是建筑工人、出租车司机、清洁工、厨师和其他服务提供者。文职工作是发展最快的职业之一，它们多由能熟练使用新机械打字机的女性担任。零售业同样蓬勃发展，伊顿公司（T. Eaton Company）的腾飞是这一行业在工业时代所扮演关键角色的代表。1869年，伊顿公司是多伦多一家新的纺织品和服装商店，后来壮大为基于目录销售的商业帝国，在加拿大内外设有许多分公司。哈德孙湾公司不再依靠垄断毛皮贸易来维持经营，于1881年在温尼伯开了第一家连锁百货商店。

加拿大徒具形式的反合并法在1889年颁布，对意在控制市场的企业行为影响甚微。19世纪80年代，企业兼并源源不断地出现。20世纪前期，一场规模更大的兼并运动随之而至。这一时期成立的马西·哈里斯（Massey-Harris）、皇家石油（Imperial Oil）、加拿大贝尔（Bell Canada）、通用电气（General Electric）、加拿大钢铁公司和加拿大水泥公司等企业，都是一个世纪内加拿大家喻户晓的名字。银行业也兴起了同样的潮流，5家加拿大银行中的4家在金融塔尖上站稳了脚跟，至今仍屹立在新斯科舍、科默斯（Commerce）、蒙特利尔和罗亚尔（Royal）这些城市的商业中心。

劳工之悲

贫富差距是新工业秩序的一个鲜明特点。当加拿大的企业上层集团沉浸在大肆炫耀其积累的财富时,劳动者们却面临着赤贫。他们在严格甚至专制的监管中长时间工作,换来的却是低收入,也没有获得劳动保障。1886年,麦克唐纳成立了劳资关系皇家委员会(Royal Commission on the Relations of Labour and Capital),以消解对加拿大工厂劳工条件的批评。委员会在安大略、魁北克和滨海诸省展开调查,在1889年提交了一份报告,其中提供了关于残酷和剥削行为的确凿证据。委员会成员提议进行大范围的改革,包括赔偿劳动伤害和禁止雇用童工。不过,这次调查唯一的直接成果是在1894年设立了一个全国假期——为加拿大劳动人民而设的劳动节。

消除工厂体系中最大的弊端也障碍重重。由于工作环境归各省管辖,改革只能零星推进。另外,劳动法通过后很少得到执行。19世纪80年代,安大略和魁北克通过了《工厂法案》(Factory Acts),禁止工厂雇用12岁以下的男孩和14岁以下的女孩。随后,法案在其他地方推广,但那些以儿童劳动为生的家庭往往绕道而行。1897年,劳里埃政府通过《外来劳工法》(Alien Labour Act),以此回应越发有组织的劳工运动所提出的要求。《外来劳工法》禁止公司从美国输入廉价合同工和工贼,但收效甚微。许多雇主为保证雇员的忠诚度,会组织公司野餐、到周边景点短途旅行,在圣诞节期间还会发放食物篮。但一旦这些诱惑失效,他们则会使用强力,要求政府派遣警察、民兵和军队来镇压罢工。

虽然工会组织起来要求改革,但它的权力因管辖权纠纷而遭到损害。1869年,费城裁缝组建了劳工骑士团(Noble and Holy Order of the Knights of Labor）。19世纪80年代，劳工骑士团在加拿大立足。劳工骑士团试图不分技能地把所有工人组成"产业"工会。与之相反，行业协会把工人按行业领域组织起来。它在1883年成立的行业与劳工联合会（Trades and Labour Congress，TLC）中占主导地位，采用的是美国劳工联合会（American Federation of Labor，AFL）的政策，追求更高的工资，改善劳动条件，但未对资本主义制度作根本改变。在1902年安大略柏林的一次会议上，行业与劳工联合会加入美国劳工联合会，将劳工骑士团等产业工会从名单上剔除。

在地域和文化坐标上，劳工组织也呈碎片化。罗马天主教会在魁北克成立了自己的劳工组织。这些组织难免保守，后于1921年合并成加拿大天主教工人联盟（Confédération des travailleurs catholiques du Canada）。新斯科舍的工人以全省工人协会（Provincial Workmen's Association）为代表。它原来是一个好斗的联盟，在1900年之前发起了超过70次罢工。截至1910年，新斯科舍、艾伯塔和英属哥伦比亚的矿工开始向更激进的美国矿工协会（United Mine Workers，UMW）求援。没有一技之长的劳动者加入了世界产业工人联盟（Industrial Workers of the World，IWW），这一现象在英属哥伦比亚尤为明显。这一组织成立于美国，提倡以工团主义摆脱资本主义的束缚。

1900年，联邦政府成立劳工部，并聘任一位受过大学教育的劳动关系专家威廉·莱昂·麦肯齐·金（William Lyon Mackenzie King）为首位副部长。金协助出台了1907年的《工业纠纷调查法》（Industrial Disputes Investigation Act）。法案规定，在代表劳工、资本和政府的三方对纠纷进行仲裁之前，公共事业和矿区禁止罢工或停工。若雇主试图还击罢工的雇员，它不对雇员提供保护。因此，1910年只有10%的加拿大劳动力加入工会也不足为奇了。

改革年代

工业化的同时,从乡村到城市发生了史无前例的人口迁移。在风气最盛的 1901—1911 年,蒙特利尔和多伦多的人口都增加了一倍;在西边的城市,如温尼伯、卡尔加里、埃德蒙顿和温哥华,人口增长甚至更为迅速。不论是哪里的城市,都浮现出了无节制增长的最大弊端。噪声、过度拥堵、污水处理系统的欠缺以及疾病的出现使城市居民深受其扰,也唤起了改革的呼声。

对工业化进程中的加拿大来说,改革是多面的,但其核心日益凝聚在一个观念上——问题的部分症结在于社会状况,而非个人过失。大多数改革者是革新派,他们呼吁国家改革资本主义的恶果。但也有一小部分所谓的激进分子希望有一天能废除资本主义。不管他们的重心何在,改革的努力都在一系列关于伦理道德的词汇中得以表达,这些词汇在维多利亚时期的加拿大广为流传。1886 年,多伦多的地方政府甚至在本市警察部门中增设了一个伦理部(Morality Department),用以逮捕妓女、酒精和毒品交易者、赌徒和乞丐。这一举动和其他类似的措施给多伦多贴上了"美好多伦多"(Toronto the Good)的标签,其名声延续到 20 世纪后半期。

进步改革运动的前线,是一个由专业人士、教会领袖和勤勉志愿者组成的牢固联盟。传播手段的进步扩大了他们的影响力,使他们得以成立世界性组织,并从其他国家的对应团体中获取支持。到 20 世纪,健康专家的地位变得尤为显著。他们用新的科学依据来募集支持,修建医院、为年轻母亲和她们的孩子搭建诊所、教导学龄儿童"整洁近于美德"。与此同时,教会开始了"社会福音"运动,通过推广慈善活动来化解工业化时代无所不在的骇人状况。就连罗马天主教会也变得更易于接受改革理念。1887年，教皇利奥八世为劳工骑士团解除了一道无实效的禁令。在1891年的教皇通谕《新通谕》（Rerum Novarum）中，他还谴责了不受控制的市场经济。

禁止酒精生产、销售和消费的运动一直得到广泛支持。劳里埃就职时，通过全民公投回避了这一事宜。这次公投在1898年举行，在除魁北克以外的其他所有省份中，禁酒都获得了大力支持。但总体来看，支持者的绝对数量少，投票率低，因此劳里埃抵挡住了要求联邦立法的压力。尽管如此，禁酒主义者仍在省市范围内继续斗争。他们在选举期间格外活跃，要求所有竞选者公开表明对酒精的立场。

在其他事项上，渥太华让步于公众压力。1907年，新教教会与工会领袖通过"主日联盟"（Lord's Day Alliance）合作，要求联邦政府实施主日法（Sunday observance laws）。循道宗教徒和长老会教徒为这一成绩所振奋，在1907年联合成立了加拿大道德与社会改革委员会（Moral and Social Reform Council of Canada），践行他们雄心勃勃的改革计划。1913年，更名为加拿大社会服务委员会（Social Service Council of Canada）。大部分改革者在一点上达成共识——新工业秩序使男性更容易逃避家庭责任。1913年，一道联邦法令将不扶养妻子或同居女友的行为定为刑事犯罪。

为追求一个更好的社会，改革者把目光聚焦在性别实践中。1892年《刑法典》改革，散布避孕或堕胎措施的人将被判处2年监禁。尽管如此，还是有一些更为超前的改革者提倡实行优生计划。基于动植物繁殖相关的科学结论，优生主义者提出：如果禁止有不良生理和心理特性的人繁衍后代，社会将取得进步。在对社会控制和科学分析的狂热之下，同性恋被视为非自然的。社会纯净运动的倡导者呼吁将同性恋者判处监禁，而医学界把同性吸引视为精神失常的一种表现，要求由精神病院关押。

随着污染的不断加剧和资源以惊人的速度走向枯竭，改革者开始着手进行环境改革。受美国启发，联邦政府在 1885 年建立了班夫温泉自然保护区和落基山公园。安大略首先仿效，于 1893 年建立了阿尔冈昆省立公园。1909 年，美国总统西奥多·罗斯福（Theodore Roosevelt）主持召开了北美自然资源保护会议，会后劳里埃政府成立了加拿大保育委员会（Canadian Commission of Conservation）。在克利福德·西夫顿的有力领导下，委员会调查的领域从毛皮动物养殖、候鸟到能源发展、城市规划等，无所不包。

美丽城市运动源于欧洲和美国，以其理性规划、优雅建筑和公共空间的概念吸引了众多改革者。加拿大在开展这项运动的过程中，成立了蒙特利尔城市促进社（Montreal's City Improvement League）等志愿团体，并获得了成立于 1901 年的加拿大自治城市联盟（Union of Canadian Municipalities）的支持。进步的改革者要求政府管理水、能源、电话和交通等基本城市服务，并任命专业人士为董事会职员，以遏制利益集团的权力。在大大小小的社区，像秘密共济会会员独立会（Independent Order of Odd Fellows）、扶轮社（Rotary）、商会（Chambers of Commerce）这样的兄弟组织都为改善当地条件贡献了一己之力。

铁路、日常邮政服务和发放给农业人口的报纸将农村地区与外面的广阔世界联系起来，农村的改革情绪应运而生。农民和他们的城市同胞有许多共同的关注点，尤其是禁酒。但他们也对城市崛起的银行和保险公司感到震惊，并为农村人口的减少担忧。城市里的很多服务农村地区都无法享有。他们尤其关注妇女从农村飞往城市谋求机会的现象。由于农业日趋商业化，男人逐渐取代了女人在乳品业和园艺工作中的位置。但与城市中付薪工作的独立性相比，枯燥而孤立的农场生活并不讨人喜欢。

农村改革运动一浪接一浪地席卷加拿大，各地状况也有所不同。在加拿大东部，受美国启发的格兰其运动（Grange Movement）和工业保护协会（Patrons of Industry）获得大批追随者。1901 年，草原诸省的土地矛盾催生了领地谷物种植者联盟（Territorial Grain Growers' Association），这是 1905 年萨斯喀彻温和艾伯塔建省后省级联盟的基础。合作社在加拿大农村也流行开来。合作社组织遵循合作而非竞争原则，由合作社成员而非投资者所有。1909 年成立的加拿大合作社（Cooperative Union of Canada）组织社员开展教育和游说活动。同年，安大略的农民和西部的谷物种植者成立了加拿大农业委员会（Canadian Council of Agriculture）。1910 年，这些有组织的活动带来的成效开始显露。1000 名农民涌到国会山，要求降低关税、提供更好的铁路和谷物运输服务、立法支持合作社企业。1914 年，安大略农民联合会（United Farmers of Ontario）成立，他们的议程上有直接的政治动作。

在西方世界的其他地方，社会主义已然生根。有激进政治经验的移民的到来推动了社会主义进程，也意味着多样性的蔓延。马克思主义、天主教社会主义和改革主义争相引发关注，没有任何一个单一途径或政党能赢得全国性的支持。在英国，成立于 1893 年的独立工党（Independent Labour Party）获得劳动者的大力支持。这对温和的社会主义者来说，无疑是一个诱人的选择。1900 年，在温尼伯这个加拿大政治意味最浓的城市，阿瑟·帕蒂（Arthur Puttee）被选为工党候选人，但鲜有人能望其项背。

公共场合的妇女

在加拿大许多改革尝试中，妇女只是普通人等。按照两分领域的信条，最初女性与男性被分开管理，以让她们把精力集中在妇女儿童问题上。19 世纪 70 年代，许多新教教会都涌现出妇女传教协助社

(Women's Missionary Aid Societies)。1870年，圣约翰开始出现女性协助建立的基督教女青年会（Young Woman's Christian Association，YWCA）分会，为城市中的单身女性提供膳宿。1874年，在安大略的皮克顿，利蒂西亚·尤曼（Letitia Youmans）成立了基督教妇女禁酒联盟（Woman's Christian Temperance Union，WCTU）的第一个加拿大分盟，它的分支迅速扩散到全国各地。罗马天主教女教徒，尤其是安大略的女教徒，继续负责教育、医疗和社会服务的修会工作。截至1901年，安大略有超过6%的20岁以上单身女性是修女。在草原诸省，谷物种植者联盟的女性辅助员排出了紧凑的日程表，其中包括改革否定妇女申请土地权利的宅地法。妇女协会同样聚焦在农村妇女。第一个妇女协会在1897年由阿德莱德·霍德莱斯（Adelaide Hoodless）在安大略的斯托尼克里克成立，起因是她的孩子因饮用不洁的牛奶而死去。

加拿大全国妇女委员会（National Council of Women of Canada，NCWC）是一个全国性的妇女社团联盟，成立于1893年，妇女的积极能动性都凝聚于此。它是总督之妻阿伯丁夫人（Lady Aberdeen）的独创，囊括了各类组织，支持禁酒、儿童福利和妇女职业发展等各项事业。阿伯丁夫人还是维多利亚护士会（Victorian Order of Nurses）的幕后推动者——维多利亚护士会成立于1897年，为偏远地区提供护士服务。1910年，加拿大全国妇女委员会批准了妇女的普选权，这被视为激进但是必要的一步，表达了对将公权力纳入妇女自身权利的认可。

19世纪末，妇女普选的改革时机已到。1883年，多伦多文学社（Literary Society in Toronto）的女性自信满满地建立了加拿大第一个妇女普选协会（Woman's Suffrage Association）。女性在禁酒和其他改革事业中的高姿态让许多男性感到紧张。反对妇女参与普选的常见理由是：政治对"小姐们"来说太难以驾驭，或女性不如男性有智慧。然而，这样的看法在一个自由化的社会中无足轻重。支持妇女普选权有两个主要视角：自由意志女性主义者（liberal feminists）要求投票，同时以公平为原则，废除歧视妇女的法律；母权女性主义者（maternal feminists）以两分领域的信条为依据，要求从妻子和母亲角色中获得权力。不论以何种方式实现，妇女普选已成为改革之争的关键。

女性普选进展缓慢，但在这一过程中，妇女也获得了一些胜利。从 19 世纪 80 年代开始，大部分省份通过法律，授予已婚女性财产权、对孩子的抚养权，以及在城市选举中的投票权。蒙特爱立森（Mount Allison）大学是一所卫斯理宗高等教育机构，位于新不伦瑞克的萨克维尔（Suckville），因在 19 世纪 70 年代向女性打开大门而在大英帝国居引领地位。虽然新科学和专业课程仍主要是男性的领域，但大多数加拿大的大学也逐渐跟上了它的脚步。医生艾米丽·斯托（Emily Stowe）和珍妮·特劳特（Jenny Trout）对于只能去美国受训感到不满，于是发起行动，强迫皇后大学和多伦多大学向女性开放医学课程。1883 年，她们取得了部分成功，两所大学都设立了面向女性的医学院。19、20 世纪之交，马尼托巴的小说家和社会活动家内莉·麦克朗（Nellie McClung）成了加拿大的普选超级明星。事实证明，她巧妙的应对方式收效明显。

加拿大的社会与文化

识字率的提高、通信技术的发展和追求进步等潮流支撑起了改革运动，也丰富了加拿大的精神生活和文化表达。欢迎新人群和新思想的渗透性边界使加拿大深受其益，也使这里成为创新的试验田。生于苏格兰的亚历山大·格雷厄姆·贝尔（Alexander Graham Bell）在这片土地上试验了电话和飞机；世纪之交，东海岸成了古列尔莫·马可尼（Guglielmo Marconi）无线电试验的地点。尽管如此，加拿大人一般还是把美国看作最适宜施展能力的地方，如雷金纳德·费森登（Reginald Fessenden）在那里试验了无线电发射，詹姆斯·奈史密斯（James Naismith）在马萨诸塞发明了篮球运动。

随着更多的加拿大人被吸引到城市，乡村环境对城市市民散发出迷人的光彩。一些城市市民加入野外博物学家俱乐部（Field-Naturalists' Club）等组织，并创立基金会，资助那些来自城市贫民窟的儿童夏季去郊外度假。"何为男性"这个问题在城市生活中有了越来越多的定义，男孩也成了改革者关注的群体。他们把大自然视为塑造男子气概的媒介。自然主义者、动物故事作家欧内斯特·汤普森·西顿（Ernest Thompson Seton）推动了森林俱乐部运动（Woodcraft Club movement），致力于教给男孩追踪、扎营、划独木舟和木工技能。1908年，男童子军（Boy Scouts）由南非战争的退伍军人罗伯特·巴登-鲍威尔（Robert Baden-Powel）在英国创立，这一组织也教给男童类似的技能。1909年，鲍威尔又组建了女童子军（Girl Guides）。夏季，有一定经济能力的市民会坐上火车去乡村的僻静处——这些僻静处可以是马斯科卡、默里湾、圣安德鲁斯海边、卡文迪什沙滩、布拉多尔湖，也可以是一个新的国家或省立公园。对于那些追求"真实"的人来说，在土著向导的带领下狩猎、捕鱼构成了绝佳的"荒野经历"。

工业时代的机遇和价值还重塑了体育运动。竞技项目、赛事规则的制定和商业化在市场中并驾齐驱，还引发了关于体育目的的大讨论。中产阶级坚持着业余爱好者的理想化目标，禁止付给参赛者报酬、严守绅士风度，但专业主义也竞相出现。1893年，总督斯坦利勋爵（Lord Stanley）赞助了加拿大业余冰球锦标赛。1908年，蒙特利尔漫游者队赢得"斯坦利杯"（Stanley Cup）后，马上转为职业球队，这一赛事也随之转型。由总督格雷伯爵（Earl Grey）在1909年赞助的"格雷杯"（Grey Cup）足球赛，也走上了类似的轨道。职业棒球成为最受欢迎的观赏性体育项目，吸引了大批工人观众。到1914年，学校和大学体育运动逐渐普及，志愿团体承办的体育项目也大量出现，体育在许多加拿大年轻人心中占据了前所未有的重要位置。

工业时代，艺术也欣欣向荣。本地和巡回的剧团、文学社和诗歌朗诵会吸引了大批观众。⑤和推动体育运动发展一样，总督在鼓励文化尝试中也功不可没，其中最突出的是洛恩侯爵（Marquis of Lorne）。在他的推动下，1880年建立了加拿大皇家艺术学院（Royal Canadian Academy of Arts）和加拿大国家美术馆（National Gallery of Canada），1882年又成立了加拿大皇家学会（Royal Society of Canada）。1900年，附属皇家学会的36个组织中，有2/3的组织以历史类为研究重点，其中包括一个来自"六部族"（Six Nations）的团体和两个女性历史学社。⑥无论是业余还是专业学科背景的加拿大史学工作者，为了支持建国之举，都有选择地把历史事件浪漫化。在众多史迹中，学校里孩子们学习的是尚普兰、多拉尔·德索莫（Dollard des Ormeaux）、马德琳·德韦谢（Madeleine de Verchères）、艾萨克·布洛克和劳拉·西科德（Laura Secord）的英雄事迹。像1908年魁北克城建城300周年那样的纪念仪式，会有成千上万人参加。另有一些雕塑、纪念碑和纪念牌作为集体历史记忆的标志被保留下来。

加拿大人热爱小说，也有一些加拿大作家享誉全球。玛格丽特·马歇尔·桑德斯（Margaret Marshall Saunders）的手稿在美国人道协会的一个比赛中力拔头筹，随后她的作品《美丽的乔》（*Beautiful Joe*）售出了100多万册。这本书出版于1893年，讲述了一只小狗被从残酷的主人手中救出的故事。露西·莫德·蒙哥马利（Lucy Maud Montgomery）的小说《绿山墙的安妮》（*Anne of Green Gables*）写的是一个勇敢孤儿的故事，1908年一出版就大受欢迎。在欧洲，刻画理想乡村生活的农民小说很受欢迎，随后也在加拿大深深扎根。路易·埃蒙（Louis Hémon）的《玛利亚·沙普德莱纳》（*Maria Chapdelaine*）是其中最经典的例子，反映了许多法裔加拿大人的艰难抉择——前往新英格兰寻找工作，还是搬迁到魁北克农业区的社区？在许多加拿大作品中，原住民被塑造得非常引人瞩目，也使国际读者为之着迷。"莫霍克公主"E.保利娜·约翰逊（E. Pauline Johnson）的作品在海内外上演，她的混合文化背景极具戏剧性。对在英国长大的阿奇·贝拉尼（Archie Belaney）来说，原住民的文化传统有莫大吸引力，为此他在1906年移居加拿大，树立起原住民的身份认同，后来成为一位著名的作家和环保主义者，以"灰色夜枭"（Grey Owl）扬名。

新现实主义也反映在萨拉·珍内特·邓肯（Sara Jeannette Duncan）的作品中，她是美国小说家亨利·詹姆斯（Henry James）的追随者。在1904年出版的小说《帝国主义者》（*The Imperialist*）中，她深入剖析了安大略的保守狭隘，并探究了在英国情结和北美现实生活中取得平衡的必要性。加拿大最受欢迎的幽默作家史蒂芬·李科克（Stephen Leacock）在麦吉尔大学讲授经济学，这一学科有助于他在《小镇艳阳录》（*Sunshine Sketches of a Little Town*，1912）、《阔佬的牧歌式历险》（*Arcadian Adventures of the Idle Rich*，1914）等作品中揭露北美资本主义的缺陷。加拿大也出现了与英美杂志有趣的对比，这在《星期六之夜》（*Saturday Night*，1887）、《加拿大人杂志》（*Canadian Magazine*，1893）、《忙人杂志》（*Busy Man's Magazine*，1905）中都有所体现。1911年，《忙人杂志》更名为《麦克林杂志》（*Maclean's Magazine*）。

加拿大的艺术家跟上了别处兴起的潮流，也对销路好的代表作孜孜以求。在安大略，一群男画家在对阿尔冈昆公园的描摹中运用了新的艺术手法。他们是劳伦·哈里斯（Lawren Harris）、J.E.H.麦克唐纳

(J. E. H. MacDonald)、弗兰克·卡迈克尔（Frank Carmichael）、弗兰克·约翰斯顿（Frank Johnston）、阿瑟·利斯迈尔（Arthur Lismer）、弗雷德·瓦利（Fred Varley）和A.Y.杰克逊（A. Y. Jackson），也就是后来闻名于世的"七人画派"（Group of Seven）。阿尔冈昆公园是他们一个前期成员汤姆·汤普森（Tom Thompson）淹死的地方。在西海岸，艾米丽·卡尔（Emily Carr）在让人叹服的隔绝状态中创作，磨炼出了一种充满力量的后印象派风格，表现了英属哥伦比亚景观之壮丽及其原住民的庄严。1900年，伊斯曼·柯达（Eastman Kodak）在美国推出了一款布朗尼相机。对大多数人来说，它能在可承受价格范围内拍出最好的照片。"电影"在19世纪90年代后期首次登上荧幕，观影一般需要5美分，吸引了大批热衷的人群，但也遭到了道德谴责。

改革年代的原住民

在加拿大工业化的过程中，原住民尽最大努力适应他们周围的各方势力。他们并非被忽略的群体。寄宿学校在这一时期兴起，它们大多由开拓原住民传教区的教会运营。[7]西夫顿的继任者、内政部部长弗兰克·奥利弗（Frank Oliver）采取各种措施，以便于征收阻碍"进步"的保留地。原住民奋起抵抗，向伦敦请愿，并在法庭上就他们的土地损失提出异议，但收效甚微。

和许多加拿大人一样，土著民族也在工业经济体中找到了工作。在蒙特利尔附近，卡纳威克（Kahnauake）的易洛魁人以熟练掌握建筑技术著称，在矗立于主要城市中心区的新高楼大厦中优势尤其明显。在修筑铁路的地区，土著女人靠洗衣服和做清洁谋生，男人则在铁路线上工作。在太平洋海岸，原住民在木材厂、矿区、罐头食品厂工作，他们也从事商业性渔业，尽管当时传统的三文鱼捕捞场并不向他们开放。一部分人还为观众表演所谓的传统原住民文化活动，其中包括里埃尔的副手加布里埃尔·杜蒙（Gabriel Dumont），他在1886年参加了"水牛比尔"（Buffalo Bill）的"荒蛮西部"演出。观众们对关于牛仔和印第安人的虚构叙述都非常着迷。

育空发现金子后，联邦政府很快在西北地区宣示主权，并在1898年与甸尼族（Dene）签订条约。20世纪前期，魁北克、安大略、马尼托巴、萨斯喀彻温和艾伯塔的边界变成现有格局时，住在这些地区的原住民却没有任何发言权。由于加拿大在北极地区的领属权受到其他国家质疑，联邦政府发起了对北部的突袭，1906年和1911年的两次空袭由约瑟夫·伯尼尔（Joseph Bernier）上尉领导，1913年的一次由维尔西奥米尔·斯蒂芬森（Vilhjalmur Stefansson）领导。北极东部的因纽特人基本不受欧洲的影响，但中部和西部的居民受到疾病和屠杀鲸鱼、海象的重创。结果，西部的因纽特人几乎被阿拉斯加因纽特人消灭殆尽。

劳里埃的挑战

劳里埃是一个受欢迎的总理，他在选举中持续获得令人信服的胜利。和麦克唐纳一样，他的成功建立在魁北克和安大略的支持之上，但西部省份越发成为一股不容小觑的力量。它们捍卫自由贸易、抵制东部的影响，使得政治舞台日益复杂。

1899年，英国向南非的荷兰移民布尔人（Boers）宣战。许多说英语的加拿大人认为这也是自己的战争，于是向劳里埃施压，要求派一支加拿大分遣队前往南非。这一政策得到伦敦和加拿大的英裔民兵指挥官支持。但布拉萨和其他法裔加拿大民族主义者将自己等同于被围困的布尔人，坚决反对加拿大在这场争端中插手。劳里埃最后决定，渥太华将配备和扩充志愿军;一旦到了南非,志愿军则由英国雇用或部署。但他为这一妥协付出了政治代价:主张强硬外交手段的帝国主义者认为这一手段太乏力,但布拉萨认为这样做太过分,还从下议院辞职以示抗议。超过 7000 名加拿大人加入志愿军,其中 244 人在南非战争中丧生。在加拿大本土,妇女加入成立于 1900 年的皇家天主教女修道会(Imperial Order Daughters of the Empire),为战事提供支持。

劳里埃试图在依附皇权和彻底独立之间找到一片中间地带,但已进入另一个扩张时期的美国把事态变得更复杂。1898 年,美国在争夺古巴的战争中打败西班牙,占领了波多黎各、关岛和菲律宾。阿拉斯加和育空的边界争端似乎意味着另一个占领的机会。克朗代克发现金子后,阿拉斯加潘汉德尔(Panhandle)的地域范围突然被扯上关系,因为这将决定人和货物进入金矿区所经港口的所有权。1903 年,特别法庭成立。英国委派的代表在裁定边界时站在了美国一边,凸显出加拿大在外交事务中对英国的依赖。

由于英国官员在南非战争中干涉加拿大事务,也出于对阿拉斯加边界决议的不满,劳里埃政府在 1904 年提出,加拿大的民兵指挥官要由加拿大而非英国任命。1906 年,英国从其在加拿大的最后两个军营——哈利法克斯和埃斯奎莫尔特(Esquimalt)撤兵。此后,加拿大在名义上承担了更多的自我防卫责任。1909 年,麦克唐纳的前任助理约瑟夫·波普(Joseph Pope)受命成立对外事务部。虽然从严格意义上说,英国仍控制着加拿大的对外关系,但关于贸易、边界争端、渔业等问题的大量文件表明,对加拿大国际利益进行官方监管是有必要的。

事实证明,海防问题更为严峻。面对英德两国对抗的升级,加拿大被迫在两条出路中做出选择——为英国海军提供经济援助或成立本国海军。劳里埃一如既往地采取了折中立场。在 1910 年颁布的《海军处法案》(Naval Service Bill)中,他提出建立加拿大海军,但这支海军在战争期间可以由英国支配。虽然保守党人都对劳里埃的"拙劣海军"不屑一顾，他们内部却仍高度分化：党内占大多数的英裔加拿大人要求直接支援英国海军，而法裔加拿大人反对对海防的任何经济投入。布拉萨是魁北克民族主义事业当之无愧的代言人，他在1910年创办了一份名为《义务报》（*Le Devoir*）的新报纸，宣扬他在此事上的反帝国主义立场。

博登政府（1911—1914年）

随着1911年大选的临近，魁北克的民族主义、草原诸省的疏远和对腐败的指控共同威胁着劳里埃政府的领导。此时共和党人威廉·霍华德·塔夫脱（William Howard Taft）任美国总统，给加拿大开出了一个看上去极其优渥的条件，也因此点燃了劳里埃政府获胜的希望。美国提出的是一个综合的贸易协定，允许大范围的天然产品自由准入，并降低大批制造业产品的税率，这些产品包括加拿大农场所急需的农业工具和机器。自由党人把这个受到热捧的《互惠条约》作为他们竞选纲领中的核心条目（图7.4）。

这一回，劳里埃的政治触觉失灵了。这个可能被签订的《互惠条约》激怒了18位多伦多商人显要、金融家和加拿大制造业者协会（Canadian Manufacturers' Association）。他们抛弃了自由党，认为《互惠条约》会危及加拿大作为一个国家的生存。与此同时，由于布拉萨领导的民族主义者谴责海军政策把国家叛变成了英属加拿大，劳里埃在魁北克的大本营也随之崩溃。竞争激烈的1911年普选已结束，但自由党人只在安大略86个选区中的13个取得胜利，总共也只赢得了87个区的支持；而保守党人则获得了134个席位，其中27个来自魁北克。

罗伯特·莱尔德·博登（Robert Laird Borden）从1901年起担任

图7.4 1910年7月29日,总理威尔弗里德·劳里埃在萨斯喀彻温大学出席纪念活动,为校舍打下基石。同年,他在对草原诸省的访问中意识到,与美国签订自由贸易协定将会赢得西部省份自由党的支持。(图片由萨斯喀彻温大学档案馆提供/A-8)

联邦保守党领袖,但缺乏劳里埃所具备的个人魅力。博登是一个诚挚、勤勉且正派的人,在哈利法克斯有广泛的法律实践。1891年,他因《互惠条约》与自由党人分道扬镳。1896年,他以保守党党员身份参选,也是塔珀看中的继任者。19世纪90年代的分歧使保守党支离破碎,博登坚持不懈地展开重建工作,还为施政纲领注入了一种革新的视角。在1908年和1911年的选举中,保守党捍卫的政策包括:免费投递农村信件、行政部门改革、公用事业的所有权和联邦协助技术教育等。⑧

博登的总理任期充满坎坷。他上任一年多,内阁中魁北克区的领袖费列德里克·德巴奇·蒙克（Frederick Debartzch Monk）因海军问题辞职。和魁北克其他民族主义者一样，他反对博登"紧急"捐助3500万美元给英国筹建帝国海军。保守党颁布了《海军援助法案》（Naval Aid Bill），在下议院中遭到自由党人的强烈反对，导致政府请求"关张"。这是减少争议的权宜之计，也是加拿大首次走这一特殊程序。劳里埃认为，这是上议院自由党人废除法案的正当理由。

受制于上议院否决和修订法案的权力，成立关税委员会、为省级高速公路提供补贴的法规也未能通过。对于故意妨碍议案通过的举动，自由党议员辩护称，博登政府篡夺了《英属北美法案》未授予的权力。根据1912年的《谷物法》（Grain Act），加拿大谷物专员理事会（Board of Grain Commissioners）成立，并授予联邦政府对终端谷物升降机的所有权和操作权。执行这部法律也要小心翼翼，以防激起自由党议员的愤怒。

并非所有计划都因上议院的强硬不妥协而搁浅。在草原诸省，当博登同意援建通往哈德孙湾的铁路时，他的支持率飙升。1911年搁浅的自由贸易协定中的许多条款，都在1913年美国实行的《安德伍德关税法案》（Underwood Tariff）中得以实现，这让农民们振奋不已。1912年，博登兑现了他对魁北克、安大略和马尼托巴这三个加拿大最强省的承诺，将位于其北部边境的联邦政府管辖的大面积土地授予它们。此外，让银行家、掮客等许多加拿大人如释重负的是，联邦政府的介入拯救了两家濒临破产的铁路公司。

1912年，一场经济危机爆发，工业经济消极的一面浮出水面。为应对危机，联邦政府成立了一个调控生活成本的委员会，并强烈要求铁路公司保持高就业水平。在大城市，地方政府建立了职业介绍所。许多人陷入贫困，其中包括持续涌入的成百上千的移民。对他们来说，这些措施只是杯水车薪。1914年8月，经济危机被一场更大的危机湮没——欧洲战事爆发。

结　语

如果说博登在职的前三年极具挑战性,那么接下来的四年将会挑战他的忍耐极限。1914年夏天,第一次世界大战的爆发加剧了阶级、文化和地域矛盾,使加拿大的治理异常艰难。加拿大虽然有令人瞩目的经济增长和成功的政治和解,却终究还是一个脆弱的民族国家。各省独立、联合美国、帝国联邦等种种可能的出路,持续吸引着对加拿大现状不满的人。这个国家能否顶住压力、全力以赴打一场硬仗,还不得而知。

注释:

① One of the best surveys on this period was published nearly four decades ago: Robert Craig Brown and Ramsay Cook, *Canada: 1896-1921: A Nation Transformed* (Toronto: McClelland and Stewart, 1974).

② Carl Berger, *The Sense of Power: Studies in the Ideas of Canadian Imperialism, 1867-1914* (Toronto: University of Toronto Press, 1970).

③ Biographies of Laurier include Joseph Schull, *Laurier* (Toronto: Macmillan,1965); Richard Clippendale, *Laurier: His Life and World* (Toronto: McGraw-Hill Ryerson, 1979); Réal Bélanger, *Wilfrid Laurier: quand la politique devient passion* (Quebec: Presses de l'Université Laval, 1986); and André Pratte, *Wilfrid Laurier* (Toronto: Penguin, 2011).

④ Cited in J. W. Dafoe, *Clifford Sifton in Relation to His Times* (Toronto:Macmillan, 1931), 142.

⑤ For a broader discussion of the arts, see Maria Tippett, *Making Culture: English-Canadian Institutions and the Arts before the Massey Commission* (Toronto:University of Toronto Press, 1990).

⑥ Carl Berger, *Honour and the Search for Influence: A History of the Royal Society of Canada* (Toronto: University of Toronto Press, 1996), 32.

⑦ J. R. Miller, *Shingwauk's Vision: A History of Native Residential Schools*(Toronto: University of Toronto Press, 1996).

⑧ Borden's administration is discussed in Robert Craig Brown, *Robert Laird Borden*, 2 vols. (Ottawa: Carleton University Press, 1969), and John English,*The Decline of Politics: The Conservatives and the Party System, 1901-1920* (Toronto: University of Toronto Press, 1977).

第八章　坚持不懈（1914—1945年）

1914—1945年两次世界大战期间，流感大流行和经济崩溃波及了所有加拿大人的生活。每一次危机都强化了国家的角色，也加深了困扰国家的沟壑。在解决已知问题上，政党分化为左翼和右翼，也使得这一时期的政治变得高度紧张、危机四伏却又充满可能性。此外，这一时期的大众消费文化挑战了旧有信条，汽车、时装、家用电器、收音机和电影的消费成为身份和富足的象征。世界潮流已波及全球，因而经济、政治和军事安全成为重中之重。

坠入深渊

1914年8月3日，当英国宣布介入欧洲正上演的疯狂行为时，作为大英帝国成员国的加拿大也自动进入战争状态。[①] 在萨拉热窝，一个塞尔维亚民族主义者刺杀了奥地利的弗朗茨·费迪南（Franz Ferdinand）大公及其妻子。此事在欧洲军事同盟中引发连锁反应，各国相继卷入了冲突。最终，英国、法国和俄罗斯，加上后来的意大利、日本和美国，组成统一战线对抗德国、奥匈帝国和奥斯曼帝国。8月4日，加拿大下议院的成员罕见地一致通过了《战时措施条例》(War Measures Act)，授予联邦政府实施"对加拿大的安全、防卫、和平、秩序和福祉有必要的"一切措施的权力。

这场战争原被称为"大战争"，触及了所有加拿大人的生活，也是他们对自身世界地位的认识的转折点。加拿大带着3110人的常备军和一支由两艘老式战舰组成的海军参战，成为一支举足轻重的军事力量，也为自己对这场战争的承诺付出了代价。在60万服过兵役的加拿大人中，有将近6.5万人死亡，另有17万人受伤，其中许多人落下终身残疾。留在家中的人们的日常生活也被生产指标、定量配给、义务劳动和无处不在的担忧笼罩。

加拿大远征军第一师在魁北克附近的瓦尔卡蒂（Valcartier）集结，10月3日被派往英国。船上有3.1万名男子，他们大多生于英国。此外，还有101加拿大护理姐妹兵（101 Canadian Nursing Sisters），她们人数超过3000，是第一批在唯一向她们开放的军事机构中服役的女性。最初，加拿大士兵按照《英国军队法案》（Britain's Army Act）规定，以"帝国军"的身份参战，并服从英国指挥官E.A.H.奥尔德森（E. A. H. Alderson）少将的领导。1915年4月，他们在伊普尔（Ypres）遭遇氯气袭击。这是他们面临的第一次真正考验。

战争前期，设备的不足、供应的瓶颈和防卫大臣萨姆·休斯（Sam Hughes）低效的管理制约着加拿大的军事计划。1916年，休斯被撤职。但此时他已经让许多前线的人心怀怨恨，因为他坚持使用加拿大生产的罗斯步枪，而这种步枪在战争的高温环境中很可能出现故障。博登成立了多个委员会，逐步提高了战时规划的效率。这些委员会多由商人任职，如多伦多威廉·戴维斯包装公司（William Davies Packing Company of Toronto）总经理约瑟夫·弗拉维尔（Joseph

Flavelle)。作为帝国军火委员会（Imperial Munitions Board，IMB）主席，弗拉维尔管理的公司超过600家，拥有超过15万名雇员。但不是所有人都对此表示赞同。批评者指出，大多数合同都给了魁北克和安大略的公司，而且就在商人显达之时，军人家庭往往要依靠慈善组织救济维持生计。

军工生产推进的过程中，劳动力短缺、成本螺旋上升和通货膨胀成为严重问题。1916年，联邦政府成立了兵役委员会（National Service Board），为战争调动人力，并招募女性进入交通系统或从事金属贸易。此前，这两个行业并不对女性开放。随着工资的冻结和价格的攀升，劳动力的骚乱加剧，促使政府在1918年禁止罢工和停工。基于效率和经济的理论，联邦政府将几家衰落的铁路公司国有化，并成立民事服务委员会（Civil Service Commission），从而改善雇佣条件。除暂停金本位制和扩大货币流通量外，渥太华还通过售卖"胜利债券""战争储蓄证书"和"战争储蓄邮票"筹款。此外，政府还征收了两项"临时"税：1916年的战时利得税和1917年的个人收入所得税。加拿大扭转战前趋势，向英国提供贷款，并在纽约的债券市场中抵押贷款。

在前线

大多应征入伍的加拿大人在泥泞不堪、跳蚤为患的战壕中服役，战壕从瑞士边境一直延伸到英吉利海峡。在这样不卫生的条件下，死亡如影随形。威胁士兵性命的不仅是敌方开火，还有痢疾、肺炎、"战壕热"等疾病。1915年4月在伊普尔牺牲或受伤的有6000人，但他们只是战争伤亡人员长名单上的第一批。在索姆河战役（Battle of Somme）中，60万伤亡的同盟国军人中有2.4万加拿大人。1916年7

图8.1 这些泥浆满身的士兵是1916年索姆河战役中的幸存者。(图片由图书档案馆授权使用/加拿大 PA－000832)

月1日,纽芬兰军团在博蒙阿梅尔(Beaumont-Hamel)战斗的第一天就几乎全军覆没(图8.1)。

1917年4月,经过一场激烈战斗,加拿大军团最终攻占了维米岭(Vimy Ridge)。这场战役造成超过1万名加拿大人伤亡,是加拿大四个师首次共同作战,也是加拿大努力突破自身殖民地军事地位的关键转折。1916年秋,博登设立海外军部,并将加拿大远征军重新界定为加拿大民兵的一支海外分遣队。英国军官逐渐被加拿大人取代。1917年6月9日,第一步兵师的加拿大指挥官阿瑟·柯里(Arthur Currie)从朱利安·宾(Julian Byng)手中接任加拿大军团指挥官。

在绝大多数加拿大军人加入陆军作战的同时,还有相当数量的军人在海空战斗。战争前期,德国U潜艇对平民和商人船只具有极大杀伤力，扩大海军规模对加拿大来说更显重要。在德军 U 潜艇广布的东海岸，大部分加拿大海军驾驶反潜艇船。加拿大人还加入了英国皇家飞行队、英国皇家海军航空队和英国皇家空军。依托他们在英国飞行机构中获得的专业技能和航空技术的进步，加拿大皇家空军在 1924 年成立。

战争的屈辱

1917 年春，博登访问了英国和法国，越发坚信征兵对补充加拿大军团日渐缩减的兵源的必要。1917 年 6 月，《兵役法》（Military Service Act）出台，对 20—35 岁的单身男子强制征兵。这一法案由下议院的副检察长阿瑟·米恩（Arthur Meighen）提出，尽管法裔加拿大成员投了否决票，但它还是在 1917 年 8 月 29 日得以通过。加拿大文化战争中的新篇章就此开启。

尽管大多数加拿大人都设法逃避兵役，但在志愿军中，说法语者之少很快显而易见——只有 1.5 万人。法裔加拿大人虽然最开始对同盟国的事业表示同情，但他们在说英语的指挥官和新兵主导的军队中感觉受到孤立。随着关于说法语者逃避兵役的指责蔓延开来，一些省政府加大了废除法语教育的力度。魁北克的民族主义者大声质疑：在本国也有仗要打的时候，为何他们需要去国外？

博登在战争期间已推迟选举，但征兵使他身不由己。博登请劳里埃加入联合政府，劳里埃因担心魁北克会落入布拉萨的民族主义者手中，而拒绝博登的邀请。余下的自由党人大多来自西部省份和安大略，他们与保守党人联手组成联合政府，把征兵、禁酒和废除政党分赃作为选举纲领。

为保证地位不稳的联合政府取得胜利，博登政府实行了《军队选民法》（Military Voters' Act），授予加拿大远征军中每一位男性和女性选举权；同时实行《战时选举法》（Wartime Elections Act），授予士兵的母亲、妻子和姐妹投票权，但剥夺了拒服兵役者和1902年入籍的有敌方血统的公民的投票权。博登在选举中诚惶诚恐，承诺农民的儿子可以免除兵役。在12月7日的大选中，联合政府获得了大多数席位，但自由党人只输掉了魁北克的3个席位，并在普选中获得将近39%的支持率。

在征兵是否对支援战争起重要作用的问题上，人们还存有很大争议；但对于它给后方带来的影响几乎没有异议。[②]魁北克人把它视为英裔加拿大人背信弃义的又一个实证，这也导致魁北克的民族主义情绪持续高涨。1917年，支持魁北克的自由党极大地巩固了在该省的权力，因此，在20世纪大多数时候自由党都是加拿大的执政党。

战争期间，自认为受害者的不止法裔加拿大人。超过50万血统可追溯到敌方国家的加拿大人被强制向警方登记，其中一个营地拘留了8597人。这样的营地共有26个，分布在全国各地。1917年秋，俄国爆发布尔什维克革命后，政府颁布了一道枢密令，规定：在没有国务秘书许可的情况下，印刷或印有任何敌方语言的出版物都属违法。世界产业工人联盟等外国组织和使用敌方语言的会议都被禁止。

虽然战争对人力有需求，但在这场征兵官员所谓的"一场白人的战争"中，少数族裔最初不得服兵役。[③]这是对少数族裔最近的一次公然冒犯，新斯科舍的非裔加拿大人和英属哥伦比亚的日本人受到刺激，组成了他们自己的隔离单元。男性原住民在官方限制下通常还可以服兵役，但他们和许多亚洲人一样，由于被剥夺公民权而被排除在征兵行列之外。

1917年12月6日上午，战争带来的破坏波及加拿大本土。满载炸药的法国军火船"布朗峰号"（*Mont Blanc*）与比利时救援船"伊莫号"（*Imo*）在哈利法克斯港相撞，超过1600人当场死亡，另有9000人在爆炸、后续火灾和席卷整个城市的海啸中受伤。灾难消息一经传播，加拿大各方的援助纷然而至，有来自纽芬兰的，也有来自马萨诸塞的——许多生于滨海诸省的加拿大人在此工作生活。超过3000万美元被投入到哈利法克斯和海港对面的达特茅斯镇（Dartmouth）的灾后重建，其中超过一半的资金来自联邦政府。

同盟国在欧洲损失惨重。1917年的帕斯尚尔战役（Battle of Passchendaele）又是一场血战。不过，1917年秋美国军队抵达前线，给厌战的同盟国军队鼓舞了士气。百日攻势以由加拿大军团担任先锋的亚眠战役（Battle of Amiens）为开端，促成了1918年11月11日停战协定的签署。在战争的最后几个月里，加拿大军团又有4.5万人伤亡。

赢取和平

战争伊始，博登就请求英国当局允许加拿大在战争计划中扮演更有力的角色。1917年，英国首相戴维·劳合·乔治（David Lloyd George）成立帝国战时内阁，由英国战时内阁和自治领代表共同参与，博登的愿望也得到了满足。巴黎和会上，加拿大和其他自治领都在大英帝国代表团中取得代表权，他们分别签署了《凡尔赛和约》（Versailles Treaty）。加拿大还加入了旨在维护和平的国际联盟，以及为维持国际劳工标准而设立的国际劳工组织。虽然加拿大获得了以上成功，但从严格意义上说还是一个殖民地。美国总统伍德罗·威尔逊（Woodrow Wilson）以此为由，对英国自治领在凡尔赛所获得的地位提出异议。

在战争的最后几个月，加拿大不得不应对另一场危机。1918年9月，经美国一线奔赴欧洲参与同盟国进攻的新兵把一场流行病带到了加拿大东部。中立国西班牙一家未经审查的报纸最早披露了这场流行病的消息,因而它在当时被称为"西班牙流感"。为支持俄国白军对抗布尔什维克,联邦政府组建了加拿大西伯利亚远征军,病毒经这支军队迅速向西传播。④ 在这场流行病被消灭之前,它在世界范围内夺去了1亿人的生命,其中有5万名加拿大人。

复员和重建带来了更多的挑战。停战后,由于船只数量不足,加拿大士兵回国被延误,进而导致骚乱爆发。英国当局急忙调来足够的船只,遣散这些制造麻烦的加拿大人。到1919年夏天,他们中的大多数都回到了国内。战后,加拿大退伍军人上升为一支新的主要政治力量———一战退伍军人协会(Great War Veterans' Association,GWVA)扩大了他们的影响力。退伍军人协会1917年成立于温尼伯,1925年重组为加拿大退伍军人团(Canadian Legion)。敌对状态还在持续时,联邦政府成立了军人安置部(Department of Soldiers' Civil Re-Establishment),由国会议员詹姆斯·拉菲德(James Lougheed)分管,为退伍军人安排各种项目。这些军人不少都有身体残疾或心理问题。在两次世界大战之间,医疗费用、残障抚恤和老兵的遗属津贴在政府支出中位列第二,仅次于国债。⑤

这场保卫民主的战争结束后,同盟国的政府理应反思自身在政治上的不足。联合政府继续实施《战时选举法》,并在1918年立法,规定授予妇女与男性同等的联邦选举权。1916年,3个草原省份正式批准了妇女选举权,除魁北克外的其他所有省份也很快效仿。直到1940年,魁北克才允许妇女参加选举。到1920年,对投票权的财产和收入限制大多被免除。这样一来,只有有身份的印第安人、亚洲人、省级选举中的魁北克妇女、拒服兵役者、囚犯和21岁以下的人不享有投票权。

虽然一些妇女团体提出的政策,如禁酒、母亲津贴等,在省级层面得到落实,但是男性依旧在政党组织中占主导地位。女性仍不得从事某些职业，也不能担任参议员等职位。艾伯塔 5 位妇女政权论者决心破除性别平等的残存屏障，通过法院发起了后来被称为"人案"（Persons case）的著名案件。1929 年，枢密院司法委员会判定：根据法律，妇女不但在刑罚上，而且在权利和特权上作为"人"而存在。这一决议对加拿大乃至整个大英帝国的妇女地位都有深远影响，但要把法律的胜利付诸实践，还有很长的路要走。⑥

加拿大的工人也有改革的构想。1918 年，西部省份已在酝酿建立"一个大工会"（One Big Union, OBU）以凝聚加拿大劳工力量。温尼伯大罢工就在这一背景下发生。1919 年 5 月 15 日，温尼伯金属和建筑行业的谈判破裂后，温尼伯行业和劳工委员会（Winnipeg Trades and Labour Council）发起了一次大罢工。虽然温尼伯只有 1.2 万人属于工会，但有 3 万人参加了罢工。与此同时，全国还爆发了其他大罢工，以示对温尼伯的支持。联邦政府确信工人有意发动革命，于是派遣皇家西北骑警到温尼伯。在 6 月 21 日这个"血腥星期六"，骑警向抗议民众开火，造成 2 人死亡，另有一些人受伤。罢工领袖意识到政府镇压罢工的决心，于 6 月 26 日投降。这之后，联邦政府迅速转向镇压激进的抗议活动，并通过了《刑法典》第 98 条，规定声称用武力带来"政府、工业或经济变动"的一切组织皆属违法。即便如此，劳工中的激进主义还在持续发酵。1921 年，加拿大共产党在安大略圭尔夫（Guelph）的一次秘密会议中成立。

农民的不满也凝聚成了政治行动。1916 年，加拿大农业协会（Canadian Council of Agriculture）出台了一部"农民纲领"（Farmers' Platform），要求实现自由贸易；实行累进所得税、累进遗产税和累进公司所得税；实现铁路公司、电报公司和快递公司的国有化。1917 年选举中，农民候选人支持联合政府。但在 1918 年 4 月，当博登取消免除农民的儿子服兵役的规定时，5000 人聚集在渥太华抗议。1918 年下半年，"农民纲领"重新命名为"新国家政策"（New National

Policy),成立于1920年的加拿大进步党以此为政治纲领。马尼托巴的托马斯·A.克里勒（Thomas A. Crerar）曾是一位自由党人，但已与联邦政府断绝关系。在他的领导下，进步党（Progressive Party）很快蓄势待发。

政治转型？

1921年的联邦选举给选民提供了前所未有的多样选择，也由此诞生了加拿大第一个少数党政府。1920年，博登退出政治舞台。在新领导人阿瑟·米恩的带领下，保守党只获得了50个席位。1919年劳里埃逝世后，麦肯齐·金被选为自由党领袖。自由党赢得魁北克全部65个席位，加上其他分散的选区，一共赢得116个席位。让不少人感到意外的是，克里勒带领进步党在最后阶段获得第二名，赢得65个席位，其中大部分来自安大略和草原诸省。进步党的成员中有来自安大略格雷郡（Grey County）的阿格尼·麦克费尔（Agnes Macphail），她是被选入下议院的第一位女性，还有两位独立劳动党成员也坐上了反对派议席：曾因在温尼伯大罢工期间编辑一份罢工报纸被短暂监禁J.S.伍德沃思（J. S. Woodsworth），现被选为温尼伯最北部工人阶级的代表；一名生于苏格兰的唯一神教派牧师威廉·欧文（William Irvine），在卡尔加里获得一席之地。进步党拒绝成为官方反对党，金借助他们默认的支持组建了政府。

极有野心的加拿大的新任总理金以拥有5个大学学位为荣，其中包括一个哈佛大学的博士学位。他曾担任劳工部副部长、1909—1911年的劳工部长和第一次世界大战期间约翰·D.洛克菲勒（John D. Rockefeller）的产业顾问，并在这几个职位上积累了丰富的经验。金在1911年选举中败北，1917年以自由党人身份参选也未获成功，但这一行动在魁北克取得了回报。1918年，他出版了《工业与人道》（*Industry and Humanity*）一书，书中强调了国家在调和劳资终极共同利益中应发挥的作用。在第一次世界大战末期，自由党人已经为这样的理想主义做好了准备。在党内领袖会议上，金也轻而易举地击败了他唯一的竞争者W. S. 菲尔丁（W. S. Fielding）。

金生前并不广为人知的是，他沉浸于长老会对来世的信仰，对维多利亚时期加拿大流行的唯灵论也有所涉猎。他会查照显灵板，与他高度理想化的亡母及许多过世的政治人物召开降灵会，并坚持写秘密日记，事无巨细地把他的公共和私人生活按事件发生顺序记载下来。①尽管有这样那样的个人癖好，金确实有一种政治第六感，这使他创下了加拿大总理在位时间最长的纪录。

金的第一个目标是把进步党拉入自由党阵营。他坚信进步党人只是"急切的自由党人"，拉拢党内的温和派，强制他们降低农业用具的关税、完成通往丘吉尔港口的铁路、恢复优惠的谷物运输价格。到1925年选举时，进步党的政治声势已经大幅减弱，但自由党人只获得了101个席位，而复兴的保守党人获得了115个席位。金再次与只有24个席位的进步党人合作，并在退休金审查问题上让步，由此获得两位劳动党议员的支持。1926年，保守党谴责海关部门普遍腐败的提案瓦解了这个脆弱的联盟。

金请总督朱利安·宾解散议会，但朱利安·宾行使特权，召请米恩组建新政府。米恩的任期只维持了3天，但由于拒绝金举行选举的要求，朱利安·宾违背了责任政府原则，金获得了他所需要的选举机会。这张国家王牌在足够多的选区中发挥了积极作用，帮助自由党人在1926年9月的选举中赢得了最多的席位。这时，金把他的注意力转向了滨海权利运动（Maritime Rights Movement）。对他来说，这场运动爆发得不是时候，妨碍了他组建多数党政府。

滨海诸省从未在渥太华得到充分的关注，在工业发展的竞赛中也越

图 8.2 这张反差强烈的图画展示的是一个矿工家庭,出自劳伦·S. 哈里斯之手,以新斯科舍格莱斯贝的公司宿舍为背景。它刊登于 1925 年 7 月《加拿大论坛》的封面上,这是一本创刊于 1922 年的进步党杂志。(图片由斯图·谢泼德提供)

发落后于其他省份。1917—1921 年,滨海诸省的制造业减产 40%,后来再也没有恢复到战前水平。1918 年,随着横贯殖民地铁路与加拿大国家铁路系统合并,运输价格急剧增长,圣约翰和哈利法克斯也失去了国际贸易主要终点站的地位。就连这一地区的煤钢产业也发展迟滞,被一连串旷日持久的罢工扰乱。由于金的注意力集中在西部省份和魁北克,滨海诸省的主要商业和行业利益集团与保守党结盟,发起了一场争取"滨海权利"的运动。这场运动提出的要求并不为过,争取的内容包括获得更多的联邦补贴、实施体察滨海诸省需求的国家交通运输政策、落实为滨海诸省煤钢产业提供保护的关税政策(图 8.2)。⑧

作为回应,金成立了一个滨海权利皇家委员会(Royal Commission

on Maritime Claims),由英国律师、实业家安德鲁·雷·邓肯(Andrew Rae Duncan)爵士任主席。尽管邓肯的提议呼应了滨海诸省的大部分要求,金的举措仍小心翼翼。1927年的《滨海运费法案》(Maritime Freight Rates Act)有助于这一地区的生产者在加拿大中部的市场中更有力地参与竞争,但更关键的事项被忽略了——较小省份的财政收入不足以覆盖不断扩大的财政支出。到1929年,当其他各省加拿大人都已享受到东海岸的经济体验时,滨海诸省的人们还在蹒跚前行。

经济过山车

1914—1945年,加拿大经济的起伏让人惊心动魄。虽然战争刺激了经济增长,但1929年10月纽约股票市场崩盘后,20世纪20年代后期过热的经济也随之崩溃。不管是好时光还是坏时光,它们都给加拿大人留下了不可磨灭的印记。

和许多参与一战的国家一样,加拿大难以使经济与和平时期的生产相适应。联邦政府大幅削减开支,出口市场也急剧萎缩。这些变化在全国经济中激起了连锁反应,破产和失业率增加,许多人移民到了经济复苏更快的美国。到1924年,加拿大大部分地区情况有所好转,国际上产生了对小麦、纸浆和新闻纸、矿产的新需求,这些都振兴了加拿大的经济。

尽管存在这些周期性起伏,基于内燃机、电能和新化学过程的第二次工业革命还是顺利地展开了,服务业也扩大到占国民生产总值的50%。这一时期加拿大经济增长的一大部分来自美国投资,1924年超过了英国的投资。汽车成为新消费经济的标志。到20世纪30年代,安大略的克莱斯勒、福特和通用汽车工厂在产值上位列第二,仅次于美国。

许多人不可避免地成为大众消费时代经济结构深刻重组的受害者。手工锻造、自给农业等行业已经过时,而另有一些行业通过扩张来适应新技术。即便是在困难时期,汽车机械师、无人区飞行员、电台播音员等职业也是上代人无法想象的。

在"肮脏的三十年代"(Dirty Thirties),投资和消费陷入停滞。美国的高关税和世界市场上前所未有的竞争给加拿大的初级产品生产者带来了灾难。"大萧条"情况最严重的1933年,加拿大出口产品的价值还不到1929年对应值的一半。在草原诸省南部,一场长达十年的干旱加重了经济危机。小麦单一种植更是加剧了这场环境灾害。1933年,将近20%的劳动力被官方界定为失业人群,但实际的数据要高得多。虽然有一部分失业者退守家庭农场,但大多数人已经没有退路。他们唯一的希望是社会救助。社会救助通常被称作"施舍品",不仅不能满足食物和庇护所的花销,还受有损尊严的规定限制。

政治混战

政客们面对局势不知所措。在1930年选举期间,面对各省的要求,金提出了一个党派性的方案,宣称连"五分钱"也不会给寻求帮助的托利党。保守党领袖理查德·贝德福德·贝内特(Richard Bedford Bennett)把这个"五分钱演讲"当作政治靶子,承诺"将会炸出"一条通往世界市场的道路,带领保守党走向完全的胜利。⑨

贝内特生于新不伦瑞克的艾伯特郡(Albert County),他信仰卫斯理宗的母亲把他抚养成一个冷静而勤奋的人。他对滨海诸省的经济趋势有切身体会,因为那曾使他父亲的造船公司经历了一段艰难时期。后来,贝内特进入达尔豪西大学学习法律,1897年被吸引到卡尔加里,成为参议员詹姆斯·拉菲德的律师事务所的初级合伙人。贝内特开始涉足当地政治，在股票和房地产的投资中都获利不少，还参与了各类成功的商业投机。1911年，他在下议院中赢得了卡尔加里的席位。因反对博登成立联合政府的决定，贝内特拒绝参加1917年选举，但1925年米恩怂恿他回归政治。贝内特是一个支持退休金和失业保险金的"进步"保守党人，在1927年温尼伯的一次会议上被选为政党领袖。

贝内特行动力很强，1930年6月选举结束后不久就召开了国会特别会议，以应对经济危机。他的内阁惊人地斥资2000万美元，在公共工程中为失业者提供工作；还启动了一个提高关税的项目，为加拿大工业抵御外来竞争。9月末，贝内特在伦敦的帝国会议上敦促恢复帝国特惠政策，使听众惊诧不已。英国因被经济危机拖到崩溃的边缘，在1931年放弃了金本位制，还在1932年渥太华的帝国会议后，对加拿大的汽车、农产品、木材等多种商品给予优惠待遇。然而，这些都没能扭转趋势。加拿大的贫困线被拉得更长，价格持续暴跌，市政和慈善组织也因不堪重负而垮塌。随着局势恶化，贝内特意识到他脚下的政治基础已经不稳。

"大萧条"激化了左翼和右翼的政治激进主义，它们自第一次世界大战以来就一直在壮大声势。随着法西斯主义成为统治意大利和德国的意识形态，加拿大法西斯联盟也在温尼伯建立起来。此外，阿德里安·阿坎德（Adrien Arcand）还在魁北克领导了一个名为"国家基督教社会党"（Parti National Social Chrétien）的类似组织。1938年，各个法西斯党派合并成加拿大国家团结党（National Unity Party of Canada），自诩亲英派的阿坎德被选为领袖。

当局对法西斯主义的兴起不以为意。实际上，贝内特还在寻求阿坎德的支持，但他们对共产主义不敢掉以轻心。1931年，贝内特政府宣布共产党违法，并在一年后设立军方控制的救济营，收容那些被认为最有可能受共产主义意识形态影响的单身失业男性。最终，有17

图 8.3 失业者在英属哥伦比亚的坎卢普斯（Kamloops）加入"向渥太华行进之旅"。（图片由加拿大图书档案馆提供，029399）

万暂居的男性被集中到救济营。他们为这里的各项公共工程工作，换取住宿和每天 20 分钱的报酬。可想而知，这项严苛的措施实际效果适得其反。在工人团结联盟（Workers Unity League）的庇护下，共产党人成立了救济营工人工会（Relief Camp Workers Union，RCWU）。1935 年春，这一组织带领几千名英属哥伦比亚的成员发起争取工作和工资的罢工。随后，超过 1000 名罢工者登上了东进的货运列车，沿路争取支持。他们的目标是与总理对抗，却在里贾纳被加拿大骑警拦下。最后，包括发言人阿瑟·埃文（Arthur Evans）在内的 8 位长途跋涉者在渥太华与贝内特会面，但讨论因激烈的争吵而终止（图 8.3）。1935 年，更激进的新联盟工业组织委员会（Committee of Industrial Organizations，CIO）在美国成立，后来很快传入加拿大。工业组织委员会和后继的加拿大劳工代表大会一起,为工人团结联盟继续组织加拿大产业工人的活动。

事实证明,艰难时期是加拿大民主社会主义者联合的催化剂。1932年,左翼进步党人、劳动党支持者、社会福音派和社会主义知识分子齐聚卡尔加里,成立了平民合作联盟(Co-operative Commonwealth Federation, CCF),J. S. 伍德沃思被选为领袖。1933年里贾纳的一次会议采纳了该党的政纲,其中包括把关键行业和全民福利项目收归国有。平民合作联盟在1935年选举中获得7个席位,1939年前还在英属哥伦比亚、萨斯喀彻温和马尼托巴成立了在野党。1944年,汤米·道格拉斯(Tommy Douglas)带领平民合作联盟在萨斯喀彻温取得胜利,北美第一个民主社会主义政府诞生。

其他省份也欣然接受新政党。艾伯塔的电台福音传道者"圣经比尔"威廉·埃伯哈特(William "Bible Bill" Aberhart)成为英国工程师C.H.道格拉斯(C. H. Douglas)少校的理论拥趸。这一理论提倡货币政策改革,通过分配社会信用保证经济顺利运行。埃伯哈特每月为他的选民提供25美元的社会红利,并带领他的社会信用党在1935年省级选举中取得让人信服的胜利。埃伯哈特一上任就拖延社会信用的分配,而且由于侵犯联邦管辖权,社会信用党大部分控制银行业和货币供给量的措施都未获法院许可。即便如此,社会信用党还是广受欢迎,在艾伯塔执政一直持续到1971年。

在魁北克,一群持不同政见的自由党人迫不及待地要对在位已久的路易斯-亚历山大·塔什罗(Louis-Alexandre Taschereau)总理的政府实施改革。他们加入莫里斯·杜普莱西斯(Maurice Duplessis)领导的保守派势力,于1926年在魁北克成立政府。在杜普莱西斯的带领下,更名为民族联合党(Union Nationale)的新政党朝右翼稳步发展。依托教会和企业的支持,杜普莱西斯颁布法规,压制共产主义和其他制造麻烦的组织,还和安大略的自由党总理米切尔·赫伯恩(Mitchell

Hepburn）合作，在他们的辖区内保持联合，并阻碍可能侵犯省权的联邦计划。

贝内特的新政

杜普莱西斯和赫伯恩的担心并非毫无来由。为了遏制危机，贝内特扩大权限，通过了解决住房、市场和市政基金相关问题的法规。同时，他还实行《农民债权管理法》（Farmers' Creditors Arrangement Act），为处境艰难的农民提供救济；成立了加拿大银行，对信贷和货币实施中央控制。1935年，面临新一场选举的贝内特在一系列电台直播中发表讲话，宣布将颁布法规，规范劳动时间、设定最低工资和设立失业保险项目。贝内特称："旧秩序已经远去，如果你认为一切应该维持原样，那么你我的观点水火不容。我支持的是改革。在我看来，改革意味着政府干预……它意味着自由放任主义的结束。"⑩

贝内特的新政模仿了美国总统富兰克林·D.罗斯福（Franklin D. Roosevelt）的"新政"，同时是对党内扩大的分歧——如何应对丰裕之中的贫困恶兆——迟来的回应。随着资本主义改革按部就班地进行，企业的高管一年所得可高达2.5万美元，但有工作的普通工人只能赚到这个数目的零头。1934年2月，贝内特不情愿地授权商贸部长亨利·H.史蒂文斯（Henry H. Stevens）调查企业的价格垄断和市场操纵行为。后者提交差价委员会（Commission on Price Spreads）的证词提供了加拿大食品加工工厂、伊顿公司等公司欺诈供应商、诓骗消费者的确凿证据。由于贝内特拒绝对调查结果采取行动，史蒂文斯辞职并成立了复兴党（Reconstruction Party）。在1935年选举中，史蒂文斯的"小男人"（the little man）政党只赢得了温哥华的1个席位，但它在全国选区内致使保守党票数分流。

金顶着大胆的新政策带来的压力,以"要金还是要混乱"(King or chaos)为口号参选,赢得了他政治生涯中最高的支持率,但在普选中获得的票数仅仅和1930年的相当(44.7%∶44.0%)。社会信用党、平民合作联盟和其他新政党抽走了相当多的票数,把保守党减到39个席位。由于贝内特新政的大部分项目,甚至包括他的市场营销委员会法规在内,都是由法院越过宪法程序颁布的,因此,金在行动上小心慎重。他和美国签订了其前任已在谈判的贸易协定,关闭了救济营,还成立了全国就业委员会(National Employment Commission)、自治领与各省关系皇家委员会(Royal Commission on Dominion-Provincial Relations)。前者是为了给失业和救济提供政策建议,后者则是为了研究解决宪法困境的方法。

20世纪30年代,加拿大的许多省份面临破产,但在渥太华的些许帮助下化险为夷。然而纽芬兰却没有这么幸运。和滨海诸省一样,纽芬兰在20年代挣扎求生。萎靡的世界市场使它的渔业遭受重创。1927年,在拉布拉多和魁北克由来已久的边界争端中,枢密院司法委员会站在了纽芬兰的一边,但由于政府过度曝光,纽芬兰未能成功推销这块意外得来的丰饶土地。在"大萧条"时期,渔业、林业和矿业都陷于崩溃,纽芬兰既不能偿还攀升的债务,也不能为极度贫困的公民提供社会援助。1932年8月,圣约翰失业工人的示威游行演变成一场骚乱。这场骚乱从内部摧毁了立法机构,强迫自由党总理理查德·斯夸尔(Richard Squires)举行选举。纽芬兰联合党取得了压倒性胜利,并且向英国求助。英国通过一个委员会施援,对殖民地的未来展开调查。阿穆尔里(Amulree)法官领导的委员会建议纽芬兰放弃自治,转由英国指派、总督主管的委员会管辖。对于这个北美最早的英国殖民地来说,这无疑是个耻辱,但似乎也别无选择。

社会过渡期

伴随政治和经济发展,各种社会趋势在战前就有了前因:城市的发展依旧以乡村为代价,人口死亡率和出生率保持稳定下降,人们的价值取向也越来越世俗化。在第一次世界大战的震动中,加拿大人对他们从小被灌输的维多利亚价值观产生了怀疑。对于众多年轻人的牺牲,英裔加拿大人的追思方式是借城镇广场上的纪念碑把普通士兵理想化,并着重反思战争对弘扬民族精神的作用,然而许多老兵对此满不在乎。男人在海外服役时,承担重大责任的女人也不再甘于做"家中的天使"。她们同样希望挣钱、饮酒、开车和驾驶飞机。有谁能阻止她们呢?⑪

传播媒介的革命以收音机、录音带、电影和杂志为代表,对引进新的生活方式起了关键作用。在每一种媒介中,加拿大的内容都被美国出品淹没,因此政府干预变得十分必要。1936年,联邦政府成立了加拿大广播公司(Canadian Broadcasting Corporation),创办自己的广播电台、监管私人广播电台。但由于未能干扰美国的无线电波,而未能把听众从美国节目中引开。成立于1939年的国家电影局(National Film Board)情况也类似。它是世界上几大纪录片制作机构之一,但加拿大的电影院线还是被好莱坞电影占据。贝内特政府曾对加拿大杂志实施关税保护,但很快就在贸易协定中被削弱。

虽然加拿大的民族主义者对美国主导流行媒体感到担忧,但大部分人并不在意他们的歌曲和故事从何而来。许多加拿大人的梦想是在国境之南"大红大紫",也确实有一些人成功了。在两次世界大战之间,加拿大人玛丽·璧克馥(Mary Pickford)和路易斯·迈耶(Louis B. Mayer)在好莱坞开创了一番成功的事业;在纽约罗斯福酒店的大本营，盖伊·隆巴尔多（Guy Lombardo）和他的皇家加拿大乐队谱出了"天堂这边最美妙的音乐"；生于新斯科舍的乡村歌手维尔夫·卡特（Wilf Carter）以蒙塔纳·斯利姆（Montana Slim）为艺名进行创作，作品深得听众喜爱。加拿大的文化表达和资助它的公司一样，都是一个遍及北美的现象。对此，加拿大人是热情的消费者，有时也是创作者。

这种新的流行文化通常是通俗和逗趣的，因而引发了加拿大伦理守门人的激烈批评，包括魁北克在内的大部分省份都出现了审查局。在魁北克，罗马天主教会有效保证了电影中有关性、盗窃、赌博、离婚、自杀和不爱国行为的内容都被严格删去。福音派教会对新的俗世享乐的批评同样全面而具体，谴责抽烟、喝酒、诅咒、跳舞、吸服麻醉品、赌博都是有罪的行为。1925年，卫斯理宗、长老会和公理会合并组成加拿大联合教会（United Church of Canada），推动泛基督教主义事业并扩大其影响。尽管一些人可能认为联合教会在这两个目标上几乎没有作为，但不可否认的是，它对后半世纪加拿大的社会和政治生活都产生了深远的道德影响。

在追求现世享乐的新时代，禁酒令成了一个牺牲品。1920—1933年，美国和除魁北克外的加拿大所有省份都实行禁酒，但执法的困难和冲击禁酒的犯罪活动迫使政府迅速另寻他法。在美国，不法分子在北美范围内运作非法贩酒集团，使不少加拿大人得以通过售卖当地出产或从欧洲、加勒比海地区带入的酒生财。到1930年，除了爱德华王子岛之外的所有省份都取消了禁酒令，取而代之的是政府规范下的酒精销售，但可能会被征收高额税收。

新媒体也显著催化并商业性地利用了男女浪漫关系。这一时期，新娘的白裙子和婚礼后度蜜月流行起来。尽管有一些女性用婚后的野营旅行证明自己是运动健将，但更多的人渴望去尼亚加拉瀑布这个终极的蜜月目的地旅行。媒体着力宣扬新娘的吸引力，女性也普遍被选美大赛所物化，甚至连小女孩也受到这种有失体面的现象影响。男性希望自己变得高大、皮肤黝黑、帅气，就像电影万人迷罗迪·瓦伦蒂诺（Rudy Valentino）和克拉克·盖博（Clark Gable）那样。和谐美满的婚姻依旧是理想典范，而且离婚不易——在大多数省份需要获得议会法案通过，但离婚的概率还是逐步上升了。

新消费主义也带来了家庭生活的变化。到 20 世纪 30 年代，在许多电力也已广泛普及的农村地区，经济条件允许的人会购买家用电器以减轻家务负担。要想取代家政佣人，通常需要有现代化设备，所以"女人的工作永远做不完"这句老话仍然在理。在许多农村家庭中，男人坚持汽车、卡车等农业机械要优先于炉灶和冰箱，虽然后者为妇女协会的模范厨房所推崇，也是伊顿和辛普森公司（Simpson's）的插图目录上所有人都想拥有的。"大萧条"迫使各地的妇女勉强过活，但她们中也有一些人在压力之下崩溃，正如生活中那些无法实现养家糊口理想目标的男人。⑫

妇女生育孩子的数量持续下降，尤其是在 20 世纪 30 年代，提高结婚年龄、限制家庭规模成了生存之计。"大萧条"时期，每个家庭平均养育 2.5 个孩子，这一数字下降到了有记录以来的最低历史水平。这时，对于节育的公众舆论开始松动。虽然在理论上还存在法律限制，但节育倡导者在 1937 年赢得了一场重大胜利。这一年，渥太华家长资讯局（Parents' Information Bureau）的执行人员多罗西娅·帕尔默（Dorothea Palmer）违反法律却被判无罪，因为她的行为是"为了公共利益"。

这一时期，医学也取得了进步。多伦多大学费德里克·班廷博士（Dr. Frederick Banting）领衔的团队发现了胰岛素，并因其贡献和共同发现者约翰·麦克劳德（John Macleod）共同获得 1923 年的诺贝尔奖，这令加拿大人骄傲不已。在麦吉尔大学，莫德·阿博特（Maude Abbott）和怀尔德·彭菲尔德（Wilder Penfield）在先天性心脏病和神经外科疾病的研究中取得突破。与此同时，一些不确定的育儿建议把注意力转移到母亲身上。一些婴儿是幸运的，因为他们的母亲没有采纳这些建议：如厕训练要从婴儿两周大开始，用配方奶取代母乳，用系统的体罚制止坏习惯。⑬ 随着医学用于生育，更多的妇女在医院而不是在家生产。更少的生育数量和更好的医疗条件降低了母婴死亡率，但这是以助产术的应用和女性对自己身体的控制为代价的。

在加拿大引发全球关注的一个事件中，集中反映出以上许多社会趋势。1934年5月28日，安大略科尔贝一对说法语的贫穷农村夫妇生下了五胞胎女儿。迪翁（Dionne）姐妹们出生后几个月就被送入了专设的皇家病房。艾伦·罗伊·达福医生（Dr. Allan Roy Dafoe）曾与两位助产士为她们接生，后来成为五胞胎的监护人。育儿领域最新的观念在她们身上践行，她们也是公众娱乐的来源。1936—1943年，有将近300万人参观了她们所在的隔离区。隔离区成为旅游点，为安大略财政带来了5100万美元的收益，她们还成为4部好莱坞电影的原型。经过漫长的抚养权之争，女孩们回到了她们的家庭，但依旧被剥削。她们一到法定许可年龄就离开了家庭，并在晚年揭露了曾遭父亲性侵一事。

两次世界大战之间，尽管有一些反歧视的努力，但是种族视角下的少数群体受到的歧视并未减少。费德里克·洛夫特（Frederick Loft）是一位莫霍克族的一战老兵，也是1918年印第安人联盟（League of Indians）的发起者，却因此受到警方监视。1927年，米克马克大议会（Mi'kmaq Grand Council）的领袖加布里埃尔·斯里博伊（Gabriel Sylliboy）主张，基于18世纪条约，他有权开展季节狩猎，但最终败诉。当时，法律规定非裔加拿大人必须坐在剧院隔离区，他们也被排除在专门职业、许多有偿劳动乃至餐厅之外。非裔加拿大人对此提出挑战，但法院充耳不闻。"大萧条"时期，少数群体在可从事的工作中往往最后被雇用、最先被解雇，福利也得不到保障。

地平线上的阴云

1931年，英国国会通过的《威斯敏斯特条例》解决了加拿大作为国家与殖民地的双重身份问题。根据第一次世界大战以来帝国会议上提出的决议，英国放弃了自治领的立法权。选择留在英联邦的自治国家，只有通过王室和独立国家决定保留的其他宪制安排与英国保持联系。加拿大小心翼翼地剔除殖民主义残余，如上诉司法委员会，或就《英属北美法案》的修订权提起诉讼。到1945年，其他更紧迫的事项凌驾于宪法改革之上，导致联邦与各省关系紧张。

加拿大对外交事务也很慎重。1935年，意大利的法西斯头目贝尼托·墨索里尼（Benito Mussolini）侵略埃塞俄比亚，国际联盟的加拿大代表沃尔特·里德尔（Walter Riddell）呼吁采取更强硬的措施对抗意大利，但麦肯齐·金政府告知加拿大不应在国际舞台上起带头作用。并非只有加拿大如此谨慎，因为国际联盟对德国、意大利和日本采取的侵略性政策已无力阻拦。在1936—1939的西班牙内战中，医生诺曼·白求恩（Norman Bethune）和麦肯齐-帕皮诺军营的1200位志愿军参与支持西班牙共和事业，但渥太华对西班牙和德国的战事保持沉默。1938年，阿道夫·希特勒（Adolph Hitler）吞并奥地利，并拆分了捷克斯洛伐克。

战争已不可避免。1939年9月3日，英国和法国终于决定制止希特勒的行径。此前两天，希特勒经苏联的约瑟夫·斯大林（Joseph Stalin）批准入侵波兰。最终，日本也成为轴心国联盟的一员，希望利用欧洲的战事实现自己在太平洋的帝国蓝图。

加拿大已不再是英国的殖民地。国会被召回，对加拿大是否参战举行投票。9月10日，加拿大以独立国家的身份宣战。加拿大本有可能效仿美国，在1939年保持中立，但金政府意识到国内强烈的亲英情绪和潜在的经济机遇，毫不犹豫地加入了同盟国作战。面对决心占领世界的好战独裁者，几乎没人敢提出这不是一场"正义之战"。1941年12月7日，日本轰炸夏威夷的珍珠港，美国的中立立场就此终结。⑭

对于参战，金承诺他的政府不会强制征兵到海外作战。但对魁北克总理杜普莱西斯来说，这还不够。他举行了一场仓促的选举，把加拿大参战作为选举的重要议题。在金有力的魁北克副手、司法部长欧内斯特·拉普安特（Ernest Lapointe）的带领下，魁北克的联邦部长们威胁称，若杜普莱西斯获胜，他们将集体辞职。魁北克人担心没有魁北克选区，内阁可能不会兑现金的反征兵承诺，于是选出了一个自由党政府。安大略立法机关通过一项决议，批评渥太华乏力的战争举措，这促使金在1940年3月举行全国大选。在大选中，自由党轻松取胜，但不征兵的承诺很快重新成为他们的困扰。

大选后几个星期，希特勒的军队就征服了丹麦和挪威，接着又对荷兰、比利时和法国发起了闪电战。早在1940年6月，法国就已投降，加上有超过30万同盟国军队从敦刻尔克撤退，人们担心英国将被入侵。加拿大政府即刻通过了《全国资源调动法》（National Resources Mobilization Act，NRMA），为本土防御征兵作准备。金声明这一法规"不是必然征兵，而是必要时征兵"，并在1942年4月27日举行全国公投，请加拿大人决定政府能否解除不对海外服役征兵的承诺。虽然65%的加拿大人投票赞成，但有72%的魁北克人投了反对票。在征兵的潜在威胁下，魁北克产生了一个新的民族主义政党——加拿大人民联盟（Bloc populaire canadien），由安德烈·洛朗多（André Laurendeau）领导，并在1944年省级选举中还权于民族联合党。

为了避免实施征兵金不遗余力，还在1944年秋辞退了主张征兵的国防部长J.L.罗尔斯顿（J. L. Ralston）。由于罗尔斯顿的继任者

A.G.L.麦克诺顿（A. G. L. McNaughton）将军没能使志愿征兵制奏效，政府命令将《全国资源调动法》下的1.6万名士兵派往海外。这一决定在被征募者中引起激烈反抗，他们中的许多人擅自撤离了加拿大的兵营，也给魁北克的反叛情绪火上浇油。因为金已经尽其所能避免这项不得人心的政策，他成功甩掉了人们积累在博登身上的敌意。

兵役很快解决了加拿大的失业问题。据估计，1941年的人口为1150万，其中有将近110万男女参军。他们中的大多数在军队服役——大约25万人加入加拿大皇家空军、10万人加入加拿大海军。战争初期，加拿大政府还成立了商船海军，为战时船运提供军力。虽然只有男性参与作战，但有5万名女性在为加拿大武装力量服务，充当海陆空三军分队的辅助人员。在战时服役中，有超过4.2万加拿大人丧生，另有5.4万人受伤。但与总数相比，这些数据显得渺小无比。第二次世界大战的伤亡者多达5500万人，其中许多是轰炸、侵略军或集中营管理者造成的平民伤亡。据估计，集中营管理者共处死了600万犹太人，还有难以计数的同性恋者、吉卜赛人和其他纳粹政府认为无价值的人。蒂莫尼·辛德（Timothy Snyder）估计，纳粹和苏维埃军队在他们的国土肆虐之时，现波兰、白俄罗斯、乌克兰、爱沙尼亚、拉脱维亚和立陶宛至少有1400万人遇害。⑮

加拿大之战

法国溃败后，德国轰炸了伦敦和其他英国城市，并在大西洋加紧了对抗同盟国船只的U型潜艇大战。有时看起来只有1940年5月上台的首相温斯顿·丘吉尔（Winston Churchill）用激情澎湃的豪言推着英国向前。加拿大提供的资金、食物、战争物资等支持对英国在"最黑暗的时期"取胜起到了关键作用。北美的命运处于风雨飘摇

图 8.4 被重新安置在英属哥伦比亚内陆的日裔加拿大人。(图片由加拿大图书档案馆授权使用 / C－46350)

之际,8月,罗斯福和麦肯齐·金在纽约的奥格登斯堡会面,设立了北美常设联席防务委员会 (Permanent Joint Board on Defence for North America)。9月,英美政府原则上同意以50艘逾龄驱逐舰和其他军用设备作为交换,允许美国在纽芬兰、百慕大和加勒比海地区建立军事基地。

加拿大政府采取了一系列对付敌人和潜在的麻烦制造者的措施。这些安保措施针对的对象有时也受到质疑。最值得注意的是,加拿大7000名耶和华见证人教徒因在以魁北克为首的地区不受欢迎而被判违法。1941年,苏联改变立场,加拿大不得不解除对共产主义团体的限制。1942年,加拿大将2.2万有日本血统的人从英属哥伦比亚沿海迁到内陆的废弃矿区、建筑工地或草原诸省的农场(图8.4)。他们中有将近3/4的人生于加拿大,或已入加拿大籍。就连来自欧洲的难民也受到不公正待遇。20世纪30年代，加拿大的国门对逃离纳粹政权的犹太人紧闭，在战争期间也只收留了大约3500名来自敌国的难民。这是由于加拿大人普遍持反犹立场，在政府机关中甚至达到了最高水平。

1941年，希特勒把他的军队对准了苏联，战事吃紧。日本在太平洋摧毁了英国和美国的舰队，横扫马来西亚和新加坡，还在菲律宾俘虏了美军。1941年12月，加拿大人试图对抗日本、保卫英国的香港殖民地。但这次进攻于事无补，造成近1300名加拿大人丧生，另有1700人被俘。希特勒入侵苏联后，斯大林向他的新盟友施压，要求在西部开辟第二战场。1942年8月，法国迪耶普（Dieppe）沙滩登陆失败，造成907名加拿大人死亡，2000人被俘。但之后局势开始扭转。11月，英国第八集团军在北非冲破了德国和意大利的防线；一个月后，苏维埃军队在斯大林格勒（Stalingrad）成功抵挡希特勒的军队。

加拿大武装力量在战争前期基本没有参与主要进攻，但在1943年加入了同盟国，并对西西里岛和意大利本土的进攻。在1944年6月6日这个登陆日（D-Day），加拿大士兵还在诺曼底（Normandy）参与了对法国的进攻。这场战役最终开辟了西线战场。加拿大第三师在五个登陆点之一的朱诺滩（Juno Beach）带头发起突击。

和第一次世界大战时一样，加拿大皇家海军的首要职责是为大西洋的船队护航。这些船队为欧洲的同盟国成员输送食物和补给。因为德国U型潜艇的威胁无处不在，加拿大皇家海军在公海和加拿大领海都忙得不可开交。战争期间，19艘商船在圣劳伦斯河下游和大西洋沿岸被击沉。其中，往返布雷顿和纽芬兰的轮渡在1942年10月沉没，237位乘客丧生。

宣战后不久，加拿大同意执行英联邦空军训练计划（British Commonwealth Air Training Plan，BCATP），在战争中为英国和其他英联邦国家培养了将近一半的机组人员。加拿大还在一个名为"运输队"（Ferry Command）的任务中扮演了核心角色，为英国输送北美建造的飞机，近1万架飞机从甘德贝（Gander Bay）和拉布拉多的古斯贝（Goose Bay）等基地飞往英国。由于当时长途飞行尚存风险，这次行动中近500人丧生。在对抗德国的轰炸中，死亡率同样很高。1942年，在一次肩负了30项任务的飞行中，三个飞行员中只有一个幸存。到1944年，更有效的训练和新的机型提高了飞行成功率，但自始至终都有批评者认为，这些投入到轰炸机司令部的财力和人力本能在别处有更好的用途。⑯

吸取了第一次世界大战的教训，金政府对战时经济实施了严格控制。在精力充沛的部长C.D.豪（C. D. Howe）的领导下，军需部扩大现有工业，成立新的工业部门，并调派加拿大商界的成员以保证工业生产有效运行。28家皇家公司提高了加拿大的工业生产力。它们几乎都位于加拿大中部，这一地区是战时经济繁荣的主要得益者。为了应对劳动力短缺的问题，加拿大开展了一场大规模的招募妇女运动。魁北克和安大略还建起了临时托儿中心，以便已婚妇女响应号召。1939—1945年，联邦政府的规模扩大了一倍多，"大政府"时代随之来临。到1944年，渥太华的开支占国内生产总值的40%，这些资金大多源于个人和企业税收以及销售胜利债券所得。

在加拿大的战时计划中，美国的地位赫然显现。1941年4月，罗斯福和麦肯齐·金在纽约海德公园（Hyde Park）召开会议，加拿大被纳入英美的租借协定，为美国提供70亿美金购买设备和物资。1942年夏，日本占领阿留申群岛（Aleutian Islands）。美国经加拿大允许，修筑了一条从加拿大到阿拉斯加的陆路，里程长达2000千米。美国还修建了一条加拿大石油运输管道，连接育空的怀特霍斯（Whitehosrs）和西北地区的诺曼韦尔斯（Norman Wells）；又建设北部的飞机跑道，向欧洲和苏联输送轰炸机和战斗机。为表示对关系增进的认可，加拿大政府将其在华盛顿的外交人员提高到了大使级别。

面对不断增多的罢工，渥太华对工人的凝聚力再也不能视而不见，开始与工人达成和解。1944年2月，1003号枢密院令授予工人组织权和集体谈判权，确立了工会的认证程序和义务认定，界定了不公正的劳动规范，还设立了一个管理机构以巩固秩序。紧随战争的一大波罢工有可能使事态陷入1919年那样的僵局，所以1003号枢密院令的原则也被载入了和平时期的法律。

战争为落实许多加拿大人长期要求的社会政策提供了机会。1940年，各省对宪法修正案达成一致后，联邦政府实行了一个全国失业保险计划。由于这一政策首要的对象是产业工人，因此它只惠及了一小部分劳动力，但确立了联邦政府在社会规划中拥有领导权的原则。在1940年的报告中，自治领与各省关系皇家委员会对扩大联邦权力的新宪制安排表示支持。但可想而知，这一提议在各省首府都遇到了阻力。

大多数加拿大人已经对宪法的争执失去耐性。他们目睹联邦政府调动资源来提高生产和减少失业，也担心再次出现战后萧条，因此要求实施平民合作联盟所呼吁的改革。当时，平民合作联盟的声望越来越高，连保守党也觉察到了不祥之兆。1942年，保守党把党名改为"进步保守党"（Progressive Conservative）；推举了一位新的领导人——马尼托巴前自由进步党总理约翰·布拉肯（John Bracken）；还通过了一部革新的纲领。自由党捕捉到了信号。1943年9月，在全国自由党联盟的一次会议中，自由党仿照平民合作联盟和进步保守党，采纳了一个支持社会保障的计划。金迅速着手主持战后规划，设立了重建部（Reconstruction）、全国卫生福利部（National Health and Welfare）和退伍军人事务部（Veterans Affairs）3个新部门，还在1944年通过了关于普适性家庭津贴的法律。英国经济学家约翰·梅纳德·凯恩斯（John Maynard Keynes）提出了政府对保持平衡经济所起作用的理论。这些理论影响了财政部的各位官员，也对加拿大的战后规划有深远意义。

战争的结束也带来了其他挑战。欧洲战事结束后，海员和平民在哈利法克斯引发了另一起灾祸。他们洗劫酒类贩卖店，毁坏了一辆电车，还制造了一场持续两天的大骚乱。1945年7月，海外35万军人归国的延误再次引发暴动，其中包括奥尔德肖特两个晚上的打斗。除了服役人员，加拿大还迎来了近4.5万战争新娘（和一些战争新郎）以及他们的孩子，孩子人数接近2.2万。据估计，加拿大士兵留下了约2.3万所谓的"战争儿童"。这是他们与当地妇女短期或长期关系乃至重婚的产物。⑰

和平与繁荣

在1945年6月11日的选举中，自由党人的快速应变帮助他们赢得了大多数席位。欧洲的战争终于结束了。1945年早些时候，意大利的加拿大人参加了在荷兰的最后一战。四面楚歌的希特勒自杀身亡，5月5日德国投降。继美国在广岛和长崎投下两颗原子弹后，8月14日日本投降。加拿大铀矿丰富，C.D.豪曾代表加拿大与英国和美国进行绝密讨论，从而开启了一个原子时代。

金政府决心要成功过渡到和平状态，于1942年通过法律，要求公司重新雇用军人从事他们原先的工作，还落实计划，给予退伍军人相对于1919年更多的优厚待遇。1944年，C.D.豪被任命为重建部部长，对将工厂转产于生产消费品的公司实行减税优惠。出口市场原先发展缓慢，但因马歇尔计划（Marshall Plan）推动的销售而振兴。马歇尔计划由美国在1947年启动，是一个慷慨的援助计划，以防饱受战争蹂躏的欧洲各国落入共产党手中。许多经济学家预测的战后经济衰退非但没有出现，加拿大还实现了经济增长，国民生产总值从1945

年的 118 亿美元上升到了 1950 年的 184 亿美元。

加拿大积极参与了联合国、国际货币基金组织和世界银行的创立。这些组织都是避免新一次战争、稳定全球经济的媒介。尽管各国人民祈愿和平，但苏联和西方矛盾的加剧使得共识破裂，导致德国（及后来的朝韩、越南）分裂，也触发了持续到 90 年代、主宰国际关系的冷战。1945 年秋，加拿大人第一次尝到冷战的滋味。苏维埃大使馆的一位叛变者伊戈尔·古森科（Igor Gouzenko）揭露，一批苏维埃间谍正在加拿大境内活动。

结　语

第二次世界大战厘清了许多"大萧条"遗留的问题。大多数加拿大人对联邦政府在《战时条例》下的所作所为感到惊讶。若非省政府的存在，他们会迫切希望联邦政府掌握更多的权力，尤其是在经济发展和社会福利方面。加拿大人也做好了准备，要在国际事务中扩大影响力。在新的世界秩序之下，美国取代英国成为西方民主的领导者。加拿大人发现，即便身处熟悉的国土，也仍要步步为营。

注释：

① Desmond Morton and J. L. Granatstein, *Marching to Armageddon: Canadians and the Great War, 1914–1919* (Toronto: Lester and Orpen Dennys, 1989).

② The military historian J. L. Granatstein, who earlier in his career argued that conscription had failed in its objectives, has more recently concluded that conscripts "kept units up to strength, allowed the Canadian Corps to function with great effectiveness and efficiency in the final decisive battles of the Great

War, and helped to minimize casualties." J. L. Granatstein, "Conscription in the Great War," in *Canada and the First World War: Essays in Honour of Robert Craig Brown*, ed. David Mackenzie (Toronto: University of Toronto Press, 2005), 75. The earlier argument is made in J. L. Granatstein and J. M. Hitsman, *Broken Promises: A History of Conscription in Canada* (Don Mills, ON: Oxford University Press, 1977).

③ Cited in James W. St. G. Walker, "Race and Recruitment in World War I: Enlistment of Visible Minorities in the Canadian Expeditionary Force,"*Canadian Historical Review* 70, 1 (March 1989): 1–26.

④ Mark Osborne Humphries, "The Horror at Home: The Canadian Military and the 'Great' Influenza Pandemic of 1918," *Journal of the Canadian Historical Association*, n. s., 16 (Ottawa 2005): 235–261. On the fortunes of the expeditionary force sent to Russia, see Benjamin Isitt, *From Victoria to Vladivostok: Canada's Siberian Expedition, 1917–1919* (Vancouver: University of British Columbia Press, 2010).

⑤ On the experience of Canadians soldiers in war, see Tim Cook, *At the Sharp End: Canadians Fighting the Great War, 1914–1916* (Toronto: Viking Canada, 2007), and *Shock Troops: Canadians Fighting the Great War, 1917–1918* (Toronto:Viking Canada, 2008). See also Desmond Morton, *When Your Number's Up: The Canadian Soldier in the First World War* (Toronto: Random House, 1993).

⑥ Robert J. Sharpe and Patricia I. McMahon, *The Persons Case: The Origins and Legacy of the Fight for Legal Personhood* (Toronto: University of Toronto Press, 2007).

⑦ The diaries are available online at http://www.collectionscanada.gc.ca/databases/king/index-e.html. King has a attracted many biographers. A good place to start is H. Blair Neatby's entry in the *Dictionary of Canadian Biography* (http://www.biographi.ca).

⑧ E. R. Forbes, *Maritime Rights: The Maritime Rights Movement: A Study in Canadian Regionalism* (Montreal: McGill-Queen's University Press, 1979); David Frank, *J. B. McLaughlin: A Biography* (Toronto: Lorimer, 1999).

⑨ John Boyko, *Bennett: The Rebel Who Challenged and Changed a Nation* (Toronto: Key Porter Books, 2010); P. B. Waite, *The Loner: Three Sketches of the Personal Life and Ideas of R. B. Bennett, 1870–1947* (Toronto: University of Toronto Press, 1992).

⑩ Cited in P. B. Waite, "Bennett, Richard Bedford," *Dictionary of Canadian Biography* (http://www.biographi.ca) .

⑪ Two monographs bring postwar values into perspective: Jonathan Vance, *Death So Noble: Memory, Meaning, and the First World War* (Vancouver: University of British Columbia Press, 1997), and Veronica Strong-Boag, *The New Day Recalled: Lives of Girls and Women in English Canada, 1919–1939* (Toronto: Copp Clark, 1988).

⑫ See, for example, Denyse Baillargeon, *Making Do: Women, Family, and Home in Montreal During the Great Depression* (Waterloo, ON: Wilfrid Laurier Press, 1999).

⑬ Cynthia Comacchio, *The Infinite Bonds of Family: Domesticity in Canada, 1850–1940* (Toronto: University of Toronto Press, 1999); Denyse Baillargeon, *Babies for the Nation: The Medicalization of Motherhood in Quebec, 1900–1970* (Waterloo, ON: Wilfrid Laurier Press, 2009); Daniel Dagenais, *The (Un) Making of the Modern Family*, trans. Jane Brierley (Vancouver: University of British Columbia Press, 2008).

⑭ General surveys of Canada's role in the Second World War include J. L. Granatstein and Desmond Morton, *A Nation Forged in Fire: Canadians and the Second World War* (Toronto: Lester and Orpen Dennys, 1989); J. L. Granatstein, *Canada's War: The Politics of the Mackenzie King Government, 1939–1945* (Don Mills, ON: Oxford University Press, 1975; and Jeffrey A.Keshen, *Saints, Sinners, and Soldiers: Canada's Second World War* (Vancouver:University of British Columbia Press, 2004). Canadian-American relations during the war are contextualized in Norman Hillmer and J. L. Granatstein, *For Better or for Worse: Canada and the United States into the Twenty-first Century* (Toronto: Thomson/Nelson, 2007).

⑮ Timothy Snyder, *Bloodlands: Europe between Hitler and Stalin* (New York: Basic Books, 2010). The Canadian figures are drawn from Desmond Morton and J. L. Granatstein, *Victory 1945: Canadians from War to Peace* (Toronto: HarperCollins, 1995), 19.

⑯ The controversy surrounding a critical treatment of Bomber Command in the 1992 film *The Valour and the Horror* is discussed in David J. Bercuson and S. F. Wise, eds., *"The Valour and the Horror" Revisited* (Montreal: McGill-Queen's

University Press, 1994).

⑰ Olga Rains, Lloyd Rains, and Melynda Jarratt, *Voices of the Left Behind: Project Roots and the Canadian War Children of World War Two* (Fredericton: Project Roots, 2004).

第九章　自由主义之胜（1945—1984年）

第二次世界大战后30年，加拿大是经济增长和社会转型进入"黄金时代"的典范。①得益于总体繁荣的经济，国家制定了一系列有关人权和社会福利的法律法规，让更多加拿大人有机会获得政治权力、享受富足的物质生活。加拿大人不再向英国寻求指引，而是形成了虽不和谐但独特的国家话语体系，积极参与关于适应美国压倒性影响力的讨论。在20世纪70年代经济危机和离心力的压力下，对未来的乐观主义开始逐渐消减。然而，对于在稳步缩小的"地球村"中挣扎求存的各国人来说，加拿大依然是希望的灯塔。

权利革命

在超过两个世纪的时间内，人权运动通过各种各样的方式进行，联合国在1948年12月通过的《世界人权宣言》(Universal Declaration of Human Rights)则是它们的结晶。②加拿大法学家约翰·汉弗莱

(John Humphrey)参与起草。它宣告：每一个人"不分种族、肤色、性别、语言、宗教、政治或其他见解、国籍或社会出身、财产、出生或其他身份等任何区别"，都享有生命、自由和安全的权利；都享有言论、思想和集会的自由；"在失业、疾病、残疾、守寡、衰老或其他丧失谋生能力的情况下，有权享受保障"。③

要把这些权利落到实处任重而道远，但加拿大人已做好迎接挑战的准备。随着战争接近尾声，活动家在不断拉长的志愿团体名单中补充进新的组织，如1945年的新斯科舍有色人种发展协会（Nova Scotia Association for the Advancement of Coloured People）和1947年的基督徒和犹太人委员会（Council of Christians and Jews），推动人权改革。政府对这些呼声作出回应，有时还发挥领导作用。1947年，萨斯喀彻温通过了一部《权利法案》；1951年，安大略推行了关于就业、住房和社会服务中公平守则的法律。同时，联邦政府在战争刚结束的几年里，废除了加拿大大多数歧视性的选举法，并在1956年实施联邦的公平守则。1960年，加拿大正式通过联邦《权利法案》；1982年，《加拿大权利与自由宪章》（Canadian Charter of Rights and Freedoms）被写入宪法。在这二十多年间，人权在法律中的地位稳步提高。

社会政策也在逐步向前推进。1945年选举后，金政府提出实施一系列完善的全国性社会服务，但以安大略和魁北克为首的省份反对称，用税权为这个计划买单会妨碍他们履行义务。渥太华退而求其次，与愿意服从领导的省份签署了税收租赁协议。最终，大部分省份都同意签署。很快，加拿大人就意识到社会项目能产生巨大红利。1945年，开始发放家庭津贴，许多儿童享受到了更好的饮食，当地零售商也因此受益。由于只有儿童上学其家庭才能领到津贴，所以教育水平也显著提高。

与此同时，其他项目也在循序渐进。卫生福利部部长大保罗·马丁（Paul Martin）在1951年推行普及性退休金制度，1957年又实施住院保险计划,成本与各省共同分担。1947年,萨斯喀彻温已将公共保险计划应用于医院服务;经医生强烈抗议后,又在1962年把医师服务纳入健康福利中。1966年,联邦政府通过了一部《医疗法案》(Medical Care Act)和一个覆盖福利服务的《加拿大援助计划》(Canada Assistance Plan)。1956年,渥太华采纳均衡方案,为税收低于英属哥伦比亚和安大略这两个最富裕的省份提供资金支持,这给相对落后的辖区参与成本分摊项目铺设了道路。

为了维持以上和其他举措的开支,国家税务部提高了要求和效率。对日益增加的加拿大人来说,纳税申报成了令人提心吊胆的年度仪式。各个层面的公共开支都有所增长,从1960年占国内生产总值的30%到1985年的48%。虽然有批评家抱怨福利项目成本太高——到70年代已上升到国内生产总值的近33%,但事实上加拿大在社会福利上的花费远低于大多数欧洲国家。④ 社会服务也并不总是国家预算中费用最高昂的项目。冷战时期的加拿大,起初军费占据头等地位,占1953年联邦开支的45%,直到1961年下降到23%。此后,这一比例又进一步降低。

冷战时期加拿大的自由主义

与人权和社会服务有关的法律主要由自由党推行。1945—1984年的大部分时间内,自由党都在渥太华掌权。进步保守党人曾在1957—1963年及1979年短暂执政,但几乎没有改变政策方向。持其他政治议程的政党始终存在,却从未在渥太华掌权,也鲜能挑战主导性的自由主义舆论。甚至连平民合作联盟也在1961年抛开了它的激进言论,与工会结盟,自我重塑为新民主党(New Democratic Party, NDP),选举受欢迎的萨斯喀彻温总理汤米·道格拉斯(Tommy Douglas)为领袖。这一时期，渥太华两个主流政党的成功更多地取决于个人魅力和地方利益，而非主要的意识形态差异。自由党人依靠安大略和魁北克的选民维持执政地位，全国领袖从未在其他省份产生；而进步保守党人多从边远地区获得选举支持和选择领袖。

1948年，金怀着对自己尽职守卫自由主义和民族团结的满足感退出了政治舞台。那时，他已经培养出了继承人——1941年进入内阁担任司法部长的路易斯·圣劳伦特（Louis St. Laurent）。圣劳伦特有法国和爱尔兰血统，是一个成功的律师，也与加拿大的商业团体有密切联系。他对联邦制满腔热忱，在1944年11月勇敢地对征兵表示支持。这些都是他成为总理的潜质。1946年，金把自己在外交事务中的职位交给了他。圣劳伦特在1948年的领袖会议上轻而易举地击败了他的对手，在竞选活动中也受到欢迎，还因平易亲民而收获了"路易斯叔叔"（Uncle Louis）这一绰号。在1949年的选举中，自由党赢得了有史以来数量最多的支持。⑤

在主导国际局面的冷战期间，圣劳伦特奋斗在一线。⑥苏联、美国在欧洲和其他地区分别争夺共产主义和资本主义的支配地位。最初，美国有原子弹在手，在对峙中处于上风。但到了1949年，苏联也有了自己的核武器，中国诞生了共产主义政府。由于全面战争的后果不堪设想，双方唯有在全球热点地区纵横捭阖。原子能时代，许多加拿大人都把安全的希望寄托在联合国上，不过在意识形态的斗争中，联合国很快就妥协了。

在这样的情形之下，加拿大选择追随美国的领导。1949年，北大西洋公约组织（North Atlantic Treaty Organization，NATO，简称"北约"）成立。它是对1940年设立的常设联席防务委员会（Permanent Joint Board on Defence）的补充，同时是一个涵盖了美国、英国和其他西欧国家的公约。1950年，朝鲜战争爆发。加拿大同意为主要由美国人组成的联合国军队贡献军力。加拿大士兵被送到朝韩的"三八线"进行防卫。随着中国参战,冲突升级。1953年7月,参战国达成停战协定。然而,此前已有250万人伤亡或被俘。参与朝鲜战争的加拿大人共计2.5万。[7]

由于冷战还在继续,加拿大放弃了所有关于裁军的承诺。联邦政府建立新军营、修整已有军营;派遣了一个旅到欧洲,承担加拿大在北约中的部分义务;还将大量资金用于重整军备。为防止苏联借助新武器对北极地区发起袭击,加拿大和美国在加拿大本土建立了三个雷达防卫系统——"松树线"(Pine Tree)、"加拿大中部线"(Mid-Canada)和"远程预警线"(Distant Early Warning lines)。为了巩固在北方的主权,渥太华从1953年开始把因纽特家庭从魁北克和西北地区迁往偏远的北极地带,让他们在格赖斯峡湾(Grise Fiord)和雷索卢特湾(Resolute Bay)自生自灭。

在加拿大战时的紧急状态中,美国的参与无处不在。随着加拿大工业经济繁荣发展,美国人大力投资加拿大的矿产、石油和木材,还与加拿大合作修筑了圣劳伦斯海道。这条海道在1959年建成,能在大陆的工业中心高效地运输往来货物。由于加拿大的国际收支差额因为对美军备开支而严重失衡,美国同意签署《军工生产分配协议》(Defence Production Sharing Agreement),以扩大美国在加拿大企业中的购买力。

和社会福利的状况类似,加拿大达成了一个共识:军事安全超越政治分野。1958年,进步保守党政府签署了军工生产协议和《北大西洋空防条约》(North Atlantic Air Defence Treaty,NORAD),为北美建立一个统一的空军司令部。而这两份条约原先都是由自由党人谈判的。自由党曾计划在选举后建造艾弗罗箭式战机,但进步保守党取消了制造这种造价高昂的拦截机的计划,另外还同意在安大略和魁北克建立远程波马克反导基地。[8]

在外交领域,加拿大通常扮演着道德仲裁者的角色,如要求把经济和社会产出附加到《北大西洋公约》的军事承诺中；要求美国放缓在朝鲜战争中的目标。这些干预都是由外交部长莱斯特·皮尔逊（Lester Pearson）发起的，他还在日后进一步提升了加拿大作为一个有力调停者的形象。1956年，埃及将苏伊士运河国有化之后，英国、法国和以色列军队都对埃及发起进攻。面对接踵而至的危机，皮尔逊的解决方案是派遣联合国军前去维和。这给侵略者挽回了面子，也为美国人所接受，还帮助皮尔逊获得了诺贝尔和平奖。苏伊士事件后，加拿大的军队被世界公认为肩负了各项联合国维和使命。

1949年，在冷战背景下，经过精心策划，纽芬兰和拉布拉多加入加拿大。由于这个殖民地在海空航线上都处于中枢位置，其重要性已经不限于本土。在第二次世界大战期间，它从破产走向了前所未有的繁荣，因此已不再有设立政府委员会的必要。战争期间，美国强大的军事布阵扎根于此。渥太华担心它会被纳入美国的势力范围，于是与英国当局在幕后鼓励它加入加拿大联邦。

1946年6月，代表们被选派参加全国会议，商讨殖民地的未来。约瑟夫·斯莫尔伍德（Joseph Smallwood）是一个农民、工会会员，也是一位电台名人。他通过电台广播会议进程，成长为联邦的拥护者。他坚定地认为，这个殖民地并入加拿大后不仅能从社保项目中得益，还能改进社区服务，提高经济稳定性。这一信息对外港有广泛的吸引力。圣约翰的上层集团和罗马天主教会都倾向让殖民地回归自主治理的自治领身份，但少数人仍看重英国委员会的有效管理，满足于现状。经过两次竞争激烈的公民投票，支持联邦的人还是占到了52.4%。1949年3月31日，纽芬兰成为加拿大的第十个省。2011年，正式变更为纽芬兰和拉布拉多省。

经济势如破竹

第二次世界大战后十年的经济增长使联邦政府有能力为福利、战争和基础设施项目提供资金。其中，一条8000千米长、横贯加拿大的高速公路于1962年竣工。由于本国的经济发展依赖出口，1947年加拿大对签署《关税及贸易总协定》（General Agreement on Tariffs and Trade，GATT）满腔热情。这一协定旨在减少贸易壁垒，但事实证明，全球自由贸易是一个难以实现的目标，因此围绕关税斡旋仍是国际关系中的一项主要内容。

战后，塑料、杀虫剂、药品等在战争期间发展起来的产品与电视机、农业机械、雪地机动车等新的耐用消费品一道，促进了第二产业的增长。早期，通信领域中产生了电视、晶体管收音机、电脑和卫星等创新成果，它们都为后来提高信息时代的生产力发挥了主要作用。1958年，加拿大建成了世界上最长的电视网。1962年9月，加拿大发射了"百灵鸟1号"（Alouette I）卫星，成为继苏联和美国之后第三个将卫星送上太空的国家。20世纪70年代，随着"阿尼克"（Anik，在因纽特语中意为"兄弟"）系列的运行，加拿大在卫星的商业通信用途方面处于世界领先地位。

尽管经济活动依旧集中在圣劳伦斯—五大湖这一中心地带，但边远地区也从公共和个人投资中得到好处。在消费和军事需求的刺激下，艾伯塔的石油、萨斯喀彻温的钾碱、昂加瓦—拉布拉多边境的铁矿，还有西北地区、安大略和萨斯喀彻温的铀都投入开采。丘吉尔瀑布、哥伦比亚河、詹姆斯湾和圣劳伦斯海道巨大的水能开发，加上加拿大重水铀核反应堆，都为高能耗的北美市场供给了能量。

新机械和新的生产过程提高了农业、渔业和林业的生产力，但也极大地减少了这些部门的工人数量。这些结构调整促进了城市和服务业的发展。到 20 世纪 80 年代，每 4 个加拿大人中就有 3 个被界定为城市居民。大多数加拿大人自愿迁出他们的乡村家园，但政府为了加快这一进程，制订了针对剩余人口的计划。在纽芬兰，外港社区的 3 万人被迁往"增长中心"，他们迁出的社区中有 250 个彻底消失。与此类似，分散在北部的因纽特人也被迁到更容易获取服务的地区。但不可避免的，他们对被迫遗弃熟悉的环境感到愤懑不平，尤其是在新社区无法提供承诺的服务和就业机会的时候。

1941—1981 年，加拿大的人口从 1150 万上升到了近 2500 万。战后的婴儿潮和不断增多的移民是人口增长的推动力。到了 60 年代，移民政策的重心从种族转变为技能。大多数移民来自欧洲，他们中有很多都是难民，但与战争期间相比，现在他们更容易被接纳。寿命的延长也推动了人口增长。70 年代，男性平均寿命达到 70 岁，女性达到 77 岁。这要归功于营养状况的改善、预防医学的进步和抗生素、脊髓灰质炎疫苗等"神药"的效用。

许多移民虽然对生活在这片相对和平繁盛的土地上充满感激，但也意识到他们处在一个严密种族等级体系的底层。1965 年社会学家约翰·波特（John Porter）出版的《直立的马赛克》（*The Vertical Mosaic*）一书揭示：主导加拿大政治经济生活的是不足 1000 人的经济精英集团，他们大多有英国和新教背景，毕业于私立学校。即便是在说法语者占人口约 80% 的魁北克，控制经济的也是一小批有特权的说英语者。

暴戾的托利党

战后十年，福利、战争和消费主义维持着经济的勃勃生机。在

1953年的选举投票中,有相当多的加拿大人愿意再次让自由党获得多数席位。圣劳伦特的职责极像内阁会议中的委员会主席,他给了各部长足够多的自由空间,而部长们的工作也完成得颇为理想。1956年,"万能部长"C. D. 豪坚持,要迅速促成联邦对从艾伯塔到圣劳伦斯中心地带的输气管道的投资。然而,这最终让加拿大人认为,自由党人已经变得过于傲慢无理。最后,政府强行终止管道辩论。反对党坚决反对国会钳制言论,还大声抗议在这项工程中美国投资份额过大。加拿大正在转变,但自由党未发现信号。

在1957年的选举中,进步保守党人以微弱优势取胜;次年的另一次选举中,他们获得了265个席位中的208个。来自萨斯喀彻温艾伯特亲王岛的浸信会律师约翰·G. 迪芬贝克(John G. Diefenbaker)成为风云一时的人物。他从1940年开始担任国会议员,在1956年胜选之前竞选过两次党的领袖。和大多数联邦政党领袖不同的是,迪芬贝克的出身相对卑微,他对自己成为黑马感到骄傲。正如他的传记作者丹尼斯·史密斯(Denis Smith)所说的那样,作为一个强大的雄辩家,"(他是)电视出现之前最后的民主领袖之一,通过与选民面对面或依靠直觉的联系获得方向和自信,而非依靠民意调查、焦点小组和意见管理"。⑨但在1957年和1958年,正是电视把迪芬贝克的信息传播给了加拿大人,他们也喜闻乐见。

战后,民族主义和赋权的势头大增,迪芬贝克的论调正好赶上了这一浪潮。和他的前任不同,迪芬贝克能说服选民,让他们相信托利党人在支持福利国家、投资加拿大欠发达地区方面都会说到做到。为了回报他在边远地区获得的支持,迪芬贝克第一任内阁的大部分部长都来自大西洋和西部省份。他还任命了加拿大第一位女性内阁部长埃伦·费尔克拉夫(Ellen Fairclough)、第一位乌克兰裔部长迈克尔·斯塔尔(Michael Starr)和第一位原住民议员詹姆斯·格拉德斯通(James Gladstone)。1960年的《权利法案》是迪芬贝克的特别计划,为授予有身份的印第安人选举权、废除加拿大移民政策中强势的种族等级制度铺平了道路。

虽然迪芬贝克对文化和平民主义的情感让他受人爱戴，但他没能与说法语的加拿大人成功建立联系，也缺乏调和党内进步和保守两翼的领袖才能。进步保守党上任后的经济低迷加剧了内阁的内部分化。为了实现在乡村和各地区的目标，花费无度的政府被迫作出一系列赤字预算，这引起了财政保守主义者的恐慌。加拿大银行总裁詹姆斯·科因（James Coyne）强力把控货币政策，财政部长唐纳德·弗莱明（Donald Fleming）在 1960 年与他爆发了一场公开争吵。随后，一场货币危机与 1962 年 6 月的竞选活动不期而遇。由于公众对加元的信心衰退，政府把浮动的加元汇率固定在 92.5 美分兑 1 加元。这一合理举动预防了货币崩溃，但反对派在政治上利用了这种折中的"迪芬元"。

进步保守党人在选举投票中险胜，仅仅获得 116 个席位，而自由党人获得了 100 个席位。迪芬贝克受到沉重打击，也对将与社会信用党的 30 位成员共事感到无法释怀。这 30 位成员中有 26 位来自社会信用党的魁北克翼，由里尔·考埃特（Réal Caouette）领导。选举之后，新一轮加元及国际收支差额危机出现。政府被迫征收附加关税、缩减开支，还从国际货币基金组织和其他渠道借贷以保证经济平稳运行。迪芬贝克对渥太华官员、金融集团和美国的不信任根深蒂固，尤其是在受欢迎的美国新总统约翰·F. 肯尼迪（John F. Kennedy）上台后，他认为加拿大受到了不公平对待。迪芬贝克闷闷不乐地退居二线，他的部长们只能慌忙地收拾残局。

美国出手阻止苏联在古巴建导弹基地一事导致状况恶化。在革命领袖菲德尔·卡斯特罗（Fidel Castro）的领导下，古巴已经建立了共产主义政府。1962 年 10 月的几天内，美苏两个超级大国之间的战争似乎已不可避免。苏联最终让步，但这也不能使加拿大政府免受批评——美国要求加拿大把北美空防联合司令部的防卫升级为警戒状态

图9.1 加拿大妇女之声成立于1960年。在它的组织下,像图中这样的中产阶级妇女于1961年秋在渥太华举行了一次示威,抗议用核弹头武装波马克导弹。(图片由加拿大图书档案馆授权使用/邓肯·卡梅隆全宗/PA－209888)

时,迪芬贝克行动迟缓。古巴导弹危机除了给担心受核战争威胁的加拿大民众增加了巨大压力,还引发了美国人的愤怒,揭发了内阁的丑闻,也使国家陷入一场关于防务政策的漫长辩论。

使内阁与国家产生分歧的议题是,加拿大是否应在波马克导弹基地和F-104飞机上安装核武器。自从迪芬贝克政府签署《北大西洋空防条约》后,对于防务政策的共识就已破裂。帕格瓦什会议(Pugwash Conference)和妇女之声(Voice of Women,VOW)等新而可信的倡议者要求终止这种核疯狂。在内阁中,外交部国务秘书霍华德·格林(Howard Green)也支持裁军政策,要求总理重新考虑把核弹头作为加拿大防务政策一部分的协定。但国防部长道格拉斯·哈克尼斯(Douglas Harkness)认为,加拿大除了与强大的盟国通力合作之外别无选择(图9.1)。

内阁还在犹豫不决的时候，美国已发起行动。1963年1月，在渥太华的一次新闻发布会上，退休的北约最高统帅、美国大校劳里斯·诺斯塔德（Lauris Norstad）对外宣布，加拿大若不接受核武器则意味着逃避国际义务。迪芬贝克曾声称，波马克导弹不配备核武器也有实效。随后，这一主张也遭到美国国务院的公开反驳。2月，被逼到极限的哈克尼斯辞职，社会信用党对政府的支持也不复存在。迪芬贝克在后来的运动中保持了足够高的支持率，并在1963年4月的选举中击败自由党，成立多数派政府。

加拿大的美国问题

表面上，皮尔逊是"外交家中的外交家"（diplomat's diplomat）⑩，也是化解与美国矛盾的理想领导人。皮尔逊的祖父和父亲都是循道宗牧师，他在安大略南部长大，这里的许多人和他一样有着爱尔兰新教徒血统。他在多伦多和牛津取得学位，随后在多伦多大学教历史。1928年，皮尔逊进入外交部，在此得以施展他的外交才能。1946年，金任命他为主管外事的副国务秘书，还鼓励他在1948年的双选举中竞选职位。1948—1957年，皮尔逊担任外交部长，并在全球政界树立了明确立场，力求客观处理美国参议员约瑟夫·麦卡锡（Joseph McCarthy）对共产党员的迫害。这件事波及加拿大，甚至溅了皮尔逊一身污水。⑪ 皮尔逊是圣劳伦特继任者最有力的人选，1958年保守党颓势显露后，他就迅速挽回了本向迪芬贝克倾斜的政治中间地带。作为1963年选举中美国人最看好的竞选者，他通过接受核武器来搁置防务问题。然而，对于美国过多插手加拿大事务的担忧却从未止息。

电视这种大受欢迎的媒体出现后，加拿大文化的美国化趋势愈演愈烈。面对这一趋势，联邦政府在1949年成立了艺术、文学、科学发展皇家委员会，文森特·马西（Vincent Massey）任委员会主席。他的家庭是农具巨头马西－哈里斯公司[Massey-Harris，1953年后变为马西－弗格森公司（Massey-Fergusson）]的创始者之一。委员会提出了一些促进加拿大文化生产的政府计划，例如将电视台纳入国家管理、对大学发放联邦补助金、加大对国家电影局和国家博物馆等文化机构的资助等。圣劳伦特政府采纳了这些建议，并在1957年成立了一个扶持艺术发展的政府机构——加拿大艺术委员会。温尼伯皇家芭蕾舞团、斯特拉特福（莎士比亚）戏剧节等新生团体和处境艰难的加拿大出版业都从中得益。

尽管政府付出了这些努力，流行文化仍被美国电视、杂志、电影和录音带主导。1968年，皮尔逊政府成立了规范广播事业的加拿大广播电视委员会（Canadian Radio-Television Commission，CRTC），还成立了加拿大电影发展协会（Canadian Film Development Corporation）以鼓励本土电影工业。继1970年规定使用加拿大内容后，加拿大人才有了更多向电台、电视台受众展示才华的机会。加拿大广播公司、使用法语的加拿大广播电台和魁北克广播电台（成立于1968年）、加拿大艺术委员会和其他各个监管机构通力合作，刺激着电影、美术、音乐、戏剧和出版物源源不断地涌现，这也成为加拿大战后最显著的进步之一（图9.2）。

20世纪60年代，加拿大人开始为自己构想一个更理想的"北美梦"，加拿大化运动也随之扩大声势。[12] 为了阻碍大学教职人员的美国化趋势，联邦政府推行政策，在竞聘者中优先雇用符合条件的加拿大人，还积极响应了特伦特大学校长托马斯·H. B. 西蒙斯（Thomas H. B. Symons）《认识自己：加拿大研究委员会报告》(*To Know Ourselves: The Report of the Commission on Canadian Studies*，1975) 一书中的许多提议。在联邦政府资助下，加拿大研究项目在加拿大的大学乃至国际上都如雨后春笋般发展起来，以期为"未知国度"——记者布鲁

图9.2 20世纪后半叶,加拿大的文学、艺术、电影在各地繁荣发展,在因纽特人聚居的加拿大北部也不例外。他们的艺术作品通过社区合作社推销,这幅《海冰上的海象猎人》也是如此。它是帕尔(Parr,1893—1969)在1967年创作的石刻,由普特古古克·伊吉伍德卢克(Eegyvudluk, Pootgoogook, 1931)印刷。(西巴芬爱斯基摩有限公司收藏,麦克迈克尔收藏馆暂藏,经许可)

斯·哈奇森(Bruce Hutchinson)对加拿大的戏称——塑造一个更高大的形象。

此外,加拿大人还誓要展示出他们杰出的体育才能。[13] 1961年,渥太华通过《健康与业余体育法》(Fitness and Amateur Sports Act),为增进国民身体健康、改进本国在奥运会上的表现提供资金。在战后的繁荣和城市化驱动下,职业化团体运动项目吸引了更多观众,尤其是冰球。国家冰球联盟(National Hockey League,NHL)被美国主导,其下各队的比赛在每周六的晚上通过电视和电台播送,也由此产生了"火箭"莫里斯·理查德(Maurice "Rocket" Richard)等全民英雄。50—60年代，"火箭"的冰上技术帮助蒙特利尔加人队（Montreal Canadiens）接连赢得斯坦利杯。1955年，理查德因斗殴被禁赛，蒙特利尔竞技场中愤怒的球迷疯狂地冲上街头。蒙特利尔加人队和多伦多枫叶队（Toronto Maple Leafs）的竞争富有传奇色彩，也折射出说英语者和说法语者旷日持久的矛盾。1972年，在一场对抗苏联的巅峰大战中，保罗·亨德森（Paul Henderson）为加拿大进了决胜球，全国都为之欢欣鼓舞。

加拿大学者对美国内化于加拿大文化中的影响提出批评。在多伦多大学，哈罗德·英尼斯（Harold Innis）和马歇尔·麦克卢汉（Marshall McLuhan）对加拿大背负的压力表示担忧，但似乎无人能左右强大的美国公司控制媒体。1965年，哲学家乔治·格兰特（George Grant）出版的《一个国家的挽歌》（*Lament for a Nation*）一书提出，自由主义、现代化和技术的同质化力量削弱了加拿大区别于北美其他地区的"决定性特殊主义"。在格兰特看来，迪芬贝克代表了"加拿大民族主义的最后一口气"，却最终无法抵挡肯尼迪"繁华之城"的诱惑。当时，加拿大的说英语者对为何要拥有异于美国的身份大惑不解，格兰特这部作品自然成了全国畅销书。

格兰特认为加拿大失去了英国遗存中可贵的特征，对此失望不已，但自由党政府还在继续解除加拿大和英国的纽带。1946年的《加拿大公民身份法案》（Canadian Citizenship Act）第一次允许移民成为加拿大公民和"英国臣民"；1949年，加拿大不再需要向枢密院上诉。3年后，加拿大从英国政府手中取得总督任命权。加拿大总督文森特·马西也是首位生于本土的任职者。1964年，皮尔逊政府决定用一面独特的加拿大国旗代替英国红舰旗和联合王国国旗，当时后两者还用于仪式性场合。下议院和全国上下对此展开了6个月的激烈讨论，最后，政府强制终止讨论。1965年2月15日，一面崭新的枫叶国旗在国会大厦升起。

美国在加拿大经济中日益增强的主导地位也引发热议,相比之下,关于国旗的辩论只是小题大做。到20世纪20年代,美国已经明显取代英国成为加拿大的主要投资来源和市场,第二次世界大战和冷战又加快了这一趋势。这样那样的经济问题驱使圣劳伦特政府在1955年成立了加拿大经济前景皇家委员会(Royal Commission on Canada's Economic Prospects),多伦多的会计师沃尔特·戈登(Walter Gordon)任主席。在一份报告中,委员会表达了这样的忧虑:主导加拿大众多经济部门的美国分工厂削弱了加拿大的潜力,又因资本以利息和股息的形式流出,还导致了国际收支差额问题。

面对这些问题,迪芬贝克政府不敢怠慢,对加拿大的工业给予税收激励,还违抗美国,与中国、古巴和苏联等共产主义国家进行贸易往来。皮尔逊加大力度,任命他的朋友和赞助人沃尔特·戈登为财政部长。在一小队目标明确的非行政部门顾问支持下,戈登在1963年开出一份预算案,内容包括:加拿大公司把股份售与外国人时要征收30%的"接让税",对在加拿大经营附属公司的非本地人所获股息要征收20%的预扣税。这些政策在实业界引起了强烈的抗议,迫使政府撤销预算案中的部分提议。戈登的民族主义立场损害了他与皮尔逊的友谊。1965年选举后,皮尔逊接受了财政部长戈登的辞呈,成立了另一个少数派政府。此时,1965年1月订立的《美加汽车贸易协定》(Automotive Products Trade Agreement between Canada and the United States)为贸易差额问题提供了解决方案。《美加汽车贸易协定》开创了汽车及其零部件的大陆市场,保证了加拿大的生产和投资级别。安大略拥有最多的汽车工业,因此取得巨大发展。

即便如此,加拿大与美国的关系依旧脆弱。1965年4月,皮尔逊在费城的天普大学演讲时,表示支持与越南进行和平谈判。而就在两个月前,美国总统林登·B. 约翰逊(Lyndon B. Johnson)下令出兵轰炸分裂的南北越南,所以对此怒不可遏,在演讲结束后的午餐会上严厉责备皮尔逊。尽管加美关系中出现了这次小插曲,加拿大仍在代表美国寻求外交手段结束越南战争;加拿大根据共同防卫协定,在为美国军队提供补给的过程中也有利可图。

成问题的魁北克

魁北克正在经历惊天动地的转型,来对抗盛行的美国之风。尽管杜普莱西斯直到1959年去世之前都主导着魁北克的政治舞台,但城市的现世价值观早已开始削弱其政权所推崇的乡村、天主教和反国家世界观。[14] 1948年,魁北克一群先锋艺术家和知识分子在保罗-艾米丽·布尔迪阿（Paul-Émile Bourduas）的领导下,发表了《完全拒绝宣言》（*Refus global*）,控诉该省流行的狭隘正统观念。更多的批评接踵而至,法语电视节目的到来更是推波助澜。1960年,圣母昆仲会成员让-保罗·德斯比安（Jean-Paul Desbien）匿名出版了《无名弟兄的鲁莽》（*Les insolences du Frère Untel*）一书,对受控于教会的魁北克教育系统提出尖锐批评。这本书售出了10万册。

1960年6月,前联邦内阁部长让·勒萨热（Jean Lesage）领导的自由党上台执政,魁北克新思想的广度随之变得鲜明。自由党人喊出"是时候迎接改变"的口号参加竞选,推行政府控制教育、医院和社会福利的措施,还把私人电力公司国有化,这都预示着他们有意挑战说英语者在工业中的主导地位。勒萨热政府不像过去杜普莱西斯那样拒绝联邦的主动权,而是坚持让联邦为共同分摊成本的项目提供经费,比如由魁北克养老金计划执行的加拿大养老金计划,由此使魁北克省内投资有了新的主要资金来源。在勒萨热领导下,魁北克的政府机构大大扩张,现代化步伐之快也让人眩目。

魁北克说法语者的主人翁感说明,政府实质上完成了计划中的事项。仅在十多年内，教育水平就显著提高，说法语者的平均收入从种族等级的底层上升到了顶层，魁北克妇女的生育率居加拿大最末位，且魁北克人比其他地区的加拿大人更多地回避婚姻而选择同居关系。1960 年，天主教联合会正式终止与教会的附属关系，全国工会联合会连同代表教师、公务员的其他国际联盟和组织成了魁北克的主要政治力量。借助联邦和省级的政策，说法语者的文化表达蓬勃发展，与同质化的北美影响力形成有趣的对比。历史学家让·贝朗格（Jean Bélanger）总结道："（这是）一个极好的时代，正当年华，拥有想法和理想，活在当下，愿意行动，想要改变世界，以及成为一个魁北克人。"⑮

说法语者民族主义的爆发虽与勒萨热政府发起的"寂静革命"（quiet revolution）并举，但要喧嚣得多。魁北克的民族主义表达并不新鲜，但又以新形式出现，其中一些是受阿尔及利亚法国殖民地等世界各地战后军事独立运动的启发。⑯ 1960 年，魁北克独立的支持者成立了民族独立联盟（Rassemblement pour l'indépendance nationale）。1963 年 4 月 22 日，自由党取得联邦政权的前夜，激进的分裂主义者埋下的炸弹在蒙特利尔一个征兵办公室爆炸，一名门警遇难。此后，更多的爆炸接连而至。"魁北克问题"瞬间成为加拿大政治生活的支配力量。

皮尔逊意识到分裂主义对国家和自由党福祉的威胁，成立了双语与二元文化皇家委员会（Royal Commission on Bilingualism and Biculturalism），为政策建言。委员会由安德烈·洛朗多和戴维森·邓顿（Davidson Dunton）担任联合主席。另外，他还密切关注内阁中的魁北克代表。几个说法语的部长丑闻缠身，不堪其扰的皮尔逊从魁北克招募了三张新面孔——记者杰勒德·佩尔蒂埃（Gérard Pelletier）、工会领袖让·马钱德（Jean Marchand）和公共知识分子皮埃尔·埃利奥特·特鲁多（Pierre Elliott Trudeau），并委任他们为 1965 年自由党的竞选搭档。

在1966年的选举中,魁北克的自由党人输给了丹尼尔·约翰逊(Daniel Johnson)领导的民族联盟,但变化还在接二连三地发生。在勒萨热的领导下,魁北克政府与法国正式建交。这一政策受到夏尔·戴高乐(Charles de Gaulle)的鼓励,也受到约翰逊内阁的欢迎,但遭到渥太华谴责。1967年戴高乐访问加拿大期间,因在蒙特利尔市政厅的阳台上高呼"自由魁北克万岁"而与加拿大产生了一场外交纠纷,却让魁北克主权论者激动不已。1968年,加拿大广播电台的前任脱口秀主持人、勒萨热内阁成员勒内·莱韦斯克(René Lévesque)把支持魁北克独立的社会民主力量凑成一个联盟,成立了魁北克人党(Parti Québécois,PQ)。

由于说法语者彻底改造了魁北克,省内的说英语者开始感觉到寒意。他们中的许多人和银行、保险公司总部都迁到了多伦多。蒙特利尔仍是加拿大最大的城市,但不再是经济首都。作为加拿大100周年纪念活动的一部分,1967年世界博览会"世博67"在蒙特利尔举办。这次以"人类和世界"为主题的活动取得了极大成功,吸引了5000万游客,也标志着加拿大步入世界大国的行列。

社会过渡期

虽然魁北克造成的动荡最严重,但加拿大其他地区也同样出现了让人目眩的趋势。每个省都扩充了行政部门,以承担新的政府职责;迅速成长起来的白领行业中出现了工会,世俗化运动和社会项目挑战了教会和家庭的中心地位。在整个加拿大,战后"婴儿潮"中出生的人来到城市寻找工作和刺激,农村地区几乎被掏空。电视陪伴着这一代人成长,他们还迎来了启蒙时代的进步理想,对公立学校、大学教育、就业和社会保障的需求也得到了国家政策的有力支持。性、毒品、摇滚乐、短裙和长发使各地争议四起,昔日的加拿大突然间不复存在。⑰

妇女地位的改变是战后少有的能深入发展并产生深远影响的趋势。⑱尽管有很多加拿大人想要重树被"大萧条"和第二次世界大战中断的家庭理想,不过这一理想实践起来并不尽如人意。住在城郊的中产阶级妇女往往觉得受到孤立,但购买现代化生活设备就意味着大多数女性要有一份工作来为它们买单。虽然经济周期中时有动荡,女性劳动力的参与率在1951—1981年间仍翻了一番。工薪阶层的女性很快发现她们要在家庭和工作岗位中"双日"工作,在工作场所也面临"双重标准"。她们不但不能在许多就业领域和大多数管理职位中工作,而且在同一份工作中获得的工资也比男性要低。加拿大大学女性协会(Canadian Federation of University Women)主席劳拉·萨比亚(Laura Sabia)和唯一的女性内阁成员朱迪·拉马什(Judy LaMarsh)携手,领导俱乐部妇女组成一个强大的联盟。在这个联盟的督促下,皮尔逊在1967年成立了妇女地位皇家委员会(Royal Commission on the Status of Women),由记者、播音员弗洛伦斯·伯德(Florence Bird)担任主席。

性态度的转变最大程度地影响了女性的地位。第二次世界大战之中和之后,男性的性自由逐渐扩大。一些杂志也催化了这样的风气,如1953年创刊的《花花公子》(Playboy)。1959年,限制淫秽内容的法律松弛,这样的杂志得以在加拿大轻易传播。与此同时,让女性苦不堪言的是,她们在婚前须一直保持贞洁之身,否则会为此付出代价——在一段不理想的婚姻中怀孕,或成为单身母亲。避孕药的到来使女性的主人翁意识向前迈进了一大步。1960年,美国批准避孕药可用于节育。禁止宣传节育的加拿大法律被置之不理,妇女会自己找来避孕药,医生也会开出这样的处方。这样一来,出生率和结婚率骤然下降。

废除对同性恋限制的法律也姗姗来迟。萌芽的同性恋权利组织要求终止法律和其他形式的歧视,并要求承认同性这一性取向既非心理缺陷也非道德沦丧。他们面临着一场艰难的战斗。20世纪60年代前期,加拿大皇家骑警发明了一种大致被称为"水果机"的设备,用来检测公务求职者中的同性恋者。

在劳动关系中,官方程序变得更为普遍,其中合同谈判尤为耗时。然而,加拿大的工人依旧不得不在警戒线上抗争。冷战伴生的疯狂的反共浪潮让激进的工会遭到了另类恫吓。第二次世界大战之后,美国劳工领袖哈罗德·"哈尔"·班克斯(Harold "Hal" Banks)指使一帮暴徒破坏共产党控制的加拿大海员工会(Canadian Seamen's Union),但政府对此视而不见。

为了让工人循规蹈矩,政府派人跟踪魁北克的工人,但此举只催生了激进主义。1949年,魁北克阿斯贝斯托斯镇(Asbestos)的5000名工人发起了一场持续4个月的非法罢工,以对抗美国独资的约翰斯－曼韦尔公司。随着罢工者和省级警方的暴力升级,特鲁多和佩尔蒂埃等年轻的学者接替了罢工者的事业,就连蒙特利尔的大主教约瑟夫·沙博诺(Joseph Charbonneau)也公开对此表示同情。最终,罢工者被优势兵力击败,但阿斯贝斯托斯罢工也作为一个信号,标志着魁北克的态度正在转变。

1956年,贸易和劳工大会(Trades and Labour Congress)以及加拿大劳工大会(Canadian Congress of Labour)这两个全国主要的劳工组织与加拿大劳工议会(Canadian Labour Congress)合并。美国相应的劳工组织也有类似转变,正是这些转变促成了加拿大的这次合并。通常来说,加拿大的工会和它们所在的工业部门都是美国的分会或分部。这一状况引发了越来越多的不满。60年代,公务员组织工会的权利被剥夺,他们拒绝接受这一判决,由此在工会运动中形成了一个鲜明的加拿大视角。1963 年，加拿大公职人员工会（Canadian Union of Public Employees）成立；同年，安大略的公务员也取得了谈判权。不久，其他的管辖权限和公共部门的罢工狂潮就随之而至。在教师、护士和文职人员等白领工人工会化的刺激下，加拿大加入工会的劳工比例从 1946 年的 17% 上升到了 1981 年的 38%。

"看我的"

尽管皮尔逊成功躲过了战后社会中蔓延的许多矛盾，他的继任者却选择或不得不迎难而上。1968 年，皮尔逊卸任后，特鲁多在领袖大会中取胜，并引发了一股"特鲁多热"，带领自由党取得了多数席位的胜利。[19] 他有一个英裔的母亲和一个说法语的父亲，父亲在 1932 年把连锁加油站卖给了帝国石油公司，赚取了个人的第一个 100 万。特鲁多先后在蒙特利尔大学、哈佛大学、索邦大学和伦敦经济学院就读，还周游列国，被魁北克民族主义、法西斯主义、反犹太主义、个人主义和社会主义等多元的意识形态所吸引，直到他的自由主义思想定型。他和佩尔蒂埃共同编撰一份颇具影响力的期刊《自由城市》（Cité Libre），他尖锐犀利的评论引起了杜普莱西斯和魁北克其他保守党人的愤怒。1963 年，皮尔逊在接受核武器问题上向美国低头，特鲁多因此与之针锋相对。即便如此，皮尔逊还是欢迎特鲁多进入自由主义阵营，在 1967 年任命他为司法部长。在这一平台上，特鲁多对刑法进行了全面修订，并着手进行宪法改革。1969 年，加拿大通过法律，放松对堕胎、节育、离婚、赌博、同性恋和自杀的限制，但宪法改革依然是一个难以实现的目标。

在 1968 年的选举中，特鲁多承诺创造一个"公正社会"，激发了民众的想象；他已 48 岁，却能展现出一个能掩盖实际年龄的年轻形象。他常开跑车,穿凉鞋和夹克衫,或在衣领上别一支玫瑰,是一个典型的60年代男士。特鲁多还被视为能解决魁北克问题的人。他断言,民族主义者站在自诩革新者的对立面,因此无畏地反对给予魁北克特殊地位。相反,他决心让说法语者在整个加拿大都获得归属感。在他的领导下,国会在1969年通过了《官方语言法》(Official Languages Act),在联邦辖区内给予法语和英语同等的地位。由于省内阿卡迪亚人口日益增长,加上总理路易斯·J.罗比肖(Louis J. Robichaud)是阿卡迪亚人,新不伦瑞克也在1969年采纳了双语法律。

但不是所有人都对此怀有好感。迪芬贝克带领加拿大西部残余的进步保守党人反对双语制,既非法语也非英语背景的加拿大人同样不知该如何融入这个使用双语的国家。1971年,特鲁多政府宣布将设立一个倡导多元文化的国务秘书,以此遏制来自少数族群的批评。受1967年修订的《移民法》(Immigration Act)影响,少数族群的人口急剧膨胀。

特鲁多的自由主义倾向在很多情况下都曾遭质疑,最尖锐的一次莫过于1970年10月,魁北克解放阵线(Front de libération du Québec,FLQ)下的两个组织绑架了蒙特利尔的英国贸易专员詹姆斯·克罗斯(James Cross)和魁北克劳工部长皮埃尔·拉波特(Pierre Laporte)。虽然魁北克解放阵线成员不多,但涉嫌魁北克的多次爆炸,还决心实现该省的政权更迭。绑架者提出了释放人质的条件:释放23名"政治犯";宣读该组织的声明;提供价值50万元的黄金;为古巴或阿尔及利亚的恐怖分子安排避难所。

特鲁多担心这次绑架会在魁北克激起大暴动,于是果断采取行动。在魁北克,大学生、工会领袖和许多左翼政客即使不支持魁北克解放阵线的做法,也认同其目标。当加拿大广播公司的记者蒂姆·拉尔夫(Tim Ralfe)追问他将在多大程度上维持法律和秩序时,特鲁

图 9.3 《好吧,让大家都吃下一颗定心丸!》由《蒙特利尔公报》一位天赋异禀的漫画家特里·莫舍[Terry Mosher,又名"艾斯林"(Aishin)]创作。在 1976 年的选举中,罗伯特·布拉萨领导的自由党败给了勒内·莱韦斯克领导的魁北克人党,这幅作品就表现了当时加拿大蔓延的焦虑。(《蒙特利尔公报》,经麦科德博物馆许可复制 / P090-A_50 − 1004)

多用他典型的临场发挥方式打趣道:"看我的。"10 月 16 日,联邦政府应魁北克政府要求,宣布实施《战时条例法》(War Measures Act),对全国实行军事管制,围捕了几百名有嫌疑的恐怖分子及其可疑的支持者。第二天,拉波特的尸体在一辆废弃汽车的后备厢被发现。经过煎熬的两个月,绑架者安全抵达古巴。作为交换条件,克罗斯最终被释放。此时，魁北克内外，支持联邦政府强硬立场的人占压倒性的优势。

渥太华的危机处理方式带来的影响还存有争议，但几乎可以稳妥地说，它有助于终止危及加拿大民主的暴力循环，也激发了支持魁北克独立的力量。1970年和1974年，罗伯特·布拉萨（Robert Bourassa）领导的自由党人在魁北克选举中获胜，但他们未能适应该省日益高涨的民族主义情绪。1976年，魁北克人党赢得省级选举，特鲁多棋逢对手。莱韦斯克有的放矢，承诺在魁北克实施比之前更严苛的语言法律，还计划举行关于魁北克独立的全民公投。加拿大人集体屏住了呼吸（图9.3）。

自食其果

魁北克民族主义不是搅动政坛的唯一热点。源于美国的"新左派"在日益扩大的大学校园中落地生根。越南战争期间，在加拿大寻求庇护的美国逃兵役者推动了这一进程（图9.4）。此外，美国黑人民权运动、原住民权利运动和妇女解放运动很快在加拿大扎根，同性恋权利和环保积极分子也跨国联手合作。各地政府不得不对此多加留意。

为了明确"公正社会"的目标，特鲁多把注意力集中在加拿大的第一民族上。他们对于革除自身屈辱地位的呼声已经越发高涨。1969年6月，印第安和北部事务部部长让·克雷蒂安（Jean Chrétien）发布了一份白皮书，其重点是废除印第安身份，并把印第安的事务移交各省。成立于1968年、代表有身份的印第安人的全国印第安人兄弟会（National Indian Brotherhood，NIB）对白皮书的内容感到不满，要求实行原住民自治、尊重原住民条约中的权利，而不是同化。1969年，

图9.4 1968年10月多伦多领事馆前的反越战抗议。1964年，反越战抗议在美国愈演愈烈并很快扩展到加拿大，拒服兵役者、逃兵和美国对外政策的普遍反对者也涌入这里。1969年5月，加拿大政府宣布移民局官员不能询问疑似美国移民的兵役状况，因此他们的人数很难确定。但据估计，有多达3万拒服兵役者和逃兵抵加。大约有同样数目的加拿大人自愿与美军一起参与越南战争。正如这幅图所展示的，不少反越战抗议者是年轻人。大学校园里的反战情绪尤其高涨，学生和教授都公开表达对美国帝国主义的反对。（图片由约克大学图书馆、克拉拉·托马斯档案馆及特别馆藏、《多伦多电讯报》全宗授权使用，ASC04607）

在一篇题为《不公社会》(*The Unjust Society*)的辛辣评论中,年轻的克里族领袖哈罗德·卡迪纳尔(Harold Cardinal)为他的民族勾勒出了一幅全然不同的蓝图。

渥太华撤销白皮书,踏上了解决原住民冤屈的艰难之途。20世纪70年代,政府迫于全国印第安人兄弟会(1982年改组为第一民族议会,Assembly of First Nations)的压力,着手关闭专为印第安儿童设立的寄宿学校。1973年,在与英属哥伦比亚的尼斯加阿人(Nisga'a)有关的一项里程碑式决议中,最高法院的7位法官中有6位判定,原住民的土地权在殖民开拓之前就已存在,但他们对于该省后来的法律是否侵犯了这一权利产生分歧(3∶3∶1)。特鲁多因此让步,同意渥太华与条约未覆盖的第一民族就土地权争议进行全面谈判。魁北克的克里人和因纽特人也利用这一原则,要求政府在推进詹姆斯湾大规模动力开发之前承认他们的权利。1975—1977年,托马斯·伯杰(Thomas Berger)法官执行的调查在马更些河谷(Mackenzie River valley)听取甸尼族人和因纽特人的证词。听证后,政府延迟修建从普拉德霍湾(Prudhoe Bay)运油到马更些河谷的油管。有时候,加拿大各地方政府还要应对直接行动。1972—1974年,安大略凯诺拉(Kenora)的抗议者占领了一个公园,宣称这里和凯诺拉的许多地方一样,都应属于阿尼什纳贝克族(Anishinabek)。

妇女也把直接行动作为她们争取改变的策略之一。1970年,妇女地位皇家委员会在提交的报告中提出了167项提议,意在推动废除针对女性的歧视性法律和做法。由于政府对此迟迟不做回应,信奉更激进女性主义的女性和积极分子动员起来,要求成立全国性的日间托儿项目,改革家庭法,制止家庭暴力和工作场所的骚扰,设立解决妇女贫困问题的项目。因为1969年的法律中仍保留对堕胎权利的限制,500名女性加入了一个始于英属哥伦比亚、终于渥太华的"堕胎旅行队"(Abortion Caravan)。1970年5月,30名抗议者将她们自己拴在渥太华观光走廊的座椅上，高喊"按需堕胎!"，最后导致议会关闭。桑德拉·尼古拉斯·洛夫莱斯（Sandra Nicholas Lovelace）是托比克第一民族的一位马莱西特族（Maliseet）妇女。根据《印第安人法》，她与一位白人男性结婚后就被剥夺了印第安人身份。1979年，她把个人案件提交联合国审理。1981年，联合国判定加拿大违反了《公民权利和政治权利国际公约》（International Covenant on Civil and Political Rights）。至此，各种形式的女性主义已成为加拿大分布最广、影响最大的社会运动之一。

非裔加拿大人受到民权运动和黑人民权力运动的鼓舞，在反抗歧视的斗争中变得更加坚定果断。基于"隔离永远不是平等"这一原则，美国法院在1954年判定"公共教育中的种族隔离"为非法行为。随后，滨海诸省和安大略也逐渐废除了隔离学校。1962年，哈利法克斯市议会决定重新安置住在黑人社区阿非利加村（Africville）的黑人。这激起了黑人的愤恨，黑豹党领袖斯托克利·卡迈克尔（Stokely Carmichael）还领导了一次城市上访。许多来自西印度群岛和非洲的新移民在多伦多和蒙特利尔定居，种族主义成了他们与地方当局多次冲突的焦点。1969年冬天，由于学校未能及时应对种族主义的指控，乔治威廉斯大学 [Sir George Williams University，现为康考迪亚（Concordia）大学] 爆发了加拿大历史上规模最大的一次学生抗议。

1962年，雷切尔·卡森（Rachel Carson）出版的《寂静的春天》（*Silent Spring*）一书揭示了"工业时代产生的化学浪潮"造成的危险，使北美的环保运动提升到了一个新的思想高度。和其他运动一样，志愿团体是行动的催化者。一群美国和加拿大的活动分子以"绿色和平"为名，开展了一系列声势浩大的运动：反对核试验，反对将有毒废弃品倾倒到湖泊、海洋，反对屠杀鲸鱼、海豚和小海豹。1972年，联合国人类环境会议在斯德哥尔摩召开，围绕地球恶化的环境状况展开讨论。会议由加拿大人莫里斯·斯特朗（Maurice Strong）主持，会上通过了一部关于环境权利的宣言，并设立了一个用以资助和协调环境问题调查的项目。与此同时，因美国宣称本国从阿拉斯加运油的超级油轮有权从西北航道经过，特鲁多政府通过了《北极水域污染防治法》（Arctic Waters Pollution Prevention Act），以此宣示加拿大的主权。

特鲁多长期批判美国的帝国主义，所以与他的前任相比较少在对美关系上采取调和姿态。他削减了加拿大在北大西洋公约组织中的义务，还背离美国，在1970年正式与中国建交。特鲁多政府还落实了加拿大工业结构特别工作组的提议。这一工作组由多伦多大学的经济学家梅尔·沃特金斯（Mel Watkins）领衔，旨在鼓励加拿大在关键经济领域中的产权和管理。正因如此，1971年美国总统理查德·尼克松（Richard Nixon）对制造业实行输入管制时并未对加拿大网开一面。

发展岌岌可危

民意调查显示，自由党在1972年10月的选举中再次胜选，但也只是险胜——自由党人获得109个席位，而新斯科舍前总理罗伯特·斯坦菲尔德（Robert Stanfield）领导的进步保守党人获得107个席位。戴维·刘易斯（David Lewis）领导的新民主党赢得31个席位，在他们的支持下，自由党政府幸免于难。特鲁多的新任妻子玛格丽特·辛克莱（Margaret Sinclair）比她大名鼎鼎的丈夫年轻29岁，但就连她和他们的儿子贾斯廷（Justin）在竞选活动中亮相也没能吸引不抱幻想的选民。

选举后的几个月中，石油输出国组织（Organization of Petroleum Exporting Countries，OPEC）的阿拉伯成员国在与以色列的另一场战争期间，对石油出口实行禁运令。此时，美国为给越南战争造成的过热经济降温，导致高失业率和通货膨胀并存的"滞胀"。最初，这次经济危机给了联邦自由党人可乘之机。1974年5月，他们提出一个明知反对党会拒绝的预算案，最终自掘坟墓。由于滞胀成了头等大事，进步保守党人承诺调控工资和价格。自由党人因反对这项严苛的措施而竞选成功，选举后却恰恰实施了反对党提倡的这项政策。选民的冷嘲热讽猛增，对国家能力的信任也开始减退。

嘲讽最明显的地区莫过于艾伯塔。特鲁多计划在这里实行一项国家能源政策，其中包括冻结油价，结果招致极大不满。1973年，渥太华成立了加拿大石油公司（Petro-Canada）。这是一个有广泛权限的国企，为在被外企控制的行业中树立加拿大的地位而设。对艾伯塔人来说，1974年成立的外国投资审查局（Foreign Investment Review Agency，FIRA）是又一个有意妨碍这个富油省份顺应全球趋势的项目。其他西部省份与艾伯塔联合起来，抵制这些在他们看来不正当的、为了东部利益而剥削西部资源的阴谋。

随着西部的进一步疏离，1976年，进步保守党让艾伯塔一位年轻的议员约瑟夫·克拉克（Joseph Clark）接替斯坦菲尔德，担任进步保守党领袖。约瑟夫·克拉克深谙西部省份与日俱增的不满，但他和艾伯塔总理彼得·拉菲德（Peter Lougheed）一样，是一位"进步的"保守党人，因而对战后的自由党舆论构不成威胁。虽然在1979年5月的选举中，他带领的进步保守党仅以几个席位之差与多数派政府失之交臂，但在12月，他的内阁因一个包含提高汽油税的预算案被击败。本打算卸任自由党领袖的特鲁多被卷入另一场选举，并轻易获胜，但在安大略以西只赢得了两个席位。

特鲁多在自己的最后一个任期中赢得了声誉，但也产生了很大争议。1980年秋，特鲁多政府推行了一项国家能源政策（National Energy Policy，NEP），以期促进石油自给自足，在国内设立低于世界水平的油价，扩大加拿大的所有权，并提高联邦政府收入。从20世纪70年代起,加拿大的石油工业迅速发展,不仅艾伯塔、萨斯喀彻温如此,大西洋沿岸地区也发展得越来越快。1977年,加拿大在大西洋海岸划定了370千米的范围,更显著增加了已有的可观的油气储备。早期措施的原则是让财富惠及生产省份之外的地区,渥太华最初本着这一精神,主张控制自然资源,但引起了各省总理的愤怒。外国公司在新规则之下必遭损失,因而也大鸣不平。80年代前期,油价下降和经济衰退导致破产接踵而至,西部人把这些归咎于渥太华。

在魁北克问题上,特鲁多政府也采取了强硬手段。1980年5月20日,魁北克就是否支持本省独立举行了全民公投,特鲁多政府在期间积极开展"反对"运动("non" campaign)。结果,选择"支持"(oui)的一边不足票数的40%,特鲁多趁势推行宪法改革。这是有风险的一步,尤其是在20年来对宪法始终争执无果的情况下。和过去一样,大多数省份反对这一举措。只有安大略和新不伦瑞克从一开始就选择支持。于是,特鲁多政府决定在取得各省一致同意之前继续推进改革。在最后的谈判中,除了魁北克之外的其他所有省份都选择支持渥太华的宪法方案。1982年3月,英国国会通过了《加拿大法案》(Canada Act),终止其对《英属北美法案》的修订权,并用《宪法法案(1982)》(Constitution Act, 1982)取而代之。《宪法法案(1982)》包括一部重新命名的《英属北美法案》、一套宪法修正程序和一部《权利与自由宪章》(Charter of Rights and Freedoms)(图9.5)。

《加拿大法案》极富启发性,这不仅是"让宪法归国"必要的妥协,还关乎战后发展起来的整个国家。在最终达成共识的宪法修正程序中,联邦政府需取得国会、联邦省份中的2/3和至少代表加拿大全国一半人口的省份同意后,才能够修改宪法。涉及下议院、上议院和最高法院的修正案以及法语、英语使用的改变,需征得各省和国会上下两院一致同意。任何省份若认为修正案侵犯了本省权利,可宣布该修正案在本省无效并将其废除。宪法第36条是对较小省份的优

图9.5 1982年4月17日,特鲁多总理和英国女王伊丽莎白二世在渥太华签署加拿大的宪法宣言。(图片由加拿大通讯社授权使用/罗恩·波林摄)

待,它要求加拿大政府遵循均衡原则,"保证省政府有充足的财政收入,在相对均等的税收水平下提供相对同等水平的公共服务"。

《权利与自由宪章》规定,加拿大公民不论民族、种族、肤色、宗教信仰、性别、年龄或是否残疾,都享有民主、流动权利和法律权利,并且不得受到歧视。加拿大的女性主义者担心性别平等原则会因各省的拉锯战而遭违背,于是组织了一个成效显著的游说团体,在宪法中插入了第28条。这一条规定:"无论本宪章中有无相悖的规定,其中所涉及的权利和自由平等地授予男性和女性。"原住民要求将民族自决载入宪法的呼吁未能实现,但宪章保证文件中的一切条款都不会影响"任何原住民、条约或其他权利以及自由",包括《1763年皇家宣言》和土地权利协议中的规定。这一宪章还批准了加拿大和新不伦瑞克的双语地位,并规定本宪章"应以与保护和发展加拿大文化遗产相一致的方式解读"。

对于与人权、双语制度、各省平等和国会最高权力有关的各项条款,《宪法法案(1982)》加大了它们的修改难度。它还极大地增强了加拿大最高法院的权力,这对审判争议性的宪法问题是不可或缺的。毫无疑问,这也是特鲁多最不朽的遗产。

结　语

在第二次世界大战之后的40年内,加拿大从本质上脱胎换骨,成为一个现代民族国家。当然,旧的分歧依然存在,尤其是法语和英语的分野。但即便是在这一方面,状况也有了重大改变。魁北克的"寂静革命"让省内说法语的多数群体殚精竭虑,而英裔加拿大人也在经历历史学家乔斯·伊加图亚(José Igartua)所说的"另一次寂静革命",因为他们的公民概念从以民族为本转向了权利为本,并尝试制定出一套能让加拿大人团结成一个民族的符号和政策。[20] 新宪法是往这一方向迈进的第一步,但就在它载入法律之日,加拿大的自由主义之神决定孤注一掷。

注释:

① Eric Hobsbawm, *Age of Extremes: The Short Twentieth Century, 1914-1991* (London: Abacus, 1995), 6.

② Mark Mazower, *No Enchanted Place: The End of Empire and the Ideological Origins of the United Nations* (Princeton: Princeton University Press, 2009).

③ The Universal Declaration of Human Rights (http://www.un.org/en/documents/

udhr). On human rights in Canada, see Ross Lamberton, *Repression and Resistance: Canadian Human Rights Activists* (Toronto: University of Toronto Press, 2005); Christopher MacLennan, *Towards the Charter: Canadians and the Demand for a National Bill of Rights, 1929–1960* (Montreal: McGill-Queen's University Press, 2003); and Dominique Clément, *Canada's Rights Revolution: Social Movements and Social Change, 1937–1982* (Vancouver: University of British Columbia Press, 2008).

④ Andrew Armitage, *Social Welfare in Canada: Ideas, Realities and Future Paths*, 2nd ed. (Toronto: McClelland and Stewart, 1988), 22.

⑤ Robert Bothwell, "Louis-Stephen St. Laurent," *Dictionary of Canadian Biography Online* (http://www.biographi.ca); Dale C. Thomson, *Louis St. Laurent: Canadian* (Toronto: Macmillan, 1967).

⑥ Denis Smith, *Politics of Fear: Canada and the Cold War, 1941–1948* (Toronto: University of Toronto Press, 1988); Reginald Whitaker and Steve Hewitt, *Canada and the Cold War* (Toronto: James Lorimer, 2003).

⑦ David Jay Bercuson, *Blood on the Hills: The Canadian Army in the Korean War* (Toronto: University of Toronto Press, 1999).

⑧ Military policy and much about this period in Canadian history are usefully summarized in Robert Bothwell, Ian Drummond, and John English, *Canada since 1945: Power, Politics, and Provincialism* (Toronto: University of Toronto Press, 1981), and in Robert Bothwell, *Alliance and Illusion: Canada and the World, 1945–1984* (Vancouver: University of British Columbia Press, 2007). A sharper critique of federal policy in this period can be found in Alvin Finkel, *Our Lives: Canada after 1945* (Toronto: Lorimer, 1997).

⑨ Denis Smith, "John George Diefenbaker," *Dictionary of Canadian Biography Online* (http://www.biographi.ca). See also Smith's magisterial biography, *Rogue Tory: The Life and Legend of John G. Diefenbaker* (Toronto: Macfarlane, Walter and Ross, 1995).

⑩ See John English, *The Life of Lester Pearson*, 2 vols. (Toronto: Random House, 1989/93), and his entry, "Lester Bowles Pearson," *Dictionary of Canadian Biography Online* (http://www.biographi.ca).

⑪ In 1953 Colonel Robert S. McCormick, the editor of the *Chicago Tribune*, confided in his diary that Pearson was "the most dangerous man in the Englishspeaking world" because of his perceived left-leaning sympathies.

English, *Life of Lester Pearson*, vol.2, *The Worldly Years, 1949–1972* (Toronto: Vintage Books,1993), 88.

⑫ Jeffrey Cormier, *The Canadianization Movement: Emergence, Survival, and Success* (Toronto: University of Toronto Press, 2004).

⑬ Bruce Hutchison, *The Unknown Country* (Toronto: Longmans, Green, 1942).

⑭ Michael Behiels , *Prelude to Quebec's Quiet Revolution: Liberalism versus Neo-Conservatism, 1945–1960* (Montreal: McGill-Queen's University Press, 1985).

⑮ Claude Bélanger, "The Quiet Revolution," http://faculty.marianopolis.edu/c.belanger/quebechistory/events/quiet.htm/.

⑯ William Coleman, *The Independence Movement in Quebec, 1945–1980* (Toronto: University of Toronto Press, 1984); Sean Mills, *The Empire Within: Postcolonial Thought and Political Activism in Sixties Montreal* (Montreal: McGill-Queen's University Press, 2011).

⑰ Doug Owram, *Born at the Right Time: A History of the Baby-Boom Generation* (Toronto: University of Toronto Press, 1996); Bryan D. Palmer, *Canada's 1960s: The Ironies of Identity in a Rebellious Era* (Toronto: University of Toronto Press, 2009).

⑱ For a summary of developments on the status of women in this period, see Ruth Roach Pierson et al., eds., *Canadian Women's Issues* , 2 vols. (Toronto:James Lorimer, 1993/1995), and Joy Parr, ed., *A Diversity of Women, Ontario,1945–1980* (Toronto: University of Toronto Press, 1995).

⑲ For the Trudeau years, see John English's award-winning biography, *Just Watch Me: The Life of Pierre Elliott Trudeau, 1968–2000* (Toronto: Vintage Canada, 2010).

⑳ José Igartua, *The Other Quiet Revolution: National Identities in English Canada, 1945–1971* (Vancouver: University of British Columbia Press, 2006).

第十章　不平之时（1984—2011年）

20世纪70年代后，新自由主义力量逐渐增强。在1984年的联邦选举中，布赖恩·马尔罗尼（Brian Mulroney）带领进步保守党以绝对优势取胜，成为加拿大新自由主义力量的捍卫者。面对越发严峻的经济挑战，马尔罗尼和他的继任者们把注意力集中在新自由主义正统观念上，如提升全球经济竞争力、降低国家在维持社会福利中的作用。欧洲的共产主义政权在陈腐官僚主义的负担下倒塌；同时，以自由市场资本主义为基础，建立新世界秩序的尝试正在迅速推进。1988年，加拿大和美国签署《自由贸易协定》（Free Trade Agreement, FTA）；1995年，从《关税及贸易总协定》发展而来的世界贸易组织（World Trade Organization）成立，建立了促进自由贸易的全球框架。其他一些不稳定的力量，如数字通信革命、气候变化等，冲破了这一轨道。另外，2001年9月11日，穆斯林极端分子袭击了五角大楼和世界贸易中心。在这样的环境下，中央能稳住阵脚吗？

市场福利国家

第二次世界大战后的几十年中,大多数西方国家都欣然接受扩大的国家权力,但对大政府的批评也始终存在。从20世纪50年代起,美国关于经济政策的激烈辩论就一直在升级。芝加哥大学的经济学家米尔顿·弗里德曼(Milton Friedman)支持新自由主义事业,而生于加拿大的哈佛经济学家约翰·肯尼思·加尔布雷思(John Kenneth Galbraith)主张政府应在维持经济稳定和社会福祉中发挥更大作用。70年代前,加尔布雷思的观点相当流行,直到石油危机和滞胀使福利国家饱受批评。企业赞助的智囊团推断,延续现行政策将产生灾难性后果,北美的公司也把他们的生产转移到发展中国家,以此躲避税款、劳动合同和环境管制。为了适应"一个新的世界秩序",决策者把精力集中在经济结构的调整上。

1982年,特鲁多政府设立加拿大经济联盟和发展前景皇家委员会(Royal Commission on Canada's Economic Union and Development Prospects),由自由党前财政部长唐纳德·麦克唐纳(Donald Macdonald)领导,开启了加拿大的新自由主义篇章。该委员会在1985年提交的报告中,肯定了企业对一个能适应全球趋势、更灵活的经济体的需求,还提议与美国进行自由贸易,在日渐被划分为不同贸易集团的世界中保障市场安全。该委员会还提倡重新调整福利国家政策,实现更大效益,并选举产生能更好地代表各地区的参议院。

马尔罗尼和罗纳德·里根(Ronald Reagan)、玛格丽特·撒切尔(Margaret Thatcher)常被同时提及——他们都是在西方世界协助建立新自由主义秩序的政治家。马尔罗尼生于魁北克北岸的小城拜科莫(Baie-Comeau),父母为爱尔兰裔。他在圣西维尔大学学习政治学,在拉瓦尔大学取得法律学位，后成为为魁北克主要企业服务的一名成功的劳工律师。1974—1975 年，他以委员会成员的身份调查魁北克建筑业的腐败问题，引起了全国的关注。他从青年时代起就是一个活跃的进步保守党人，但 1976 年竞选进步保守党领袖未获成功。1979 年，乔·克拉克（Joe Clark）失误连连，马尔罗尼在幕后取代了他的工作。1983 年，马尔罗尼促成了一个领袖会议，这是他以微弱优势争取到的。在 1984 年 9 月的选举中，他成功地取代了特鲁多的继任者约翰·特纳（John Turner），赢得 288 个选区中的 211 个席位，当选加拿大总理。尽管学者们对马尔罗尼内阁的功绩褒贬不一，但有一点确定无疑：它改变了加拿大的政治面貌。马尔罗尼在 1993 年下台时，进步保守党陷于崩溃，魁北克集团（Bloc Québécois）和改革党这两个新的地方政党使中央执政变得前所未有的艰难。①

马尔罗尼听从唐纳德·麦克唐纳委员会的建议，开始与美国进行贸易谈判（图 10.1）。此举得到加拿大实业界大多数部门的支持，其中包括国事商业委员会（Business Council on National Issues）——一个由加拿大主要企业的首席执行官在 1976 年组建的、强有力的游说集团。自由贸易受到里根政府的欢迎，因为这是一个可以不受限制地获取加拿大资源的渠道。除了扫除货物和服务贸易的残余关税障碍外，谈判者还放宽了对投资条件的限制，建立了一套纠纷解决机制。然而，与劳动、社会福利和环境相关的问题没有引起任何关注。

1987 年秋，加拿大和美国达成自由贸易协定。在加拿大，与美国有关的问题必然会触动敏感神经，这一协定也引起了长达一年的激烈讨论。由于上议院的自由党多数派要求政府在协定实施前需取得选举授权，加拿大人在 1988 年 11 月参与了一个民意调查，这本质上是一个关于自由贸易的公民投票。自由党领袖、工会支持的新民主党领袖、女权组织和大量民族主义者联盟都反对自由贸易，但因票数分散而未能达成目标。进步保守党人只在艾伯塔和魁北克取得了多数支

图10.1 特鲁多领导时期，美加关系僵降到了极点。布赖恩·马尔罗尼和美国总统罗纳德·里根都决心缓和两国关系。1985年3月，一次会议在魁北克市召开。由于恰逢爱尔兰国庆日，且两位领导人都有爱尔兰血统，这次会议被戏称为"三叶草峰会"（三叶草为爱尔兰国花）。里根夫妇和马尔罗尼还与加拿大女低音歌手莫琳·福里斯特（Maureen Forrester）一道，唱起了《当爱尔兰的明眸微笑时》。同年底，自由贸易会谈展开。（图片由加拿大通讯社授权使用/斯科特·阿普尔怀特）

持,在普选中取得43%的支持率,赢得295个席位中的169个。1989年1月1日,自由贸易协定生效。3年后,墨西哥签署了《北美自由贸易协定》(North American Free Trade Agreement,NAFTA),协定于1994年生效。

由于伟利达公司(前身为马西-弗格森公司)等企业宣布自身正在美国实行集中生产,改革被提上了议事日程。到1990年,经历了奥威尔式新语中所谓的"失业型复苏"后,加拿大陷入深度衰退。在接下来的10年中,对美出口增加。作为大陆经济一体化这一长期趋势的合理延伸,《自由贸易协定》看似有利于加拿大的整体发展,但前提是美国要始终维持全球经济主宰者的地位。

在新自由主义政策下,工人受到的待遇不尽如人意;一些经济学家认为,从总体上看,加拿大也收益有限。马尔罗尼政府没有实施保障最低收入等缓和改革影响的计划,而是开始实行针对有需求者的零散政策,以此取代普适性的社会项目,并降低了企业、个人和房产税收。1992年,登记在每一个加拿大人账本上的商品服务税取代了制造商销售税。和20世纪80年代前期的经济衰退一样,为抑制通货膨胀而设的高利率也加剧了90年代前期的经济低迷。这项政策增加了支付国债利息的成本,这在较高的失业率和较低的税收情况下是不可避免的。早期,解决这一恶性循环的途径是实施促进就业的政策,但新自由主义的办法是进一步减少税收和政府服务。

宪法难题

在马尔罗尼的议事日程上,自由贸易不是唯一有争议的项目。1984年,他赢得了家乡魁北克的大多数席位,并发誓要比特鲁多更胜一筹,"把魁北克带入宪法"。1985年重新掌权的自由党首相布拉萨虽然认同这一目标,但坚持任何宪法协定的签署都要具备五个条件:制定一项承认魁北克为"特殊社会"的条款;魁北克可以对宪法修正案行使否决权;在制定移民政策上发挥更大的省权;享有不参与新的成本分摊项目的权利,但无需承担罚金;参与最高法院法官的选拔。1987年4月,各省领导在渥太华附近的米其湖召开会议。起初,魁北克的否决权遭到反对。把否决权扩展到所有省份后,问题得以解决。随后,会议通过了一套满足魁北克要求的方案。

《米其湖协定》(The Meech Lake Accord)与特鲁多对加拿大的愿景大相径庭,它不仅授予魁北克一个界定模糊的"特殊社会"地位,还牺牲联邦政府,大大强化了省权。为了使加拿大人警惕这些危险,特鲁多从退休状态中复出,公开指责这一协定,其他群体也加入了他的战斗。宪法修正案要求的"全体一致同意"招致许多人的批评,其中包括原住民领袖们——如果要取得所有省份的同意,他们自治目标的实现将遥遥无期。一项允许各省免于承担联邦成本分摊新项目的条款饱受非议。这些批评来自魁北克之外的妇女团体、工会和反贫困组织,因为它会使社会服务陷入东拼西凑的窘境。

为讨论设定的三年时限足以瓦解各省的支持。1989年,克莱德·韦尔斯(Clyde Wells)领导的纽芬兰新自由党政府撤销了该省早期对协定的支持;继立法机关中唯一的原住民成员伊莱贾·哈珀(Elijah Harper)用程序性措施推迟投票后,加里·菲尔蒙(Gary Filmon)领导的马尼托巴进步保守党少数派政府终止了协定。1990年6月,协定失效,这让魁北克的说法语者怒不可遏。随着愤怒加剧,马尔罗尼内阁中一位受欢迎的部长卢西恩·布沙尔(Lucien Bouchard)辞职,转而担任魁北克集团的领袖。魁北克集团成员是魁北克的一群民族主义议员,其中许多是进步保守党人。这一集团的存在是为了捍卫魁北克在渥太华的利益,直到实现独立。

马尔罗尼决心在险境中取胜。1992年8月,他把各省总理和原住民领袖聚集在夏洛特敦，制定了一个新的协定。魁北克此前在米其湖讨论中提出的大多数条件都得以满足，但新协定没能满足魁北克不断增多的要求。这些要求都基于同一原则：联邦与魁北克以及加拿大其余省份是合作关系。正当三个省份准备就协定举行公民投票时，马尔罗尼主动在1992年10月26日举行了一次全国公投。《夏洛特敦协定》（Charlottetown Accord）在包括魁北克在内的大部分省份和地区都遭到反对。

此时，加拿大西部的疏离感在改革党内部积聚起来。改革党成立于1987年，其领袖普雷斯顿·曼宁（Preston Manning）是长期在任的艾伯塔社会信用党总理之子。从20世纪50年代起，西部省份就是进步保守党的堡垒，但在马尔罗尼领导下，重心又转回了魁北克。由于80年代中期油价崩溃，西部变得怏怏不乐。1986年，转折点来临。这一年，蒙特利尔的庞巴迪（Bombardier）公司获得了维修保养加拿大CF-18军用飞机的合同，尽管在许多人看来，温尼伯的布里斯托宇航公司（Bristol Aerospace）更有竞标优势。

改革党人自我定位为右翼的进步保守党人，呼吁拟定一个更严谨的新自由主义经济议程，还打算让魁北克脱离联邦，而不只是获得特殊地位。1988年，改革党以"西部想加入"为口号参加竞选，标志着他们重设全国议程的决心。改革党政纲的主要条目不是减税和平衡预算，而是要求选举产生上议院；将加拿大广播公司、加拿大邮政、加拿大石油公司等国有企业私有化；制定一个"完全基于经济需求"的移民政策。最后一条暗示着改革党也成为社会保守主义者的阵营，他们对双语主义、多元文化主义、女性主义和现世价值等加拿大自由主义代表的一切思想都深感忧虑。在1989年艾伯塔的补充选举中，改革党选举产生了第一位议员德博拉·格雷（Deborah Grey）。

由于公众舆论一边倒地反对马尔罗尼政府，马尔罗尼在1993年初辞职，金·坎贝尔（Kim Campbell）接替他担任进步保守党领袖和总理。她是一名来自温哥华的议员，在印第安和北部事务部部长及司法部长的职位上证明了自己的气概。在1993年10月的选举中，这位加拿大首任女总理毫无胜算，但几乎没有人能预想到选举结果。清点选票时，进步保守党只剩两个席位，而魁北克集团获得54个席位，领先改革党两个席位。自由党人走到了台中央，以仅仅41%的普选支持率获得177个席位。

自由党回归

1984年，让·克雷蒂安因在自由党领袖的竞争中输给约翰·特纳而被戏称为"昨日之人"，但事实证明，他比诋毁者所预想的更有韧性。克雷蒂安生于魁北克沙威尼根（Shawinigan）一个中等收入家庭，是19个孩子中的第18个，就读于拉瓦尔大学法律系。1963年，29岁的他在下议院赢得一席之地。他在漫长的国会生涯中曾担任多个职位，也是特鲁多在《战时措施条例》、魁北克公民投票和宪法运动中信赖的副手。1986年，克雷蒂安从下议院辞职后在私营部门工作；1990年特纳退位后，他顺利当选为自由党领袖。②

作为特鲁多遗产的继承者，"沙威尼根的小男人"比他的的竞争对手保罗·马丁更有人气。马丁的父亲是一个社会福利自由党人，但父子俩志趣迥异。马丁在位于蒙特利尔的加拿大轮船公司长期担任总裁和首席执行官，在公司决策上与新自由主义思想相一致。在克雷蒂安内阁中，他被任命为财政部长，继续走马尔罗尼的老路，但要比马尔罗尼成功得多。由于预算盈余取代了赤字，国债也得以降低，马丁深得国际商界好感。

此时，自由党政府几乎不对魁北克抱什么希望。在1994年省级选举中，雅克·帕里佐（Jacques Parizeau）领导的魁北克人党赢得胜利,并承诺就魁北克独立举行第二次公民投票。他打算用晦涩的措辞来表述问题,以获取更多支持。这场运动开局缓慢,但布沙尔接手后步伐加快,最终引向了1995年10月30日的投票。说法语的魁北克人对本省的高失业率感到恐慌,热烈响应了布沙尔的主张——专注于应对财政赤字的联邦政府已经放弃宪法改革,还是艰难时期的罪魁祸首。布沙尔坚称,一个独立的魁北克将得以自由地落实社会民主议程。

克雷蒂安并不打算接管"反对"运动,而这个决定几乎是致命的。民意调查显示支持独立的力量占上风时,总理终于介入争端。他情绪化地请求魁北克不要抛开联邦的利益,并承诺进行宪法改革。投票前的最后几天,局面变得更加戏剧化。先是比尔·克林顿(Bill Clinton)发表讲话,表示更倾向于加拿大统一;魁北克的第一民族也暗示,如果"支持"的一方获胜,他们可能会筹划自己的公民投票。投票前三天,渔业部长布赖恩·托宾(Brian Tobin)在蒙特利尔组织了一个"团结集会"(Unity Rally)。它的部分资助来自航空公司,铁路公司也提供了高折扣的车票,在魁北克以外召集了近10万名加拿大人,请求魁北克不要使国家分裂。

清点票数时,这出政治闹剧还在继续。投票结果直到清晨才尘埃落定:选择"支持"的一方以极微弱的劣势落败(49.42%:50.58%)。对于没能获得大部分说英语者和非英法背景者对独立的支持,帕里佐感到万分沮丧,他断言:"确实,我们被打败了,没错,但是被什么打败的呢?本质上,是被金钱和种族投票。"他的分析是正确的。魁北克超过一半的说法语者投了"支持"票,而企业资金被大量投入"反对"运动,但这就是加拿大民主运作的结果。

帕里佐愤而辞职后,布沙尔接替他担任魁北克总理,独立运动也在迎难而上。克雷蒂安政府并没有进行有意义的宪法改革,而是采纳了一项决议,宣布魁北克为特殊社会,并在魁北克的联邦项目中斥资。他还通过了《清晰法案》(Clarity Act),要求在问题措辞和多数群体规模方面,未来所有关于魁北克独立的公民投票都要做到"清晰"。批评者指出,这项法规在关于一个"清晰的问题"和一个"清晰的多数群体"的构成上本身就含混不清。

正当加拿大人的注意力集中在魁北克公民投票上时,马丁的预算缩减措施开始产生不良影响。由于转移支付削减,几个被迫降低对教育、医疗和社会服务支持力度的省政府,也都因此纷纷垮台。在经济强省艾伯塔和安大略,分别由拉尔夫·克莱恩(Ralph Klein, 1992—2006)和迈克尔·哈里斯(Michael Harris, 1995—2002)领导的进步保守党政府热情拥护马丁的计划。在全国范围内,进步保守党在让·查尔斯特(Jean Charest, 1993—1998)、乔·克拉克(1998—2003)和彼得·麦凯(Peter MacKay, 2003)的带领下蹒跚前行。然而"进步的"保守党人已时日不多。为了支持保守主义的新面孔,生于加拿大的报业大亨康拉德·布莱克(Conrad Black)在1998年创办了《全国邮报》(*National Post*),以此声援一个联盟中的右翼联合运动。这个联盟的目的就是要推翻克雷蒂安政府。

在反对党意见产生分歧的情况下,自由党在1997年和2000年成功赢得了大多数支持,两次都几乎获得了安大略全部103个席位。1997年,改革党赢得足够多的席位,取代魁北克集团成为官方反对党,并在2000年选举前不久,为扩大支持而成立了加拿大联盟党(Canadian Alliance)。联盟党由斯托克韦尔·戴(Stockwell Day)领导。他是一所五旬节教会学校的前任管理员,也曾是艾伯塔的省出纳员。2000年,联盟党只设法获得了额外的6个席位,再次推动政党重组。2004年,加拿大联盟党与进步保守党合并,成立了加拿大保守党(Conservative Party of Canada),由史蒂芬·哈珀(Stephen Harper)领导。显然,"进步"已遭摒弃。

随着新千年的临近,自由党转变策略,试图重新树立自身作为进步力量的形象。预算盈余使这一目标有了实现的可能。虽然马丁是一块绊脚石,但克雷蒂安在任的时间比预想的要长,并且一心阻止他的对手成为总理。克雷蒂安反对让加拿大加入乔治·W.布什(George W. Bush)的"意愿联盟"(coalition of the willing)与伊拉克交战,因此获得了大多数加拿大人的支持。在这次决策中,他受到了加拿大公众舆论的影响,这在魁北克尤其突出——20万人在蒙特利尔参加了反对参战的抗议。2001年,基地组织被视为"9·11"事件的罪魁祸首。由于阿富汗政府拒绝交出该组织头目奥萨马·本·拉登(Osama bin Laden),美国出兵阿富汗。最初,加拿大对美国的支持几乎没有引起国人的反对。

2003年,克雷蒂安终于退位,马丁接任自由党领袖和总理。他期待留下一笔无愧于其父的遗产。然而,旨在提高联邦政府在魁北克声望的赞助项目被曝严重违规,他的希望也因此成为泡影。2004年6月选举后,马丁发现自己领导的是一个根基不稳定的少数派政府。在杰克·莱顿(Jack Layton)领导的新民主党支持下,自由党政府为医疗保障方案提供了额外资助,实施了一个关于儿童保育的联邦与各省协定,还带头参与一个51亿美元的项目谈判,以改善加拿大第一民族的生活。此外,它使同性婚姻合法化,也考虑将大麻的使用合法化。尽管自由党采取了这种革新的姿态,但还想在社会政策上取得更多特许权的新民主党后来放弃了对自由党的支持。2006年6月选举后,保守党成为少数派政府的领导,而这早在2004年就埋下了伏笔。③

哈珀掌权

史蒂芬·哈珀和特鲁多一样,经过了一条迂回曲折的意识形态道路才晋升总理。哈珀生于多伦多,在校期间表现突出,还加入了青年自由主义俱乐部（Young Liberal Club）。毕业后，他前往艾伯塔，在帝国石油公司工作，后因特鲁多的全国能源政策而退出自由党。哈珀曾短暂担任卡尔加里进步保守党议员吉姆·霍克斯（Jim Hawkes）的助理，但对马尔罗尼缺乏财政调控感到反感。他很早就加入改革党，是改革党的首席政策官，还担任德博拉·格雷的法律助理。卡尔加里大学是改革党的智囊团，1991年哈珀在此获得自己的第二个经济学学位。1993年，他在卡尔加里西部赢得了一个席位，但因为与曼宁存在分歧，他拒绝参加1997年的竞选，随后成为右翼的全国公民联盟（National Citizen Coalition）领袖。哈珀和曼宁一样，都是福音派基督教宣道会的成员，本质上既是一个新自由主义者又是一个社会保守主义者。毫无疑问，他决心在2006年的大选中让加拿大朝一个新的方向前进。④

由于魁北克集团担心举行另一次选举，史蒂芬·戴恩（Stéphane Dion）领导下的自由党人也一片混乱。哈珀当机立断，践行竞选时的承诺：摒弃马丁的全国儿童保育计划；把商品及服务税从7%降到5%；取消对第一民族的资助计划；增加军费支出。2008年秋，他还侥幸地举行了一次临时选举——这项决议违反了保守党对联邦选举日期的规定。虽然保守党人的席位从124个增加到143个，但他们在普选中获得的支持率低于38%，仍处于少数党地位。

竞选期间，哈珀内阁应对全球经济危机不力，致使魁北克集团、自由党和新民主党联合要求实施更有效的应对措施，但欧洲国家典型的联合治理观念没能在加拿大扎根。因此，哈珀得以坚持到底，一有机会就把矛头对准他眼中的"精英"群体。这部分人反对取缔加拿大枪械登记处、强制性长表普查等政策——据悉，这两项政策都不受保守党核心支持者的欢迎。哈珀还拒绝实施开明的环境政策。这项政策在艾伯塔尤其受到冷遇，因为该地"含油砂"（即沥青砂）的开采受到了国际社会的谴责。2010年，加拿大在不记名投票中输给了葡萄牙和德国,没能在联合国安理会中赢得一席之地,这让许多加拿大人震惊不已。根据他们以往的经验,这样的结果难以想象。

以上因素都没能扭转局面,挑战保守党的支配地位。2011年5月2日,加拿大人再次参与民意调查。保守党人针对弱势的选区,赢得了大多数席位(166个),而在普选中只获得39.6%的支持率。迈克尔·伊格纳季耶夫(Michael Ignatieff)领导的自由党人仅剩34个席位。新民主党领袖莱顿正在与癌症作斗争,在他的英勇领导下,新民主党在103个选区取得胜利,其中大部分位于魁北克。魁北克集团只在该省挽回了4个席位。8月,莱顿逝世。在反对党乱象丛生的情况下,加拿大人不禁怀疑,哈珀能在他的施政方针中走多远。

知识经济

在政府各个层面的支持下,加拿大设法成为20世纪末经济新秩序的主要参与者。发达国家以创新为目标,努力在生产附加值产品的竞争中领先一步。虽然加拿大在航空航天、防卫和公共交通行业都成功开拓了国外市场,但从本质上说,它一直只是一个资源出口国,在能源、林业和矿业领域表现格外突出。

眼见大规模的政府投资流入教育、养老金计划和社会服务领域,自由市场倡导者试图在这些项目中插入私营企业。从校舍、监狱到高速公路、老人看护,公私合作无处不在。医疗保障制度始终广受欢迎,以致其结构调整举步维艰,但"双轨制"医疗运动(campaign for "two tier" medicine)长期推进而且资金充裕。大学不可避免地成为新知识经济下改革的特殊对象。在大多数院校,商学院都急剧扩张,各学科的学者也被鞭策着从事相关研究。因为政府试图控制财务支出,将大学转化为经济增长引擎所需的资金更多来自增加的学费和企业捐助。

到 20 世纪末,一切经济部门和所有加拿大人都不得不适应万维网。这是一个通过互联网获取的超链接文本系统,它不仅改变了人们的沟通方式(如通过电子邮件),还改变了他们的研究方式(如通过谷歌搜索),建立了社交网络(如在脸书和推特上),消费的内容从书籍、音乐到医疗指导、淫秽作品,无所不包。从印刷品到屏幕的转变导致知识生产问题丛生,其中包括授权、著作权和版权的概念。此外,全新的行业也围绕光纤电缆、手机和信用卡发展起来。早在互联网让人们"虚拟地"摆脱金钱之前,信用卡就成为消费的关键媒介。

互联网之下媒体云集,萧氏通信(Shaw Communications)、罗杰斯通信公司、加拿大贝尔集团等大企业涌现,它们综合控制了报纸、电视、广播、电影生产和互联网服务。[⑤] 2006 年,上议院委员会的报告显示,加拿大只有 1% 的日报为个人所有,且媒体所有权的集中有可能限制加拿大报道的多样性和质量。由于加拿大广播电视暨电信委员会不愿放缓媒介集中的步伐,民间社会组织只能另觅渠道,将它们的声音传递给混乱数字宇宙中碎片化的受众。

在经济风向中摇摆

与新自由主义秩序相生相伴的经济界让许多人心碎,也让愤世嫉俗者质疑,证券市场的存在是否就是为了剥夺人们的血汗钱。加拿大才刚把能源生产国视为自己的归宿,能源泡沫就在 1986 年破裂,引发了破产和外国收购。在艾伯塔油田,这种状况尤为明显。数字革命带来了公共投资和私人投资,也造就了北方电信公司的巨大成功。北方电信公司是加拿大一家电信设备制造商,但 2001 年互联网泡沫破灭后,它和许多个人财产都受到波及。但无论如何,石油和电信设备都是有形商品。在美国不受管制的金融机构中，抵押贷款的投机活动带来了又一个大泡沫。虽然抵押房屋是真实可感的，但围绕它们进行的金融交易却异常虚幻。

2008年9月，纽约的金融企业雷曼兄弟（Lehman Brothers）申请破产，一整幢摇摇欲坠的按揭大厦轰然倒塌。随着更多的银行崩溃和证券市场倒闭，已完全融入美国金融系统的世界经济在崩溃边缘徘徊。加拿大银行体系相当成功地度过了危机，但这次深度衰退让每个经济部门都满目疮痍。尽管在新自由主义的信条中，精简政府就是最好的政府，但企业还是迅速向国家求助。美国政府和许多欧洲国家一样，帮助本国许多衰落的金融机构摆脱了困境。面对更高效的亚洲和欧洲公司，北美汽车工业战战兢兢，似乎要被经济衰退的浪潮席卷。对此，美国和加拿大政府都提供了大量援助，以保护北美这一核心工业。

在随后的经济重建中，成千上万的失业工人待遇不佳。早在2008年经济危机前，企业就决心从中榨取尽可能多的利润，导致工薪阶层蒙受损失。如今，他们被普遍称作"人力资源"。即便在企业衰退的时候，管理者们也能从自身劳动中获得丰厚报酬，但工人不仅丢掉了工作，还往往会失去养老金。北方电信公司在这一点上饱受批评。⑥就在工人们最需要帮助的时候，他们领取的失业保险（1996年更名为就业保险）被大幅削减，作为福利国家支柱之一的加拿大援助计划也被废除。在新经济秩序下，工会被视为妨碍企业提高效率的阻碍。到2011年，从属于工会的工人比例降至30%以下以形成企业所需的更灵活的劳动力。

可想而知，加拿大的贫富差距拉大。加拿大的贫困线开始落后于欧洲国家，这让社会公平活动家沮丧不已。在这个世界上，竞争和利益盖过了关怀和合作的价值，妇女、儿童和老人尤为脆弱。食物赈济处是应对20世纪80年代前期经济衰退的权宜之计。2010年5月，有

867948 人受其救济。对一个富裕如加拿大的国家来说,这是一种耻辱,也让一些政客重新考虑保障年收入的做法,但 2006 年以后,财政赤字累积,难以实行这样的扭转政策。⑦

在很多方面,与新经济秩序相联系的新趋势和旧趋势差别不大,只是更甚一层。从 20 世纪 50 年代起,许多加拿大人就对外国所有权有所顾虑,但继马尔罗尼宣布加拿大商业开放后,它曾被暂时忽略。然而,当跨国企业吞并了加拿大全部钢铁公司、近一半的油气资产、大多数矿业和出版业,以及哈德孙湾公司和莫尔森公司等标志性企业后,就连一些企业领导也开始担忧。哈珀紧跟西部省份的民意,插手阻止外国收购温哥华的卫星技术公司麦克唐纳·德特威勒(MacDonald Dettwiler)和萨斯喀彻温钾肥公司(Potash Corporation of Saskatchewan),但他拒绝回应许多人不断提出的一个问题:不受约束的全球资本主义真的符合加拿大和世界的最高利益吗?

环境成灾

21 世纪之初,政治和经济的不确定性扫除了第二次世界大战后 30 年典型的乐观主义情绪。显然,进步不再是理所应当的。2003 年,艾伯塔爆发了一场疯牛病,电网故障使北美洲东部部分地区的活动戛然而止,加上呼吸道疾病——非典(严重急性呼吸综合征,SARS)的传播,让人担心社群生存的复杂性已不可控。此外,气候变化和反恐战争也大大加剧了悲观情绪。

20 世纪 80 年代,一连串环境灾害使许多曾持否定观点的人相信,地球亟需生命支持。博帕尔和切尔诺贝利先后在 1984 年和 1986 年发生灾难,人们对酸雨、全球变暖、核冬天、臭氧层空洞的担忧也持续蔓延。1987 年,联合国对于世界资源有限性的警告更让事态雪上加霜。⑧这些变化为马尔罗尼政府实施更激进的环境计划提供了契机。在活动家伊丽莎白·梅（Elizabeth May）的帮助下，这一计划成形。除了实施环境评估和保护法案，加拿大还与美国缔结了一部关于酸雨问题的协议。在1992年的联合国地球峰会上，加拿大也是第一个签署《气候变化公约》（Climate Change Convention）和《生物多样性公约》（Biodiversity Convention）的工业化国家。1997年，克雷蒂安政府签署了《京都议定书》（1997 Kyoto Protocol），同意减少排放，但事实上，下一个十年加拿大的温室气体排放反而增加了。

在这样的危急关头，成立于1983年的加拿大绿党（Green Party of Canada）获得了更多的支持。2004年的选举中，各个选区都有绿党竞选人参选。在新领袖伊丽莎白·梅的领导下，绿党在2008年的选举中获得了近7%的票数。虽然绿党在2011年的选举中票数大减，但伊丽莎白·梅在英属哥伦比亚的萨尼奇海湾群岛选区获胜，因此成为第一位当选的绿党议员。

加拿大历史上有多次环境灾害，其中最具毁灭性的一次莫过于北大西洋鳕鱼捕捞业的崩溃。继1977年加拿大划定200英里的限定范围后，东海岸的渔业迅猛扩张。20世纪80年代前期，加拿大成为世界领先的鱼类出口国，而大西洋沿岸省份的供给量占全国的65%。对于这个经济发展落后于其他省份的地区来说，这原本是一个好消息，但结局绝对是悲剧性的：海里大多数鱼类被捕捞殆尽。1992年，渔业部长约翰·克罗斯比（John Crosbie）被迫宣布暂停鳕鱼捕捞，并对其他鱼类资源加以严格控制。仅在纽芬兰和拉布拉多，就有超过两万人失业，东部沿海的很多社区也面临消亡。

居住在加拿大北部地区的人同样对发展的局限性感到震惊。空气中的毒素污染了北极地区的食物链，而随着气温不断上升，动物和鸟类赖以生存的海冰也迅速消融。灾难迫在眉睫，生活的方方面面都受到威胁。1977年，代表居住在加拿大、格陵兰岛、阿拉斯加和俄罗斯的因纽特人的因纽特人北极圈理事会（Inuit Circumpolar Council）成立，随后该理事会很快成为环境运动的主要参与者。在希拉·瓦特－克卢捷（Sheila Watt-Cloutier）的领导下，北部地区的人们带头发起了一项运动，在 2001 年促成了对持久性有机污染物的全球禁令。事实证明，应对全球变暖的威胁是一个更加严峻的挑战。瓦特－克卢捷因孜孜不倦地倡导环保运动而获得 2007 年诺贝尔和平奖提名，但最终败给美国前副总统阿尔·戈尔（Al Gore）——戈尔是 2006 年纪录片《难以忽视的真相》（*An Inconvenient Truth*）的灵感源泉，这部作品产生了巨大影响力，警示着世人气候变化的危害。

总理哈珀关注北极地区的发展，但他的焦点却在于北极主权，因为冰层融化使西北航道有望成为一条运输路线，油、气等初级资源也面临深入开采。由于废除《京都议定书》是一个不可实现的目标，哈珀承诺会在 5 年内投入 20 亿美元应对气候变化。然而，在 2009 年联合国气候变化大会上，哈珀政府的低姿态让各地的环保主义者深感失望。

尚武之国

"9·11"事件之后，反恐战争就成了高于一切的考量。尽管加拿大避开了伊拉克战争，但加入了北大西洋公约组织领导的驻阿富汗国际维和部队，到 2005 年 5 月为止，加拿大派遣了近 2000 人的军队。2005 年夏天，加拿大军队的重心从喀布尔（Kabul）转移到塔利班的据点坎大哈（Kandahar），伤亡人数逐步增加。保守党政府把参战的时间轴推移到了 2011 年，鼓励加拿大人"支持他们的军队"，但战争进行得相当艰难。2011 年 7 月，加拿大正式退出作战状态。此时，已有 157 名士兵躺在运尸袋中被运回，这比维和行动中过去半个世纪的伤亡总和还要多。

不久，反恐战争就对加拿大人的自我定位产生了微妙但深远的影响。正如《环球邮报》(Globe and Mail) 专栏作家迈克尔·瓦尔皮 (Michael Valpy) 所写的那样，加拿大已逐渐成为一个军事而非维和国家：

> 不到十年前，加拿大的武装力量几乎都是隐形的，藏匿在偏远的军营中，或在城市里小心翼翼地裹在平民衣着下。如今，他们全副武装地在渥太华的街道上穿行。他们成了加拿大中部的英雄，在体育赛事中被颂扬，再次被神化成民族主义的新象征，还被唐·彻里 (Don Cherry)、里克·默瑟 (Rick Mercer)、韦恩·罗斯塔德 (Wayne Rostad) 等人奉于高位……⑧

阿富汗战争终结了加拿大作为一个维和者的形象，不过这一形象早已光辉不再。20世纪90年代，在联合国驻伊拉克、索马里、克罗地亚和卢旺达的任务中，加拿大在很大程度上以失败告终，本质上所做的是"制造和平"而非维护和平。领导联合国驻卢旺达维和部队的陆军中将罗密欧·达耶尔 (Roméo Dallaire) 缺乏终止当地血战的资源，而一起谋杀案则玷污了加拿大在索马里的维和使命。这个闯入加拿大军营的年轻入侵者之死引发了一次高调的调查，随后导致了加拿大空降团的解散。

在这个安全至上的世界中，加拿大也背离了它对人权的承诺。"9·11"事件3个月后，加拿大通过《反恐法案》(Anti-Terrorist Act)，在获取信息、拘留嫌疑人、查禁涉嫌支持恐怖主义的组织等方面，扩大了加拿大安全情报局和加拿大皇家骑警的权力。生于加拿大的奥马尔·艾哈迈德·卡德尔 (Omar Ahmhed Khadr) 涉嫌在阿富汗袭击美国士兵，被美国关押在关塔那摩湾 (Guantanamo Bay) 的监狱中。2010年,虽然最高法院判定他的宪法权利遭到侵犯,但保守党政府仍拒绝将其遣返回国。民间社会团体群起抗议,安保化国家依旧岿然不动。2010年夏天,多伦多G20峰会(1999年在保罗·马丁的建议下成立的20国财政部长和中央银行行长会议)期间的安保也体现了这一点。

加拿大实现多文化主义的自由渠道也开始暴露出局限性。在"9·11"事件的余波中,一些穆斯林因被视为安全隐患而丢掉工作,清真寺也遭到亵渎。在2007年省级选举中,魁北克有人反对穆斯林妇女在投票时遮盖面部。为此,总理让·查尔斯特任命了一个委员会。委员会由两位受尊敬的学者查尔斯·泰勒(Charles Taylor)和杰勒德·布沙尔(Gérard Bouchard)牵头,举行了一次关于公民合理调解文化和宗教少数群体的公开听证会。虽然在电视播送的听证会上,极端的观点也得以呈现,但最终的报告相对保守。它敦促政府为多元化项目提供更多资金,形成文化调适过程中的最佳实践,并为新来者应对各种形式的歧视提供更好的保护,以此促进"跨文化主义"。

社会转型

如前所述,即将迈进21世纪的加拿大人正经历一场关于移民对社会影响的辩论,这与一个世纪前的那一场十分类似。加拿大的低生育率、人口老龄化和对熟练工人的需求共同促成了一项鼓励移民的政策。1986—2010年,加拿大接纳了600万新移民,这一数目使总人口增至3400万。

到2011年,几乎每5个加拿大人中就有1个是移民。这一数据突出表明了这个国家民族构成的重大变化。第二次世界大战后一段时期内,大多数移民来自欧洲,但从20世纪70年代起,大多数移民都来自亚洲国家,主要有中国、印度、巴基斯坦和菲律宾。来自这些国家的绝大多数移民定居在多伦多、蒙特利尔和温哥华,这几个城市也因此成为世界上最具文化多样性的城市。大部分新加拿大人被归为经济移民,因为他们满足《移民法》对高教育水平和技能的要求,但每年另有多达20%的移民为战争难民,受战火摧残的国家越来越多。加拿大的非法移民也有3.5万—12.5万之多,他们通常冒着丢掉性命或肢体残缺的危险逃离本国。此外,加拿大还认可了临时移民。许多临时移民被招募到加拿大,担任居家看护、卡车司机、软件开发员、矿工和季节性农工。2010年,加拿大迎来了182322名临时外来务工人员和96147名留学生。⑪

和19、20世纪之交的情形一样,新移民也随身携带着文化行囊,加拿大本土公民因此担忧自身生活方式会受到威胁。这种敌意有时体现在对文化习俗的抱怨上。巴特吉·辛格·迪隆(Baltej Singh Dhillon)是一名入选加拿大皇家骑警的锡克教徒,他要求按其宗教信仰包裹头巾,而不是戴上传统的斯特森牛仔帽。1990年,最高法院判定他胜诉。在更多的情况下,敌意表现在就业机会、运动队、志愿组织和政党对移民的排斥。

调查显示,遭遇歧视的人群大多属于有色少数族裔。他们可以证明,虽然加拿大有诸多关于调和多元文化的论调,但种族主义依然猖獗。1985年6月,一架印度航空公司的航班在蒙特利尔—伦敦—德里航线上飞行时,一颗炸弹爆炸,329名乘客和机组人员全部遇难,其中大多数遇难者是加拿大公民。面对加拿大迟缓而不充分的应对方式,南亚裔加拿大人不禁要问,政治和司法体系是否会将这一惨剧视为印度而非加拿大的问题。

移民有时是加拿大暴力袭击的目标,但被当作靶子的还不只他们。从20世纪80年代起,新纳粹组织和白人至上主义者开始越发狂妄地宣泄对犹太人、黑人和其他少数族裔的仇恨。在多数大城市,青少年团伙以种族身份认同为核心组建起来，折射出社会底层人员的处境。他们从事毒品交易、抢劫、街头斗殴等非法活动。黑手党和机车帮在一些城市公然活动，通常用暴力宣泄恩怨。在身体虐待方面，妇女也首当其冲。在家中，她们有时遭到伴侣的人身侵犯和杀害；在公共场合，针对妇女的暴力始终对她们构成威胁。1989年12月6日，一个精神错乱的年轻人宣称要"抗击女性主义"，制造了一起针对蒙特利尔综合理工学校工科女学生的枪击案。这次事件中，14名女性死亡，另有一些人受伤。

暴力之下，原住民尤其脆弱。在英属哥伦比亚，杀人狂魔罗伯特·皮克顿（Robert Pickton）在2002年被捕之前向一位便衣警察吹嘘，他曾在自己科奎特勒姆港的农场上屠杀了49名妓女，其中大多来自温哥华市中心东端。这些受害者多为原住民妇女。2010年，原住民妇女协会成立的调查机构"精神姐妹"（Sisters in Spirit）报告称，其数据库中载有近600名被害或失踪的第一民族、梅蒂人和因纽特人妇女的名字。[11] 原住民男性同样遭受暴力，而警力有时就是暴力来源。1990年冬，一名醉酒的克里族少年尼尔·斯通蔡尔德（Neil Stonechild）被警方丢弃在萨斯卡通市郊后死去。这一讽刺性事件使其他类似的"星光之旅"最终败露。

虽然同性恋在1969年就已经合法化，但男女同性恋者因害怕遭到报复，对于公开表达性取向仍非常谨慎。20世纪80年代，艾滋病（获得性免疫缺陷综合征，AIDS）的降临解除了这种谨慎。艾滋病虽然并不局限于同性恋群体，但在同性恋社群中传播迅速。因此，有组织的公开回应受到鼓励。加拿大的男同性恋、女同性恋、双性恋和跨性别者（LGBT）联合起来组成了一个面向艾滋病感染者的支援网，开展教育运动以促进安全的性行为，还要求政府实施大范围的改革。逐渐地，改革都落到了实处。1992年，联邦政府解除了武装部队对同性恋的禁令；3年后，最高法院判定"性取向"应被载入宪法的非歧视性条款。2003年,安大略成为北美第一个承认同性婚姻合法的辖区;2005年,马丁政府将这一权利推向全国。2004年,刑法在"宣扬仇恨"部分加入了对性取向的保障。不必继续活在暗角里的双性恋和跨性别者在许多城市发起了同性恋光荣大游行,出版报刊杂志,还投身于极富创造力的同性恋文化。

涉性态度的转变招来四面八方的反对之声,其中包括各个宗教团体。尽管联合教会在1988年放宽了对同性恋神职人员的限制,但罗马天主教会和许多福音派新教教派、非基督教宗教团体一道,继续公开指责同性恋、堕胎、节育和离婚等威胁到传统家庭的行为。虽然连续几任教皇对这些事项态度强硬,但大多数加拿大人都不以为意。然而,对于幼时曾遭遇神父性侵犯的罗马天主教徒来说,教会的虚伪性已经让人忍无可忍。当人们开始站出来讲述他们的故事时,性侵害和教会试图掩盖的行径广受谴责。当然,对儿童的性侵犯不局限于天主教会,但教会对此的回应道貌岸然,导致很多人抛弃了难以忍受的教会信条。

在20世纪后半叶极其世俗化的背景下,教会礼拜的参与率陡然下降——从20世纪40年代后期的60%下降到了2000年的20%,一些教堂甚至难以找到足够的神职人员来为持续减少的成员服务。随后,多重原因放缓了这一趋势。虽然魁北克的罗马天主教信徒仍在减少,但在那些有众多信仰罗马天主教的新移民的加拿大城市中,教会成员有所增加。此外,强调精神重生的福音派教会成员人数明显增加,反世俗化运动在占总人口8%的信仰其他宗教的人群中也产生了巨大号召力。这部分人包括东正教、犹太教、伊斯兰教、印度教、佛教、神道教、锡克教和各个新纪元教派的信徒。即便如此,在2005年的一份报告中,认为宗教信仰对自身"非常重要"的加拿大人仍远少于美国人(28%:55%),而且有近1/5的加拿大人表示并无宗教信仰。[12]

赋权原住民

在精神和政治上为加拿大的原住民族赋权是近几十年来的重大发展之一。五个世纪以来，他们第一次在人口学上占优势。与预期不同，加拿大的原生民族不仅没有灭亡或被同化，人数反而增多，并维系着本民族文化。2006年人口普查显示，加拿大的第一民族有698025人，加上389785名梅蒂人和50485名因纽特人，总共占加拿大总人口的近4%。他们的主要居住地不再局限于保护区内，生活在保护区外的有身份的印第安人已过半数。一半的原住民人口年龄低于25岁，而25岁以下的非原住民人口仅约为1/3。⑬

按照《宪法法案（1982）》的规定，渥太华需与原住民领袖召开会议，界定"现有的原住民民族权和条约权"，但鲜有进展。相比之下，法院起的作用更大。1984年，最高法院判定渥太华对原住民负有信托责任；3年后，最高法院承认了条约拟定前的土地权；1997年，在一项关于英属哥伦比亚吉特克桑－威特苏威登（Gitskan-Wet'suwet'en）第一民族的里程碑式决议中，最高法院不仅重申原住民权利，还声明这些权利应从狩猎捕鱼权延伸到与其祖传土地相关的边界权。这一裁决还规定，口头证词在索赔案中可作为有效的证据来源。对于那些仍在旧的帝国主义框架中思考的人来说，世界已然颠覆。

这种表面上的权力关系颠倒招致怨声载道，有时甚至导致暴力冲突。继1999年最高法院判定小唐纳德·马歇尔（Donald Marshall Jr.）享有通过捕鱼卖鱼"合理谋生"的条约权后，沿海诸省的米克马克人和马莱西特人突然获得了长期得不到的资源，引发了当地的暴力行为。最高法院迅速澄清渔业应被规范化，但这未能阻止新不伦瑞克本特彻奇（Burnt Church）的一场恶性冲突。冲突中，愤怒的暴徒毁掉了米克马克人布置的捕虾篓,还损毁了他们的船只。

本特彻奇事件只是使加拿大原住民问题引起世界关注的一系列冲突之一。1990年,魁北克奥卡的一片土地被征用为高尔夫球场。这场持久的争端导致了莫霍克族武士和省级警察的78天对峙,后者还召来了加拿大陆军,1名警官在这次剧烈的冲突中丧生。马尔罗尼政府受到刺激,重新成立了一个印第安人申诉委员会(Indian Claims Commission),并任命了一个原住民族皇家委员会(Royal Commission on Aboriginal Peoples),1996年委员会成员开始工作(图10.2)。

1995年,原住民抗议者和警方在古斯塔夫森湖爆发暴力冲突,英属哥伦比亚政府因此决定控制本省土地申请的长名单。尼斯加阿人从20世纪之初就开始要求实现本族合法权利,也是第一个签订协议的民族。这一协议覆盖的内容包括:土地,治理方式,林业、三文鱼业和松树林蘑菇收成的相关权利,加拿大文明博物馆(Canadian Museum of Civilization)的文物归还。作为交换,他们放弃了原本认领的大多数土地,还同意逐步取消原住民收入税和所得税对的豁免权。2000年,《尼斯加阿协定》(Nisga'a Treaty)经过国会批准后奠定了基调,但成果不尽人意,因为围绕近1300项特定权利的谈判仍然悬而未决。

到20世纪末,加拿大北部的原住民权利和治理都有了显著进步。1984年和1988年,居住在麦肯齐三角洲的因纽特人和育空第一民族分别达成了土地协定;1992年,北极地区东部的因纽特人接受了一项协定,协定为其在35万平方千米的范围内提供了地下采矿权,并确立了一个使北极东部成为分治领地的程序。1999年3月,努纳武特(Nunavut,在因纽特语中意为"人民的土地")从原辖区中分离出来,成为一个新地区,独立选举产生议会。在育空地区和已大大缩小的西北地区,非原住民占总人口的大多数,但努纳武特的人口主要为因纽特人。这一地区占加拿大大陆面积的1/5以上,生活着将近3.2万人,其中约80%为因纽特人。

图 10.2　在 1990 年的奥卡危机中，一个莫霍克族武士举起武器宣示胜利。（图片由加拿大通讯社授权使用 / 汤姆·汉森）

根据《权利和自由宪章》的规定，加拿大政府在 1985 年修订了《印第安法案》，终止了对嫁给非原住民男性的印第安妇女的歧视。到 1997 年，有近 10 万名妇女和儿童恢复了印第安身份。虽然这是人权的胜利，但也造成了保护区的紧张状况，还产生了究竟谁才是"十足的印第安人"的争议——是文化上还是基因上的印第安人应得以恢复身份？法律的变更还引起了对于过度拥堵和族群资源压力的担忧。一个多世纪以来，《印第安法案》中的父权严重削弱了妇女在社区中的地位。加拿大土著妇女协会（Native Women's Association of Canada）成立于 1974 年，这一协会因被拒绝参与拟定《夏洛特敦协定》的讨论而起诉加拿大政府，最终败诉，仍被排除在宪政谈判之外。

梅蒂人是加拿大所有原住民族中成长最快的。在一个多世纪的历史中，他们都被联邦和省政府忽略。后来，梅蒂人、有身份的印第安人和因纽特人都被宪法承认为原住民。最终，判例法也随之进步，但关于如何界定混血人群的辩论并未完全达成一致。2003 年，最高法院在波利案（*R. v. Powley*）中判定，获得梅蒂人身份必须满足三个条件：拥有梅蒂人的个体身份认同；与历史上的梅蒂人社区有宗族关联；取得梅蒂人社区的认可。梅蒂人仍在尽力争取扩大权利范围，在一定程度上，这是因为他们在 19 世纪协约谈判中的高度参与。

加拿大原住民依然是一个多元的民族，其主体从属于 2633 个保护区中的超过 600 个族群。尽管媒体有各种关于社区功能失调的报道——它们因疾病、毒瘾、污染、失业和暴力而支离破碎，但也有像魁北克的艾阶布谷目（Qujè-Bougoumou）一样成功的例子。它被美国称作模范城镇。在加拿大自治领银行的支持下，第一民族银行（First Nations Bank）于 1997 年在萨斯卡通（Saskatoon）成立；2003 年，第一民族大学在里贾纳兴办起来。这些举措都来自原住民族皇家委员会的提议。委员会提出了 440 项具体的建议，并确认了 4 件关键事项：需要建立原住民和非原住民的新关系，通过自治实现自决，实现经济自足，疗愈原住民族及社区。[14]

要实现这个雄心勃勃的计划，加拿大还有很长的路要走，各个政府也依旧难以平衡原住民和非原住民的权利。2008 年 6 月，哈珀政府正式道歉，并为原住民寄宿学校之前的学生提供赔偿，但在签署 2007 年《联合国土著民族权利宣言》（UN Declaration on the Rights of Indigenous Peoples）时行动拖沓。加拿大前任政府参与了这份文件的起草。下议院的反对党通过一项决议，签署《联合国土著民族权利宣言》并充分贯彻其中的标准[15]；哈珀政府原本认为《联合国土著民族权利宣言》与加拿大宪法框架相悖，但最终在 2010 年放弃了原先的立场。尽管如此，加拿大人似乎还是很难在短期内选出一位有原住民血统的总理。

现处何方？

虽然存在这些矛盾，不过，加拿大在应对近期挑战方面比大多数国家做得都要好。这一成功是通过把权力下放给省、地区、大城市、企业和第一民族换来的，而各个实体的联合为的只是从中央夺权。尽管加拿大不是唯一面对这些压力的国家，但面对难以达成一致的全国目标，这些实体对于如何在这样一个国家走下去还心存疑问。

在现有的全球本土化（glocalization）过程中，对较大民族国家的依附似乎已经不存在了。早期安大略曾在巩固社会福利和平等的国家架构中发挥领导作用，但如今就连它也在另作他想，以防自身福祉受到损害。在艾伯塔，对油气的投资已超过工业核心地带的制造业投资，石油资源所创造的财富应多与其他省份分享这一观念仍遭到公然貌视。魁北克已置省外的说法语者于不顾，在对共同利益的承诺中又举棋不定，至于它的承诺能否涉及所有加拿大人，还要拭目以待。20世纪60年代，加拿大与魁北克签订的能源协议设想不周，却未能补救，纽芬兰和拉布拉多的公民对此失望不已。后来，他们在总理丹尼·威廉斯（Danny Williams）的领导下成功反击，在2005年成为近海石油开发的主要得益者。经过几个世纪的坎坷和近期渔业的崩溃，他们企图从全国经济中分更大一杯羹也无可厚非。在这样的背景下，似乎任何政党或政客对于提出一项有凝聚力的全国政策都力不从心。

当然，这一切都是常态。加拿大人虽然在政治选择上存在分歧，但共同呈现出的是一个迥然不同的形象。至少在加拿大英语区，他们最受欢迎的大众英雄是特里·福克斯（Terry Fox）。这是一个21岁的温哥华学生，曾尝试横穿加拿大跑完希望马拉松，他于1981年因癌症去世。加拿大英雄的神殿几乎要被成功的电影明星、唱片艺术家和体育名人占据，但多次调查和人气大赛都表明，医疗保障制度之父汤米·道格拉斯、环保主义者大卫·铃木（David Suzuki）和常年担任加拿大人理事会主席（the Council of Canadians）的莫德·巴洛（Maude Barlow）依然受到许多加拿大人的敬仰，因为社会公平依然是一个受珍视的理想。当灾难来袭，海内外的加拿大人都会挺身而出。2009年，加拿大对海地灾难性地震的迅速反应就反映了这一倾向。加拿大有近10万人出生在海地，其中包括前总督米歇尔·让（Michaëlle Jean，2005—2010）。她的继任者阿德里安娜（波伊）·克拉克森[Adrienne (Poy) Clarkson]也是一名移民，1941年，克拉克桑从香港来到加拿大时只是一个年轻的难民。这两位女性都在加拿大广播公司（加拿大电台）——为数不多的致力于增进加拿大人相互了解、向世界阐述加拿大的平台之一——开创了一番显赫事业。

不可否认，加拿大人位居世界上最富有的人群之列。但如今，这个国家能否保持其相对的好运气被画了一个问号。与美国的密切联系意味着，两国未来将共同面临持续衰退。随着权力均势不可抗拒地朝亚洲倾斜，加拿大人也许可以去印度和中国碰运气，就像他们的祖先去法国和英国那样。拥有丰富自然资源和人力资源的加拿大或许可凭借自身的力量成为全球领袖，但也同样可能被其组成部分解构。民族国家作为历史时期的一个新现象，没有人能够保证它能永远持续下去。

结　语

500年前，当欧洲人开始向世界各地输送人口、技术、制度和价值观时，全球化进程就已开启。现在，加拿大人面临的是全球化带来的最新挑战。加拿大人在与自己所建国家相互调适的过程中，面对的不仅是旧的梦魇和分歧，还有需要发挥创造性及时应对的新问题。互联网划定的标准放缓了加拿大政治变化的步伐，也激起了不少焦虑和冷嘲热讽。

无法预知的事数不胜数。置身于一个占世界版图 1/7 的国家，加拿大人要将他们的沉重包袱带到何方？刚被赋权的原住民族和大量新移民使加拿大偏离了 20 世纪主流的"两个民族"模式，旧的政治结构能否足够灵活地适应新状况？谁应推动政治议程？在一个自由市场资本主义高于一切的国度，加拿大行政总裁议会（前身为国事商业委员会）似乎比选举产生的官员拥有更多权力。跨国企业已庞大得无路可退，被它们主导的世界是否还有其他出路？全球正在经历史无前例的人口增长和环境崩溃，民族国家是否已无足轻重？更重要的是，在当下的动荡中，自由主义框架是否有能力通过以往经验磨砺出坚定的生活观？抑或是与旧贵族秩序一并被扫入历史的垃圾堆？加拿大历史的下一篇章，便取决于我们应对这些问题的方式。

注释：

① Raymond Blake, *Transforming the Nation: Canada and Brian Mulroney* (Montreal: McGill-Queen's University Press, 2007); William Kaplan, *A Secret Trial: Brian Mulroney and the Public Trust* (Montreal: McGill-Queen's University Press, 2008).

② Lawrence Martin, *Iron Man: The Defiant Reign of Jean Chrétien* (Toronto:Penguin, 2003); Edward McWhinney, *Chrétien and Canadian Federalism: Politics and the Constitution, 1993-2003* (Vancouver: Ronsdale Press, 2003).

③ Paul Wells, *Right Side Up: The Fall of Paul Martin and the Rise of Stephen Harper's New Conservatism* (Toronto: McClelland and Stewart, 2006).

④ Lawrence Martin, *Harperland: The Politics of Control* (Toronto: Penguin,2010); William Johnson, *Stephen Harper and the Future of Canada*

(Toronto: McClelland and Stewart, 2006).

⑤ Standing Senate committee on transport and communications, *Final Report on the Canadian News Media*, 2 vols. (Ottawa, 2006). Available at http://www.parl.gc.ca/39/1/parlbus/commbus/senate/com-e/tran-e/rep-e/repfi njun06vol1-e.htm.

⑥ The salaries of Canada's highest-paid CEOs increased by 444 percent between 1995 and 2007, while the income of the average worker stalled. Susan Mohammad and Duncan Hood, "Cashing In: Canada's CEO salary surge," *Macleans*, 1 May 2009 (http://www2.macleans.ca/2009/05/01/the-rising-salaries-of-canadas-top-50-ceos/). See also The Conference Board of Canada, *How Canada Performs: A Report Card on Canada* (2011), http://www.conferenceboard.ca/HCP/default.aspx .

⑦ On Canadian food banks, see Food Banks Canada, *HungerCount 2010*, http://smr.newswire.ca/en/food-banks-canada/count-study. The guaranteed annual income is discussed in the *Globe and Mail*, 20 November 2010, sections F1and F5.

⑧ United Nations World Commission on Environment and Development, *Our Common Future* (Oxford: Oxford University Press, 1987).

⑨ Michael Valpy, Canada's Military: Invisible No More, *Globe and Mail*, 20 November 2009, http://www.theglobeandmail.com/news/politics/canadasmilitary-invisible-no-more/article1372117/. This theme is expanded in Ian McKay and Jamie Swift, *Warrior Nation? Rebranding Canada in a Fearful Age* (Toronto: Between the Lines, 2011).

⑩ The statistics cited here can be found at Citizenship and Immigration Canada, Facts and Figures 2008, http://www.cic.gc.ca/english/resources/statistics/facts2008/index.asp; and Statistics Canada, Projections of the Diversity of the Canadian Population, 2006 to 2031, http://www.statcan.gc.ca/pub/91–551-x/91–551-x2010001-eng.pdf.

⑪ Native Women's Association of Canada, Sisters in Spirit, http://www.nwac.ca/programs/sisters-spirit.

⑫ The statistics reported here are derived from Reginald Bibby, *Restless Gods: The Renaissance of Religion in Canada* (Toronto: Novalis, 2004), and Lydia Saad, "Can a 'Reagan Revolution' Happen in Canada?" http://www.gallup.com/poll/20986/Can-Reagan-Revolution-Happen-Canada.aspx.

⑬ Statistics Canada, Aboriginal Peoples of Canada, 2001 Census. http://www12.statcan.ca/english/census01/Products/Analytic/companion/abor/canada.cfm.

⑭ *Royal Commission Report on Aboriginal Peoples*, http://www.ainc-inac.gc.ca/ap/rrc-eng.asp. The five-volume, 3,537-page report is usefully summarized and discussed in Olive Patricia Dickason with David T. McNab, *Canada's First Nations: A History of Founding Peoples from Earliest Times*, 4th ed. (Don Mills, ON: Oxford University Press, 2008), 417–420.

⑮ Dickason and McNab, *Canada's First Nations* , 431–432.

人名、地名、术语双语对照表

A

阿贝内基人	Abenaki people
阿德莱德·霍德莱斯	Hoodless, Adelaide
阿德里安·阿坎德	Arcand, Adrien
阿德里安娜·克拉克森（波伊）	Clarkson, Adriene (Poy)
阿尔·戈尔	Gore, Al
阿尔冈昆人	Algonquin peoples
阿尔冈昆省立公园	Algonquin Provincial Park
阿富汗	Afghanistan
A. G. L. 麦克诺顿	McNaughton, A. G. L.
A. J. 史密斯	Smith, A. J.
阿卡迪亚	Acadia
阿卡迪亚人	Acadians
阿列斯基·奇里科夫	Chirikov, Aleskei
阿梅莉亚·康诺利	Connolly, Amelia
阿莫尔·德科斯莫	De Cosmos, Amor

阿尼什纳贝克族	Anishinabek Nation
阿奇·贝拉尼	Belaney, Archie
阿奇博尔德·巴克利	Barclay, Archibald
阿奇博尔德·坎贝尔	Campbell, Archibald
阿西尼玻族	Assiniboine peoples
阿瑟·J.雷	Ray, Arthur
阿瑟·戈登	Gordon, Arthur
阿瑟·利斯迈尔	Lismer, Arthur
阿瑟·米恩	Meighen, Arthur
阿瑟·诺布尔	Noble, Arthur
阿瑟·帕蒂	Puttee, Arthur
阿西尼玻族	Asian immigration
阿兹台克帝国	Aztec Empire
埃德蒙·奥卡拉汉	O'Callaghan, Edmund
埃尔金勋爵	Elgin, Lord
埃杰顿·赖尔森	Ryerson, Egerton
埃伦·费尔克拉夫	Fairclough, Ellen
艾伯塔	Alberta
艾蒂安·布鲁尔	Brûlé, Étienne
艾阶布谷目	Oujé-Bougoumou
艾伦·罗伊·达福	Dafoe, Allan Roy
艾伦·麦克纳布	MacNab, Allan
艾伦轮船公司	Allan Steamship Lines
艾米丽·卡尔	Carr, Emily
艾米丽·斯托	Stowe, Emily
艾尼什纳布族	Anishnabe peoples
艾萨克·布洛克	Brock, Isaac
爱德华·布莱克	Blake, Edward

爱德华·布雷多克	Braddock, Edward
爱德华王子岛	Prince Edward Island
爱国者党	Parti patriote
爱斯基摩人	Eskimos
安大略	Ontario
安德烈·洛朗多	Laurendeau, André
安德鲁·G. 布莱尔	Blair, Andrew G.
安德鲁·昂德多克	Onderdonk, Andrew
安德鲁·穆斯格雷夫	Musgrave, Andrew
《安德伍德关税法案》	Underwood Tariff
安东尼·亨迪	Henday, Anthony
安斯梅多考古遗址	L'Anse aux Meadows archeological site
安坦恩提斯（易洛魁人母性形象）	Aataentsic (Iroquoian mother figure)
安托万-艾梅·多里昂	Dorion, Antoine-Aimé
奥尔良公爵菲利普	Duc d'Orleans, Phillipe
奥格斯堡联盟	League of Augsburg
奥吉布瓦族	Ojibwa peoples
奥利弗·莫厄特	Mowat, Oliver
奥利弗·佩里	Perry, Oliver
奥林奇的威廉（英国国王）	William of Orange (king of England)
奥马尔·艾哈迈德·卡德尔	Khadr, Omar Ahmhed
奥奈达族	Oneida peoples
奥内达加族	Onondaga peoples
奥希尔特里爵士	Ochiltree, Lord
霍切拉嘎殖民村庄	Hochelaga colonial village
A.Y. 杰克逊	Jackson, A. Y.

B

巴尔干战争（1912—1913 年）	Balkan Wars of 1912–1913
巴芬岛	Baffin Island
《巴黎习惯法》	Custom of Paris
《巴黎和约》（1783 年）	Treaty of Paris (1783)
巴林银行	Barings Bank
巴特吉·辛格·迪隆	Dhillon, Baltej Singh
保罗-艾米丽·布尔迪阿	Bourduas, Paul-Émile
保罗·德·乔姆迪·德·梅松纳夫	Maisonneuve, Paul de Chomedey de
保罗·亨德森	Henderson, Paul
保罗·凯恩	Kane, Paul
保罗·马丁	Martin, Paul
北大西洋公约组织	North Atlantic Treaty Organization
《北大西洋空防条约》	North Atlantic Air Defence Treaty (NORAD)
《北极水域污染防治法》	Arctic Waters Pollution Prevention Act
北美自由贸易协定	North American Free Trade Agreement (NAFTA)
贝奥图克人	Beothuk peoples
贝尼托·墨索里尼	Mussolini, Benito
本杰明·韦斯特	West, Benjamin
本尼迪克特·阿诺德	Arnold, Benedict
比安古尔·德·普特安古尔	Poutrincourt et de Saint-Just, Jean de Biencourt de
比尔·克林顿	Clinton, Bill
彼得·巴斯克维尔	Baskerville, Peter
彼得·卡尔姆	Kalm, Peter
彼得·拉菲德	Lougheed, Peter
彼得·林迪巴切尔	Rindisbacher, Peter
彼得·马修斯	Matthews, Peter

彼得·麦凯	MacKay, Peter
彼得·沃伦	Warren, Peter
彼得·伊斯顿	Easton, Peter
滨海权利运动	Maritime Rights Movement
《滨海运费法案》(1927年)	Maritime Freight Rates Act of 1927
《兵役法》	Military Service Act
波利案	R. v. Powley case
波马克导弹	BOMARC missile
布尔战争	Boer War
布赖恩·马尔罗尼	Mulroney, Brian
布赖恩·托宾	Tobin, Brian
布朗峰号"军火船	Mont Blanc munitions ship
布雷顿角岛	Cape Breton Island
《布雷达和约》	Treaty of Breda

C

C. D. 豪	Howe, C. D.
查尔斯·达尔文	Darwin, Charles
查尔斯·戴高乐	De Gaulle, Charles
查尔斯·狄更斯	Dickens, Charles
查尔斯·福克斯·贝内特	Bennett, Charles Fox
查尔斯·康沃利斯	Cornwallis, Charles
查尔斯·劳伦斯	Lawrence, Charles
查尔斯·梅努·德·奥尔奈	d'Aulnay, Charles Menou
查尔斯·桑德斯	Saunders, Charles
查尔斯·塔珀	Tupper, Charles
查尔斯·泰勒	Taylor, Charles
查尔斯·西蒙	Simonds, Charles

查理·德·比安古尔	Biencourt, Charles de
查理二世（英国国王）	Charles II (king of England)
查理一世（英国国王）	Charles I (king of England)
常设联席防务委员会	Permanent Joint Board on Defence
《城市自治法案》	Municipal Corporations Act
C. H. 道格拉斯	Douglas, C. H.
橙带党	Orange Order

D

达尔豪西大学	Dalhousie University
大干线铁路	Grand Trunk Railway
大卫·铃木	Suzuki, David
大熊（克里族首领）	Big Bear (Cree chief)
戴维·柯克	Kirke, David
戴维·劳合·乔治	Lloyd George, David
戴维·刘易斯	Lewis, David,
戴维·汤普森	Thompson, David
戴维森·邓顿	Dunton, Davidson
丹尼·威廉斯	Williams, Danny
丹尼尔·约翰逊	Johnson, Daniel
丹尼斯·史密斯	Smith, Denis
德博拉·格雷	Grey, Deborah
德卡那维达（易洛魁人首领）	Dekanawidah (Iroquois chief)
德拉罗什侯爵	Roche, Marquis de la
德拉姆伯爵（约翰·乔治·兰布顿）	Durham, Earl of (John George Lambton)
邓肯·卡梅伦	Cameron, Duncan
迪凯纳侯爵	Du Quesne, Marquis
《帝国主义者》（邓肯）	*Imperialist, The* (Duncan)

第一次大陆会议	First Continental Congress
第一民族	First Nations
第一民族大学	First Nations University
第一民族银行	First Nations Bank
蒂姆·拉尔夫	Ralfe, Tim
甸尼族	Dene peoples
独立劳动党	Independent Labour party
杜霍波尔派	Doukhobors
多利安俱乐部	Doric Club
多伦多G20峰会（2010年）	G-20 Conference in Toronto (2010)
多罗西娅·帕尔默	Palmer, Dorothea
多塞特文化	Dorset culture
堕胎旅行队	Abortion Caravan

E

E. A. H. 奥德尔森	Alderson, E.A.H.
E. 保利娜·约翰逊	Johnson, E. Pauline
《俄勒冈协定》	Oregon Treaty

F

《凡尔赛和约》	Treaty of Versailles
《反恐法案》	Anti-Terrorist Act
菲利普·巴克纳	Buckner, Phillip
菲利普·巴特勒	Butler, Philip
菲利普斯·科尔贝克	Callbeck, Phillips
费德里克·班廷	Banting, Frederick
费德里克·卡特	Carter, Frederick
费德里克·洛夫特	Loft, Frederick

费列德里克·德巴奇·蒙克	Monk, Frederick Debartzch
芬尼亚兄弟会	Fenian Brotherhood
弗吉尼亚俄亥俄公司	Ohio Company of Virginia
弗吉尼亚公司	Virginia Company
弗兰克·奥利弗	Oliver, Frank
弗兰克·卡迈克尔	Carmichael, Frank
弗兰克·约翰斯顿	Johnston, Frank
弗兰西斯·赫克托·克莱格	Clergue, Francis Hector
弗朗索瓦·阿维	Havy, François
弗朗索瓦·比戈	Bigot, François
弗朗索瓦·杜克鲁	Du Creux, François
弗朗索瓦-泽维尔·加尔诺	Garneau, François-Xavier
弗朗索瓦兹-玛丽·杰奎琳	Jaquelin, Françoise-Marie
弗朗西丝·辛普森	Simpson, Frances
弗朗西斯·邦德·海德	Head, Francis Bond
弗朗西斯·尼克尔森	Nicholson, Francis
弗朗兹·费迪南大公	Franz Ferdinand, Archduke
弗雷德·瓦利	Varley, Fred
弗雷德里克·哈尔迪曼德	Haldimand, Frederick
弗罗比舍湾	Frobisher Bay
弗洛伦斯·伯德	Bird, Florence
伏尔泰	Voltaire
妇女传教协助社	Women's Missionary Aid Societies
妇女地位皇家委员会	Royal Commission on the Status of Women
妇女普选协会	Woman's Suffrage Association
妇女之声	Voice of Women
富兰克林·D. 罗斯福	Roosevelt, Franklin Delano

G

改革党	Reform Party
《改革法案》（1832年）	Reform Bill of 1832
盖伊·卡尔顿	Carleton, Guy
盖伊·隆巴尔多	Lombardo, Guy
《感伤宣言》	Declaration of Sentiments
戈尔德温·史密斯	Smith, Goldwin
戈斯福德勋爵	Gosford, Lord
格兰其运动	Grange Movement
格里斯修女团体	Soeurs Grises (Grey Nuns)
格林米尔斯银行公司	Glyn, Mills and Company
《根特和约》	Treaty of Ghent
《工会法》	Trade Unions Act
工人团结联盟	Workers Unity League
工业保护协会	Patrons of Industry
《工业纠纷调查法》	Industrial Disputes Investigation Act
《工业与人道》（金）	*Industry and Humanity* (King)
《公民与民族》（弗里森）	*Citizens and Nation* (Friesen)
《共产主义宣言》（马克思）	*Communist Manifesto* (Marx)
古巴导弹危机	Cuban missile crisis
古列尔莫·马可尼	Marconi, Guglielmo
《谷物法》（1912年）	Grain Act of 1912
谷物种植者联盟	Grain Growers' Association
瓜德罗普岛	Guadaloupe
《关税及贸易总协定》	General Agreement on Tariffs and Trade (GATT)
《官方语言法》	Official Languages Act
光荣革命	Glorious Revolution
归还运动（爱德华王子岛）	Escheat Movement (Prince Edward Island)

国际工人协会	International Workingmen's Association
国际货币基金组织	International Monetary Fund
国际联盟	League of Nations
国家冰球联盟	National Hockey League (NHL)
国家博物馆	National Museum
国家基督教社会党	Parti National Social Chrétien
国家能源政策	National Energy Policy
国家政策发展计划	National Policy development program
国旗辩论	flag debate
国事商业委员会	Business Council on National Issues

H

哈德孙湾公司	Hudson's Bay Company
哈利法克斯	Halifax
哈利法克斯金融公司	Halifax Banking Company
哈罗德·班克斯（"哈尔"）	Banks, Harold ("Hal")
哈罗德·英尼斯	Innis, Harold
海厄森斯·里戈	Rigaud, Hyacinthe
《海军处法案》	Naval Service Bill
《海军援助法案》	Naval Aid Bill
海伦妮·布勒	Boullé, Hélène
汉密尔顿钢铁公司	Hamilton Steel and Iron Company
行业与劳工联合会	Trades and Labour Congress
浩德诺索尼	Haudenosaunee
"和谐号"（摩拉维亚人使命船）	Harmony (Moravian mission ship)
荷兰东印度公司	Dutch East India Company
黑脚族	Blackfoot peoples
黑人权力运动	Black Power movement

亨利·H. 史蒂文斯	Stevens, Henry H.
亨利·阿利纳	Alline, Henry
亨利·布拉萨	Bourassa, Henri
亨利·哈德孙	Hudson, Henry
亨利·普罗克特	Proctor, Henry
亨利四世（法国国王）	Henri IV (king of France)
横贯殖民地铁路	Intercolonial Railway
红党	Parti rouge (Rouges)
红河语（英裔克里族人语言）	Bungi (English-Cree language)
胡安·佩雷斯	Pérez, Juan
胡格诺派教徒	Huguenots
《互惠条约》	Reciprocity Treaty
《华盛顿条约》	Treaty of Washington
怀尔德·彭菲尔德	Penfield, Wilder
皇家岛（布雷顿角岛）	Île Royal (Cape Breton Island)
《皇家宣言》（1763年10月）	Royal Proclamation of October 1763
霍华德·格林	Green, Howard
霍文顿·沃克	Walker, Hovenden

J

J. E.H. 麦克唐纳	MacDonald, J. E. H.
基督教妇女禁酒联盟	Women's Christian Temperance Union
基督教女青年会	Young Woman's Christian Association (YWCA)
基督徒和犹太人委员会	Council of Christians and Jews
吉拉德·弗里森	Friesen, Gerald
吉姆·霍克斯	Hawkes, Jim
吉特克桑－威特苏威登第一民族	Gitskan-Wet'suwet'en First Nation
《寂静的春天》（卡森）	*Silent Spring* (Carson)

加布里埃尔·杜蒙	Dumont, Gabriel
加布里埃尔·斯里博伊	Sylliboy, Gabriel
加里·菲尔蒙	Filmon, Gary
加拿大保守党	Conservative Party of Canada
加拿大保育委员会	Canadian Commission of Conservation
加拿大贝尔	Bell Canada
加拿大兵役委员会	National Service Board of Canada
加拿大大学女性协会	Canadian Federation of University Women
加拿大的"孤儿院儿童"	"Home Children" in Canada
《加拿大的历史》（加尔诺）	*Histoire du Canada* (Garneau)
加拿大电影发展协会	Canadian Film Development Corporation
《加拿大法案》（1982年）	Canada Act of 1982
加拿大法西斯联盟	Canada Union of Fascists
加拿大公理会	Congregationalists in Canada
《加拿大公民身份法案》	Canadian Citizenship Act
加拿大公职人员工会	Canadian Union of Public Employees
加拿大共产党	Communist Party of Canada
加拿大广播电视委员会	Canadian Radio-Television Commission (CRTC)
加拿大广播公司	Canadian Broadcasting Corporation (CBC)
加拿大国家电影局	National Film Board of Canada
加拿大国家美术馆	National Gallery of Canada
加拿大国家铁路公司	Canadian National Railway (CNR)
加拿大国家团结党	National Unity Party of Canada
加拿大合作社	Cooperative Union of Canada
《加拿大和加拿大问题》（史密斯）	*Canada and the Canadian Question* (Smith)
加拿大皇家骑警	Royal Canadian Mounted Police

加拿大皇家商业银行	Canadian Imperial Bank of Commerce
加拿大皇家学会	Royal Society of Canada
加拿大皇家艺术学院	Royal Canadian Academy of the Arts
加拿大皇家银行	Royal Bank of Canada
加拿大浸信会	Baptist Church in Canada
《加拿大禁酒法案》（1878 年）	Canadian Temperance Act (1878)
加拿大经济联盟和发展前景皇家委员会	Royal Commission on Canada's Economic Union and Development Prospects
加拿大经济前景皇家委员会	Royal Commission on Canada's Economic Prospects
加拿大联邦（1867 年）	Confederation of 1867
加拿大联合教会	United Church of Canada
加拿大联合省	United Province of Canada
加拿大联盟党	Canadian Alliance
《加拿大论坛》（杂志）	*Canadian Forum* (magazine)
加拿大女权主义运动	feminist movement in Canada
加拿大全国妇女委员会	National Council of Women of Canada (NCWC)
《加拿大人》（报纸）	*Le Canadien* (newspaper)
加拿大人党	Parti canadien
《加拿大人杂志》	*Canadian Magazine*
加拿大省地质调查局	Geological Survey of the United Province of Canada
加拿大石油公司	Petro-Canada
加拿大水泥公司	Canada Cement Company
加拿大太平洋铁路公司	Canadian Pacific Railway (CPR)
加拿大天主教工人联盟	Confédération des travailleurs catholiques du Canada
加拿大卫理公会	Methodist Church in Canada
加拿大艺术委员会	Canada Council
加拿大银行	Bank of Canada

《加拿大援助计划》	Canada Assistance Plan
加拿大远征军	Canadian Expeditionary Force (CEF)
加拿大运河体系	canal system in Canada, development
加拿大长老会	Presbyterian Church in Canada
加拿大制造业者协会	Canadian Manufacturers Association
加拿大自由党	Liberal Party of Canada
加拿大自治城市联盟	Union of Canadian Municipalities
加内特·沃尔斯利	Wolseley, Garnet
加斯佩半岛	Gaspé Peninsula
家族盟约	Family Compact
《健康与业余体育法》	Fitness and Amateur Sports Act
教派学校	denominational schools
杰弗里·阿默斯特	Amherst, Jeffery
杰弗里·里甘	Regan, Geoffrey
杰克·莱顿	Layton, Jack
杰勒德·布沙尔	Bouchard, Gérard
杰勒德·佩尔蒂埃	Pelletier, Gérard
金·坎贝尔	Campbell, Kim
《金羊毛》（沃恩）	*Golden Fleece, The* (Vaughan)
进步保守党	Progressive Conservative party
进步党	Progressive Party
禁酒之子	Sons of Temperance
《京都议定书》	Kyoto Protocol
救济营工人工会	Relief Camp Workers Union (RCWU)
J. L. 罗尔斯顿	Ralston, J. L.
J. S. 伍德沃思	Woodsworth, J. S.
《军队选民法》	Military Voters' Act

K

卡迪纳尔·黎塞留	Richelieu, Cardinal
卡尔·波拉尼	Polanyi, Karl
卡霍基亚（古代北美社群）	Cahokia (ancient North American community)
卡里尼昂－萨利厄尔军团	Carignan-Salières regiment
卡斯伯特·格兰特	Grant, Cuthbert
卡尤加人	Cayuga people
《开垦者》（报纸）	*Le Défricheur* (newspaper)
凯瑟琳·简·爱丽丝	Ellis, Katherine Jane
凯特利·德加圭塔（"莫霍克人的百合花"）	Tekakwitha, Kateri ("Lily of the Mohawks")
康拉德·布莱克	Black, Conrad
科尔·哈里斯	Harris, Cole
科内利厄斯·克莱格霍夫	Kreighoff, Cornelius
科尼利厄斯·范霍恩	Van Horne, Cornelius
克莱德·韦尔斯	Wells, Clyde
克里米亚战争	Crimean War
克里斯蒂安·勒克莱克	LeClercq, Christien
克里斯托弗·哥伦布	Columbus, Christopher
克利福德·西夫顿	Sifton, Clifford
克罗地亚	Croatia
矿业总协会	General Mining Association
魁北克	Quebec
《魁北克法案》（1774年）	Quebec Act (1774)
魁北克解放阵线	Front de libération du Québec (FLQ)
魁北克人党	Bloc Québécois
魁北克养老金计划	Quebec Pension Plan
《阔佬的牧歌式历险》（里柯克）	*Arcadian Adventures of the Idle Rich* (Leacock)

L

拉·图尔	La Tour, Claude de Saint-Étienne de
拉尔夫·克莱恩	Klein, Ralph
拉什－巴戈特协定	Rush-Bagot agreement
拉瓦尔大学	Laval University
莱斯特·皮尔逊	Pearson, Lester
蓝党	Bleus
劳工骑士团	Noble and Holy Order of the Knights of Labor
劳拉·萨比亚	Sabia, Laura
劳拉·塞科德	Secord, Laura
劳里斯·诺斯塔德	Norstad, Lauris
劳伦·S.哈里斯	Harris, Lawren S.
劳伦森地区	Laurentian region
劳资关系皇家委员会	Royal Commission on the Relations of Labour and Capital
勒内·莱韦斯克	Lévesque, René
勒内－罗伯特卡维利耶·德·拉萨尔	La Salle, René-Robert, Cavalier de
雷金纳德·费森登	Fessenden, Reginald
雷曼兄弟	Lehman Brothers
雷切尔·卡森	Carson, Rachel
里奥纳德·普雷拉	Preyra, Leonard
里尔·考埃特	Caouette, Réal
《里斯维克和约》	Treaty of Ryswick
理查德·贝德福德·贝内特	Bennett, Richard Bedford
理查德·菲利普斯	Philipps, Richard
理查德·怀特	White, Richard
理查德·蒙哥马利	Montgomery, Richard
理查德·斯夸尔	Squires, Richard

丽贝卡·拜尔斯	Byles, Rebecca
利奥八世	Leo XIII
利蒂西亚·尤曼	Youmans, Letitia
《联合法案》（1801年，爱尔兰）	Act of Union (1801, Ireland)
《联合法案》（1840年）	Act of Union (1840)
《联合国土著民族权利宣言》	UN Declaration on the Rights of Indigenous Peoples
林登·B. 约翰逊	Johnson, Lyndon B.
琳达·卡弗里	Carvery, Linda
卢西恩·布沙尔	Bouchard, Lucien
卢修斯·亨廷登	Huntington, Lucius
路易·埃贝尔	Hébert, Louis
路易·埃蒙	Hémon, Louis
路易·库龙·德·维利尔	Coulon de Villiers, Louis
路易斯·J. 罗比肖	Robichaud, Louis J.
路易斯·博拉德·芳提那克	Frontenac, Louis de Buade, Comte de
路易斯·里埃尔	Riel, Louis
路易斯·B. 迈耶	Meyer, Louis B.
路易斯·圣劳伦特	St. Laurent, Louis
路易斯-亚历山大·塔什罗	Taschereau, Louis-Alexandre
路易斯-约瑟夫·帕皮诺	Papineau, Louis-Joseph
路易斯安那	Louisiana
路易斯堡	Louisbourg
路易-约瑟夫·蒙特卡姆侯爵	Montcalm, Louis-Joseph, Marquis de
路易-伊波利特·拉方丹	LaFontaine, Louis-Hippolyte
露西·莫德·蒙哥马利	Montgomery, Lucy Maud
伦敦-布里斯托尔公司	London and Bristol Company
伦敦妇女移民协会	London Female Emigration Society
伦纳德·蒂利	Tilley, Leonard

"轮流助兴"	l'Ordre de Bon Temps
罗伯特·巴登-鲍威尔	Baden-Powell, Robert
罗伯特·鲍德温	Baldwin, Robert
罗伯特·布拉萨	Bourassa, Robert
罗伯特·莱尔德·博登	Borden, Robert Laird
罗伯特·麦克卢尔	McClure, Robert
罗伯特·蒙克顿	Monckton, Robert
罗伯特·皮克顿	Pickton, Robert
罗伯特·斯坦菲尔德	Stanfield, Robert
罗克德·罗贝瓦勒	Roberval, Jean-Francois de la Roque de
罗兰-米歇尔·巴林·德·拉·加里森涅尔	Galissonière, Roland-Michel, Barrin de la
罗马天主教会	Roman Catholic Church
罗密欧·达耶尔	Dallaire, Roméo
罗纳德·里根	Reagan, Ronald
绿色和平运动	Greenpeace movement
《绿山墙的安妮》（蒙哥马利）	*Anne of Green Gables* (Montgomery)

M

马丁·弗罗比舍	Frobisher, Martin
马丁·路德	Luther, Martin
马克·勒斯卡尔博	Lescarbot, Marc
马克思·艾特肯	Aitken, Max
马里塞特族	Maliseet peoples
马尼托巴	Manitoba
《马尼托巴法案》	Manitoba Act
马提尼克	Martinique
马西-哈里斯（马西-弗格森）公司	Massey-Harris (Massey-Ferguson)
马歇尔·麦克卢汉	McLuhan, Marshall

玛格丽特·阿特伍德	Atwood, Margaret
玛格丽特·马歇尔·桑德斯	Saunders, Margaret Marshall
玛格丽特·泰勒	Taylor, Margaret
玛格丽特·辛克莱	Sinclair, Margaret
玛丽·璧克馥	Pickford, Mary
玛丽·莫莉·布兰特	Brant, Mary (Molly)
玛丽－玛格丽特·杜维勒	d'Youville, Marie-Marguerite
《玛利亚·沙普德莱纳》（埃蒙）	*Maria Chapdelaine* (Hémon)
玛利亚·特蕾莎女皇	Maria Theresa, Empress
玛雅帝国	Mayan Empire
迈尔斯·麦克唐奈尔	Macdonnell, Miles
迈克尔·哈里斯	Harris, Michael
迈克尔·卡茨	Katz, Michael
迈克尔·萨维奇	Savage, Michael
迈克尔·斯塔尔	Starr, Michael
迈克尔·瓦尔皮	Valpy, Michael
麦吉尔大学	McGill University
《麦克林杂志》	*Maclean's Magazine*
麦克唐纳·德特威勒	MacDonald Dettwiler
麦肯齐·鲍厄尔	Bowell, Mackenzie
麦肯齐－帕皮诺军营	Mackenzie-Papineau Battalion
麦奎因姐妹（杰茜和安妮）	McQueen, Jessie and Annie
《忙人杂志》	*Busy Man's Magazine*
梅达·舒阿尔·格罗瑟伊尔	Groseilliers, Médard Chouart, sieur des
梅蒂人	Métis
梅蒂人国家委员会	Métis National Committee
美国独立战争	American Revolutionary War
美国矿工协会	United Mine Workers (UMW)

美国劳工联合会	American Federation of Labor
《美加汽车贸易协定》	Automotive Products Trade Agreement
《美加汽车贸易协定》	Autopact agreemen
"美丽城市"运动	"city beautiful" movement
《美丽的乔》(桑德斯)	*Beautiful Joe* (Saunders)
蒙巴图(米克马克族领袖)	Membertou (Mi'kmaq chief)
蒙特利尔	Montreal
蒙特利尔圣母会	Société Notre-Dame de Montréal
蒙特利尔银行	Bank of Montreal
米尔顿·弗里德曼	Friedman, Milton
米夫林·吉布斯	Gibbs, Miffl
米克马克族	Mi'kmaq peoples
米拉米希大火	Marimichi fire
米其夫语(法语兼杂克里语)	Michif (French-Cree language)
《米其湖协定》	Meech Lake Accord
米切尔·赫伯恩	Hepburn, Mitchell
米歇尔·让	Jean, Michaël
密克隆岛	Miquelon
《免费学校法案》(爱德华王子岛)	Free Schools Act (Prince Edward Island)
《民法典》(加拿大)	Civil Code (Canada)
民族党	Parti National
民族独立联盟	Rassemblemen pour l'indépendence nationale
民族联合党	Union Nationale
莫德·阿博特	Abbott, Maude
莫德·巴洛	Barlow, Maude
莫尔森公司	Molsons
莫霍克族	Mohawk peoples

莫基纳（原住民领袖）	Muquinna (Aboriginal leader)
莫里斯·杜普莱西斯	Duplessis, Maurice
莫里斯·斯特朗	Richard, Maurice
木工之战	Shiners' War

N

《南特赦令》	Edict of Nantes
内莉·麦克朗	McClung, Nellie
尼尔·斯通蔡尔德	Stonechild, Neil
尼古拉·德尼	Denys, Nicolas
尼皮辛人	Nipissing people
尼斯加阿人	Nisga'a people
纽芬兰	Newfoundland
纽芬兰－拉布拉多	Newfoundland and Labrador
纽芬兰联合党	United Newfoundland Party
纽特劳（意为"中立"）族	neutral people
N. J. 里科特教士	Ritchot, N. J. (abbé)
农民纲领	Farmers' Platform
《农民债权管理法》	Farmers' Creditors Arrangement Act
努纳武特	Nunavut
《努特卡海湾公约》	Nootka Sound Convention
诺尔曼·白求恩	Bethune, Norman
女王大学	Queen's University

O

欧内斯特·拉普安特	Lapointe, Ernest
欧内斯特·汤普森·西顿	Seton, Ernest Thompson

P

帕尔	Parr
帕格瓦什会议	Pugwash Conference
帕萨马科迪人	Passamaquoddy people
帕特里克·莫里斯	Morris, Patrick
庞巴迪合约	Bombardier contract
庞德梅克（克里族首领）	Poundmaker (Cree chief)
庞蒂亚克（渥太华首领）	Pontiac (Ottawa chief)
佩诺布斯科特人	Penobscot people
佩图人	Petun people
皮埃尔·埃利奥特·特鲁多	Trudeau, Pierre Elliott
皮埃尔-埃斯佩里·哈迪森	Radisson, Pierre-Esprit
皮埃尔·比阿尔（耶稣会士）	Biard, Pierre (Jesuit priest)
皮埃尔·德蒙	Monts, Pierre Du Gua, Sieur de
皮埃尔·纪尧姆·塞耶	Sayer, Pierre-Guillaume
皮埃尔·拉波特	Laporte, Pierre
皮埃尔·莱莫恩·伊贝维尔	d'Iberville, Pierre Le Moyne
皮埃尔－安托万－西蒙·麦拉尔	Maillard, Pierre-Antoine-Simon
皮埃尔·戈尔捷·德瓦霍纳·德拉韦朗德里	La Verendrye, Pierre Gauitier de Varennes, sieur de
平民合作联盟	Co-operative Commonwealth Federation (CCF)
平权协会	Equal Rights Association
普雷斯顿·曼宁	Manning, Preston

Q

七年战争	Seven Years' War
七人画派	Group of Seven
奇佩维安族	Chipewyan people
《气候变化公约》	Climate Change Convention

契约仆人	engagés (indentured servants)
乔纳森·艾迪	Eddy, Jonathan
乔治·W. 布什	Bush, George W.
乔治-艾蒂安·卡蒂埃	Cartier, George-Étienne
乔治·布朗	Brown, George
乔治·格兰特	Grant, George
乔治·华盛顿	Washington, George
乔治·卡尔弗特（巴尔的摩勋爵）	Calvert, George (Lord Baltimore)
乔治·史蒂芬	Stephen, George
乔治·温哥华	Vancouver, George
乔治·辛普森	Simpson, George
《清晰法案》	Clarity Act
《权利法案》（1960 年）	Bill of Rights (1960)
《权利和自由宪章》	Charter of Rights and Freedoms
全国工会联合会	Conféd ération des syndicats nationaux
全国公民联盟	National Citizens Coalition
全国印第安人兄弟会	National Indian Brotherhood
《全国邮报》	*National Post newspaper*
《全国资源调动法》	National Resources Mobilization Act (NRMA)
全省工人协会	Provincial Workmen's Association

R

让·巴布堤斯·莱莫恩·比安维尔	Le Moyne de Bienville, John Baptiste
让-保罗·德斯比安	Desbien, Jean-Paul
让·查尔斯特	Charest, Jean
让·德·布雷伯夫	Brébeuf, Jean de
让·克雷蒂安	Chrétien, Jean
让·勒弗维尔	Lefebvre, Jean

让·勒萨热	Lesage, Jean
让·马钱德	Marchand, Jean
让·塔隆	Talon, Jean
让－阿尔芒·德·迪尔思科男爵	Dieskau, Armand, Baron de
让－奥利维耶·布里昂	Briand, Jean-Olivier (Abbé)
让－巴普蒂斯特·科尔伯特	Colbert, Jean-Baptiste
让－路易·勒鲁特尔	Le Loutre, Jean-Louis
让娜·曼斯	Mance, Jeanne
让娜·莫丹	Motin, Jeanne
《认识自己：加拿大研究委员会报告》（西蒙斯）	*To Know Ourselves: The Report of Commission on Canadian Studies* (Symons)

S

萨拉·柯克	Kirke, Sara
萨拉·珍内特·邓肯	Duncan, Sara Jeannette
萨缪尔·阿加尔	Argall, Samuel
萨姆·休斯	Hughes, Sam
萨斯喀彻温	Saskatchewan
塞尔柯克勋爵	Selkirk, Lord
塞拉利昂	Sierra Leone
塞缪尔·德·尚普兰	Champlain, Samuel de
塞缪尔·赫恩	Hearne, Samuel
塞缪尔·霍兰	Holland, Samuel
塞缪尔·劳恩特	Lount, Samuel
塞缪尔·莫尔斯	Morse, Samuel
塞布尔岛	Sable Island
塞内卡人	Seneca people
三河城	Trois-Rivières

桑德拉·尼古拉斯·洛夫莱斯	Nicholas, Sandra Lovelace
森林俱乐部	Woodcraft Clubs
莎诺蒂提（贝奥图克妇女）	Shanawdithit (Beothuk woman)
商品服务税	Goods and Services Tax
上加拿大	Upper Canada
上加拿大银行	Bank of Upper Canada
舍瓦里尔·德·莱维	Lévis, Chevalier de
社会福音运动	social gospel movement
社会信用党	Social Credit Party
《生物多样性公约》	Biodiversity Convention
圣方济·拉瓦尔－蒙蒂尼	Laval-Montigny, François de
圣劳伦斯海道	St. Lawrence Seaway
圣礼秘密协会	Compagnie du Saint-Sacrement
圣皮埃尔	Saint-Pierre
圣让岛（爱德华王子岛）	Île Saint-Jean (Prince Edward Island)
《圣日耳曼条约》	Treaty of Saint-Germain-en-Laye
圣约翰岛	St. John's Island
石油输出国组织	Organization of Petroleum Exporting Countries (OPEC)
史蒂芬·哈珀	Harper, Stephen
史蒂芬·李科克	Leacock, Stephen
《世界人权宣言》	Universal Declaration of Human Rights
世界银行	World Bank
世贸组织	World Trade Organization
双语与二元文化皇家委员会	Royal Commission on Bilingualism and Biculturalism
双语制度	bilingualism
说法语者	francophones
斯塔达科纳	Stadacona

斯坦利杯	Stanley Cup
斯特拉特福（莎士比亚）戏剧节	Stratford (Shakespeare) Festival
斯托克利·卡迈克尔	Carmichael, Stokely
斯托克韦尔·戴	Day, Stockwell
苏尔比斯会	Sulpician missionaries
苏珊娜·穆迪	Moodie, Susannah

T

塔斯卡罗拉人	Tuscarora people
太平洋铁路丑闻	Pacific railway scandal
汤米·道格拉斯	Douglas, Tommy
唐纳德·弗莱明	Fleming, Donald
唐纳德·麦克唐纳	Macdonald, Donald
唐纳科纳（易洛魁族首领）	Donnacona (Iroquoian chief)
《逃奴追缉法案》	Fugitive Slave Act
特里·福克斯	Fox, Terry
特里·莫舍（艾斯林）	Mosher, Terry (Aislin)
特鲁多	Trudeau
天主教大解放（1829年）	Catholic Emancipation (1829)
《铁路哲学》（基弗）	*Philosophy of Railroads* (Keefer)
通用电气	General Electric
图勒人	Thule
图尼特人（古爱斯基摩人）	Tuniit
《土地购买法案》（爱德华王子岛）	Land Purchase Act (Prince Edward Island)
托利党	Tory Party
托马斯·A.克里勒	Crerar, Thomas A.
托马斯·H. B. 西蒙斯	Symons, Thomas H. B.
托马斯·贝利	Baillie, Thomas

托马斯·伯杰	Berger, Thomas
托马斯·盖奇	Gage, Thomas
托马斯·基弗	Keefer, Thomas
托马斯·杰斐逊	Jefferson, Thomas
托马斯·钱德勒·哈利波顿	Haliburton, Thomas Chandler
托马斯·斯科特	Scott, Thomas
托马斯·坦普尔	Temple, Thomas

W

瓦巴纳基（黎明之地）联盟	Wabanaki ("Dawnland") Confederacy
外国投资审查局	Foreign Investment Review Agency(FIRA)
《外来劳工法》（1897年）	Alien Labour Act (1897)
《完全拒绝宣言》（布尔迪阿）	Refus global (Bourduas)
W. B. 罗宾逊	Robinson, W. B.
威尔弗里德·劳里埃	Laurier, Wilfrid
威廉·S. 菲尔丁	Fielding, William S.
威廉·埃伯哈特（"圣经比尔"）	Aberhart, William ("Bible Bill")
威廉·艾普斯·科马克	Cormack, Epps
威廉·鲍德温	Baldwin, William
威廉·布斯	Booth, William
威廉·道森	Dawson, William
威廉·菲普斯	Phips, William
威廉·芬威克·威廉斯	Williams, William Fenwick
威廉·霍华德·塔夫脱	Taft, William Howard
威廉·卡森	Carson, William
威廉·克鲁那	Crowne, William
威廉·库珀	Cooper, William
威廉·莱昂·麦肯齐	Mackenzie, William Lyon

威廉·莱昂·麦肯齐·金	King, William Lyon Mackenzie
威廉·洛根	Logan, William
威廉·欧文	Irvine, William
威廉·佩珀雷尔	Pepperell, William
威廉·皮特	Pitt, William
威廉·沃恩	Vaughan, William
威廉·亚历山大	Alexander, William
《威斯敏斯特条例》	Statute of Westminster
《韦伯斯特－阿什伯顿条约》	Webster-Ashburton Treaty
维多利亚护士会	Victorian Order of Nurses
维多利亚先锋步枪队	Victoria Pioneer Rifle Corps
维尔夫·卡特	Carter, Wilf
维米岭战役	Vimy Ridge, battle of
维塔斯·白令	Bering, Vitus
伟利达公司	Varity Corporation
温哥华岛	Vancouver Island
温尼伯皇家芭蕾舞团	Royal Winnipeg Ballet
温斯顿·丘吉尔	Churchill, Winston
文森特·马西	Massey, Vincent
沃德勒伊	Vaudreuil, Phillippe de Rigaud Marquis de
沃尔弗雷德·尼尔森	Nelson, Wolfred
沃尔特·戈登	Gordon, Walter
沃尔特·里德尔	Riddell, Walter
W. P. 麦凯	McKay, W. P.
《乌得勒支条约》（1713年）	Treaty of Utrecht (1713)
乌尔苏拉会	Ursulines
《无名弟兄的鲁莽》（德斯比安）	*Les insolences du Frère Untel* (Desbien)
五族联盟	Five Nations Confederacy

《物种起源》（达尔文）	*Origin of Species* (Darwin)

X

西奥多·罗斯福	Roosevelt, Theodore
《西北地区法案》（1875年）	Northwest Territories Act of 1875
西北公司	North West Company
西北骑警	North-West Mounted Police (NWMP)
《西北人》（报纸）	*Nor'wester* (newspaper)
《西部宪章》（大不列颠）	Western Charter (Great Britain)
西蒙·弗雷泽	Fraser, Simon
希阿瓦塔（易洛魁族首领）	Hiawatha (Iroquois chief)
希拉·瓦特－克卢捷	Watt-Cloutier, Sheila
下加拿大	Lower Canada
《夏洛特敦协定》	Charlottetown Accord
《宪法法案》（1982年）	Constitution Act of 1982
小唐纳德·马歇尔	Marshall, Donald, Jr.
《小镇艳阳录》（李科克）	*Sunshine Sketches of a Little Town* (Leacock)
效忠者	Loyalist
新不伦瑞克	New Brunswick (la Nouvelle France)
新不伦瑞克银行	Bank of New Brunswick
新法兰西	New France (La Nouvelle France)
新法兰西公司（百人公司）	Compagnie de la Nouvelle France (Compagnie des Cents Associés / Company of One Hundred Associates)
《新法兰西史》（勒斯卡尔博）	*Histoire de la Nouvelle France* (Lescarbot)
新民主党	New Democratic Party
新斯科舍	Nova Scotia
新斯科舍煤钢公司	Nova Scotia Coal and Steel

新斯科舍银行	Bank of Nova Scotia
新斯科舍有色人种发展协会	Nova Scotia Association for the Advancement of Coloured People
《新通谕》	*Rerum Novarum*
《星期六之夜》（杂志）	*Saturday Night* magazine
休·艾伦	Allan, Hugh
休·帕利斯尔	Palliser, Hugh
休伦尼亚（原住民村落）	Huronia (Aboriginal village)
休伦族	Huron (Wandat) people
"血腥星期六"（1919年6月21日）	"Bloody Saturday" (21 June 1919)

Y

雅各布·芒顿	Mountain, Jacob
雅克·卡蒂埃	Cartier, Jacques
雅克·帕里佐	Parizeau, Jacques
雅克–弗朗索瓦·蒙贝尔顿·德·布扬	Brouillon, Jacques-François, Momberton de
《亚琛合约》	Treaty of Aix-la-Chapelle
亚历桑德罗·加瓦齐	Gavazzi, Alessandro
亚历山大·德·普维拉	Prouville, Alexandre de (Marquis de Tracy)
亚历山大·格雷厄姆·贝尔	Bell, Alexander Graham
亚历山大·罗斯	Ross, Alexander
亚历山大·麦肯齐	Mackenzie, Alexander
亚当·多拉尔·德索莫	Ormeaux, Adam Dollard des
《耶稣会财产法案》（1888年）	Jesuit Estates Act of 1888
野外博物学家俱乐部	Field-Naturalists' Club
"一个大工会"运动	One Big Union (OBU) movement
《一个国家的挽歌》（格兰特）	*Lament for a Nation* (Grant)
伊顿公司	T. Eaton Company

伊恩·麦凯	McKay, Ian
伊戈尔·古森科	Gouzenko, Igor
伊莱贾·哈珀	Harper, Elijah
伊丽莎白·弗朗西斯·黑尔	Hale, Elizabeth Francis
伊丽莎白·梅	May, Elizabeth
伊丽莎白·维贝尔	Vibert, Elizabeth
伊丽莎白二世（英国女王）	Elizabeth II (queen of England)
伊丽莎白一世（英国女王）	Elizabeth I (queen of England)
伊利族	Erie people
"伊莫号"救援船	*Imo* relief ship
伊尼亚斯·布热主教	Bourget, Bishop Ignace
伊萨克·德·拉兹内	Razilly, Isaac de
伊万·德斯洛奇	Desloges, Yvon
《医疗法案》	Medical Care Act
《移民法》（1967年）	Immigration Act of 1967
《义务报》（报纸）	*Le Devoir* (newspaper)
易洛魁人	Iroquoian peoples
因纽特人	Inuit peoples
因纽特人北极圈理事会	Inuit Circumpolar Council
因努人	Innu people
《印第安法案》	Indian Act
印第安人联盟	League of Indians
印第安人申诉委员会	Indian Claims Commission
印加帝国	Inca Empire
英国东印度公司	British East India Company
英国议会	British Parliament
英联邦	British Commonwealth of Nations
英联邦空军训练计划	British Commonwealth Air Training Plan (BCATP)

《英属北美法案》	British North America Act
英属北美协会	British North American Association
英属哥伦比亚	British Columbia
英属哥伦比亚包装协会	British Columbia Packers Association
育空	Yukon
原住民族	Aboriginal peoples
约翰·A. 麦克唐纳	Macdonald, John A.
约翰·D. 洛克菲勒	Rockefeller, John D.
约翰·G. 迪芬贝克	Diefenbaker, John G.
约翰·阿博特	Abbott, John
约翰·波特	Porter, John
约翰·布拉德斯里特	Bradstreet, John
约翰·布拉肯	Bracken, John
约翰·富兰克林	Franklin, John
约翰·盖伊	Guy, John
约翰·格拉维斯·锡姆科	Simcoe, John Graves
约翰·哈维	Harvey, John
约翰·汉弗莱	Humphries, John
约翰·卡伯特（乔瓦尼·卡伯托）	Cabot, John (Giovanni Caboto)
约翰·克罗斯比	Crosbie, John
约翰·肯尼思·加尔布雷思	Galbraith, John Kenneth
约翰·劳	Law, John
约翰·罗尔斯顿·索尔	Saul, John Ralston
约翰·罗斯	Ross, John
约翰·罗素	Russell, John
约翰·麦克·法拉格	Faragher, John Mack
约翰·梅纳德·凯恩斯	Keynes, John Maynard
约翰·莫尔森	Molson, John

约翰·诺奎	Norquay, John
约翰·帕尔	Parr, John
约翰·瑞德	Reid, John
约翰·汤普森	Thompson, John
约翰·特纳	Turner, John
约翰·韦伯斯特	Webster, John
约翰·韦佛	Weaver, John
约翰·英格利斯	Inglis, John
约翰尼斯·古登堡	Gutenberg, Johannes
约翰斯－曼韦尔公司	Johns-Manville Company
约瑟夫·伯尼尔	Bernier, Joseph
约瑟夫·布兰特	Brant, Joseph
约瑟夫·弗拉维尔	Flavelle, Joseph
约瑟夫·豪	Howe, Joseph
约瑟夫·吉博尔德	Guibord, Joseph
约瑟夫·克拉克	Clark, Joseph
约瑟夫·勒加雷	Légaré, Joseph
约瑟夫·麦卡锡	McCarthy, Joseph
越南战争	Vietnam War

Z

詹姆斯·波尔克	Polk, James
詹姆斯·波普	Pope, James
詹姆斯·道格拉斯	Douglas, James
詹姆斯·格拉德斯通	Gladstone, James
詹姆斯·克罗斯	Cross, James
詹姆斯·库克	Cook, James
詹姆斯·拉菲德	Lougheed, James

詹姆斯·兰德里根	Landrigan, James
詹姆斯·默里	Murray, James
詹姆斯·奈史密斯	Naismith, James
詹姆斯·汤森	Townsend, James
詹姆斯·沃尔夫	Wolfe, James
詹姆斯一世（英国国王）	James I (king of England)
《战时措施条例》	War Measures Act
《战时选举法》	Wartime Elections Act
珍妮·特劳特	Trout, Jenny
《直立的马赛克》（波特）	*Vertical Mosaic* (Porter)
朱迪·拉马什	LaMarsh, Judy
朱利安·宾	Byng, Julian
主日联盟	Lord's Day Alliance
自由－保守党	Liberal-Conservative Party
《自由城》（期刊）	*Cité Libre* (journal)
自治领钢铁公司	Dominion Iron and Steel
宗教法庭	Inquisition

译后记

《剑桥加拿大史》是加拿大历史学家玛格丽特·康拉德（Margaret Conrad，1946年生）于2012年出版的学术著作。本书用不长的篇幅讲述了这个国家从远古时期至21世纪第一个十年逾千年的历史变迁，勾勒出加拿大人口、政治、经济、文化等各方面发展的大事记，脉络清晰而又细节饱满。其中，康拉德尤其突出社会历史学角度的书写，重视历史中人的地位，由此增添了本书的可读性和感染力。

康拉德于1995年被选为加拿大皇家学会成员，也曾执掌蒙特圣文森特大学南希女性研究委员会（Nancy's Chair in Women's Studies, 1996—1998），并于2002—2009年在新不伦瑞克大学担任加拿大大西洋省份研究的首席研究员（Canada Research Chair），现为该大学历史系的荣誉教授。1968年，在多伦多大学取得历史学士学位后，康拉德成为一名教科书编辑，次年开始在大学中担任教职。她很快发现了自己的研究兴趣——加拿大大西洋省份研究和女性历史研究。这两个领域都是在她亲历的政治运动中孕育而生的。她致力于探索大西洋省份之间以及内部自1939年以来的合作与冲突，为当今这一地区的个体、族群和政府发展寻求出路，同时也格外关注女性的主体感（sense of agency）、身份认同和权力。

从20世纪90年代前期起，康拉德开始有意识地将自己在这两方面的研究成果融入到大学教材中。包括多次再版的《加拿大人的历史》（History of the Canadian Peoples）在内，她参与撰写的加拿大历史读本已有16个版本之多。而这一本《剑桥加拿大史》，则被她自评为"教科书编写生涯中的巅峰之作"。

一般而言，历史学家把加拿大的历史分为六个时期：本地人与外来文化接触前（1500年之前），土著和外来人口期（1500—1661），新法兰西时期（1661—1763），英属北美时期（1763—1863），联邦和民族建设期（1864—1945）以及现代加拿大时期（1945年至今）。在这一划分基础上，康拉德注入了自己的独到见解和观照角度。

在前言中，康拉德首先抛出一个问题：什么是加拿大？她进而从其名称由来、政治版图、历史分期、自然条件、民族构成、殖民开发、联邦进程等方面一一解构"加拿大"一词的内涵。全书正文共分为十个章节。第一章从远古时期说起，叙述原住民与外来文化接触前的生活图景。第二章讲的是土著人和外来者第一阶段的相遇（1000—1661），交代欧洲扩张时期和地理大发现对北美洲的影响，传染病、宗教、商业开发、文化冲突，这些关键词都重塑了加拿大的面貌。第三章迈入了新法兰西时期（1661—1763），路易十四为北美大陆这个大帝国奠定了基础，但经过七年战争（1649—1655）后，加拿大的统治权转移到了英国手中。第四章所涵盖的是名副其实的革命年代（1793—1821），期间加拿大受美国独立战争、法国大革命、英法战争等战事波及，颇不太平，但也因自由政体、工业资本主义和资产阶级价值观这些时代馈赠浴火重生。第五章所说的跨大西洋社群（1815—1849）之发展，与革命年代在时间上有所重合，英国到北美大陆的移民潮激化了社会矛盾，却为商品经济的发展提供了土壤，这一时期的阶层、种族、性别和宗教分化也成为热点议题。第六章主要写英属北美在走向联邦（1849—1885）的过程中不断调整的自我定位，包括责任政府的运转、工业资本主义的转型和社会改革等，而1885年建成的横跨北美大陆的加拿大太平洋铁路无疑是这一时期的重头戏。第七章呈现了加拿大在1885—1914这三十年间的坎坷和发展，这个在政治和心理上都还是一个殖民地的脆弱民族国家，随后被卷入了第一次世界大战。第八章谈的是两次世界大战期间（1914—1945）加拿大的对外政策和国内状况，同时大众消费文化也挑战了旧有的信条。第九章阐述了1945—1984年自由主义在这片国土上的勃兴，其间加拿大的经济增长和社会转型都进入了"黄金时代"。最后一章总结了1984年联邦选举至2011年加拿大在新风向中面临的机遇与挑战，探讨这个国家在未来应采取何种姿态自立于国际社会。

身为一名在"新社会历史"浪潮中成长起来的史学家，康拉德及其同僚的研究与普罗大众的生活和命运息息相关。新社会历史学是历史学的一个大的分支，兴起于20世纪60年代，区分于政治史、思想史和伟人历史等相对宏观的史学方向。它的研究领域包括人口史、种族史、劳工史、性别史、家族史、城市史等，特点在于使普通个体得以置身于历史长河中，而非被宏大叙事覆盖甚至抹杀。康拉德的这本加拿大史对原住民在与外来文化接触中所受的心理冲击、疾病折磨、应变手段有细致的描述，对女性在各个历史时期中的话语权、身体控制权、公共角色有客观的评判，对贫富差距、劳动关系、阶级分化、政权更迭的揭示直言不讳，对说法语者和说英语者、天主教徒和新教徒权力的此消彼长、博弈斡旋亦有完整的记录。她的历史学养扎实深厚，行文简练克制，而在内容的选择上充满人文关怀，是为公正、鲜活的历史。

读史可以明鉴，知古可以鉴今。新自由主义下的市场福利国家、经济全球化中的全球本土化和大国关系、全球变暖和核危机下的环保政策、反恐战争阴云中的维和举措、移民问题和赋权原住民背后的多元文化主义、教派冲突下的宗教世俗化倾向，这个占全球版图1/7的大国每走一步都不得不回望过去。康拉德用史实表明，尽管加拿大对这些矛盾的应对措施已显成效，但盲目的乐观主义仍不可取。加拿大该何去何从？全书以问号开始，又以问号作结。如康拉德所言：加拿大历史的下一篇章，便取决于人们应对这些问题的方式。

王士宇　林星宇

2018 年 2 月

This is a simplified Chinese translation of the following title published by Cambridge University Press:
A Concise History of Canada (First edition)　ISBN 978-0-521-74443-0
© Cambridge University Press 2012
This simplified Chinese translation for the People's Republic of China (excluding Hong Kong, Macau and Taiwan) is published by arrangement with the Press Syndicate of the University of Cambridge, Cambridge, United Kingdom.
© Cambridge University Press and New Star Press Co., Ltd. 2017
This simplified Chinese translation is authorized for sale in the People's Republic of China (excluding Hong Kong, Macau and Taiwan) only. Unauthorised export of this simplified Chinese translation is a violation of the Copyright Act. No part of this publication may be reproduced or distributed by any means, or stored in a database or retrieval system, without the prior written permission of Cambridge University Press and New Star Press Co., Ltd.
著作版权合同登记号：01-2019-0125

图书在版编目（CIP）数据

剑桥加拿大史／（加）玛格丽特·康拉德著；王士宇，林星宇译．
－－北京：新星出版社，2019.4
（剑桥大学国别史丛书）
ISBN 978-7-5133-2956-9

Ⅰ．①剑… Ⅱ．①玛… ②王… ③林… Ⅲ．①加拿大－历史 Ⅳ．① K711.0

中国版本图书馆 CIP 数据核字（2017）第 312185 号

剑桥加拿大史

（加）玛格丽特·康拉德 著　王士宇 林星宇 译

责任编辑：冯文丹
特约编辑：丁纪红
责任印制：李珊珊
装帧设计：斑　马

出版发行：新星出版社
出　版　人：马汝军
社　　　址：北京市西城区车公庄大街丙3号楼　　100044
网　　　址：www.newstarpress.com
电　　　话：010-88310888
传　　　真：010-65270449
法律顾问：北京市岳成律师事务所

读者服务：010-88310811　　service@newstarpress.com
邮购地址：北京市西城区车公庄大街丙 3 号楼　　100044

印　　刷	河北鹏润印刷有限公司
开　　本	889mm×1194mm　1/16
印　　张	22.25
字　　数	282千字
版　　次	2019年4月第一版　2019年4月第一次印刷
书　　号	ISBN 978-7-5133-2956-9
定　　价	58.00元

版权专有，侵权必究；如有质量问题，请与印刷厂联系调换。